Macht Kinder, macht

Von Aziz Khan

D1719696

1

Macht Kinder, macht

Heal the planet

Von Aziz Khan

Harderstar Verlag

Zuiderzee op zuid 37

8256SP Biddinghuizen

Niederlande

harderstar.de

1. Auflage, 2024

© Alle Rechte und Verwertungsrechte sind vorbehalten, liegen ausschließlich beim Verlag. Verfilmung, Reproduktion, Speicherung, Wiedergabe auf elektronischen, fotomechanischen oder ähnlichen Wegen, inklusive Internet – auch auszugsweise – nur mit Genehmigung des Verlages.

Harderstar Verlag

Zuiderzee op zuid 37

8256SP Biddinghuizen

Niederlande

info@harderstar.com

harderstar.com

Covergestaltung und Grafiken:

Michelle Winter / fräuleinnosi – Kommunikationsdesign

ISBN: 978 90 833609 9 7

Vorwort:

Liebe Leserinnen und Leser,

wisst ihr, manchmal passieren die besten Dinge an den unwahrschein-
lichsten Orten – wie zum Beispiel am Candi Beach. Dort traf ich
zufällig in einer Strandbar diesen faszinierenden Aziz, der das Leben
auf seine eigene, einzigartige Weise betrachtet.

Während wir den Blick auf den Indischen Ozean genossen, begann er,
mir von seinen Gedanken und Erfahrungen zu erzählen. Ich war sofort
fasziniert und beeindruckt, sodass ich ihn nicht lange überreden musste,
mit seinen über 80 Jahren diese einzigartigen Perspektiven in einem
Buch festzuhalten, um sie weiter zu geben.

In seinen Betrachtungen nimmt uns Aziz mit auf eine Reise durch sein
Leben, das geprägt ist von innerer Liebe, inspirierenden Gedanken, aber
auch von nicht alltäglichen Herausforderungen und spannenden Einsichten. Angefangen von seiner Kindheit als Viehhirte in einem kleinen
Dorf im heutigen Pakistan bis hin zu dem Drang, die Ketten der westlichen Gesellschaft aufzubrechen, entfaltet sich vor uns eine Welt voller
positiver Sichtweisen, Gelassenheit und Inspiration.

Er reflektiert über die Bedeutung von Liebe und Glück im Angesicht
von Hass und Profitgier, teilt seine Erfahrungen aus einer vernachlässigten Kindheit, den Aufbruch ohne Geld in eine neue Heimat und zeigt
uns den Weg zur inneren Zufriedenheit und Selbstbestimmung.

Lasst uns gemeinsam in *Macht Kinder, macht* eintauchen, um uns von
den tiefen Einsichten und reflektierten Gedanken inspirieren lassen, die
das Potenzial haben, unser Leben nachhaltig zu bereichern um eine bessere, lebenswertere Welt zu gestalten.

Cheers und viel Spaß beim Lesen!

Detmar Säglitz

Wir brauchen keine Evolution,
wir brauchen eine Revolution.

Der balinesische Mount Everest

Bali, 26 Grad, kaum eine Wolke am Himmel. Über die Terrasse wehte ein leichter Ostwind und ich lehnte mich noch ein wenig tiefer in den Sonnenstuhl, auf dem Schoß eine entspannende Lektüre für den Nachmittag. Auf der gegenüberliegen Seite der Straße, halb versteckt hinter einigen Latan-Palmen, hatte die junge Australierin, die hier mit ihrer Familie Urlaub machte, ganz offensichtlich die gleiche Idee. Kein Wunder, luden doch das milde Klima und die herrliche Landschaft geradezu zum Nichtstun ein. Sie winkte freundlich und ich lächelte ihr zu.

Kaum, dass ich begonnen hatte, mich in einen Artikel über den einheimischen Kaffeeanbau zu vertiefen, fuhr ein silberfarbener Toyota vor, an dem unübersehbar das Logo einer Autovermietung prangte. Ein Mann stieg aus und grüßte ebenfalls, bevor er den Kofferraum öffnete und zwei vollgeladene Einkaufstüten heraushob. Dann ging er zur Hintertür des Wagens und half seiner Tochter beim Aussteigen. Ich freute mich jedes Mal, wenn ich sie sah. Ein kleiner, blond gelockter australischer Engel, vielleicht zwei Jahre alt, und mit der Unschuld eines Kindes, das gerade erst begonnen hatte, die große, weite Welt zu erobern. Überhaupt beeindruckten mich Kindergesichter mehr als alles andere. Ihre Freude, ihr Strahlen, ihre Begeisterung für die kleinsten Dinge des Lebens.

Das Mädchen schob sich quietschvergnügt aus dem Wagen heraus und griff die Hand ihres Vaters, der sich ganz offensichtlich schwer mit seinen Einkäufen herumplagte. Sie gingen auf das Haus zu und ich war mir sicher, dass er in diesem Moment verfluchte, dass die meisten balinesischen Unterkünfte zum Schutz vor Überflutungen gut einen Meter über dem Erdboden gebaut worden waren. So musste er erst vier Stufen hinaufsteigen, um auf die vorgelagerte Veranda zu gelangen. Und das mit dem blonden Engel an der einen und schweren Einkaufstüten in der anderen Hand. Unglücklicherweise hatten es die einheimischen Baumeister versäumt, die Treppe mit einem Geländer zu versehen, weshalb der Vater die Hand des Mädchens ein wenig fester griff, um so zu vermeiden, dass seine Tochter einen unfreiwilligen Purzelbaum über die Stufen vollführen würde. Väterliche Fürsorge par excellence. Das gefiel seiner Tochter überhaupt nicht und sie versuchte, ihre kleine Hand aus der ihres Vaters zu befreien. Dieses Schauspiel wollte ich mir nun doch nicht entgehen lassen und mit einem amüsierten Grinsen legte ich das Journal beiseite.

Kaum hatten sie die erste Stufe genommen, schien das Mädchen gemerkt zu haben, wie sehr ihr Vater mit den schweren Tüten zu kämpfen hatte. Sie zog ihre Hand zurück, ging die Stufe wieder zurück und startete ihren ersten eigenen Treppengang. Stufe Eins geschafft, etwas wacklig, aber erfolgreich. Dann noch eine Stufe und noch eine. Sie hatte ihr Ziel fast erreicht, zog es dann aber vor, diese auf die althergebrachte Kinderart zu bewältigen. Sie legte ihre Hände auf den Boden der Veranda, hob erst das eine Bein hinauf, dann das andere. Dann richtete sie sich auf und strahlte übers ganze Gesicht. Niemand außer mir nahm diesen Ausdruck wahr, diesen Ausdruck, der sagte:

»Ich habe gerade den Mount Everest bestiegen. Alleine!«

Zugegeben, ich war ziemlich sicher, dass das kleine Mädchen keine Ahnung hatte, dass es überhaupt einen Mount Everest gab, aber das war in diesem Moment nebensächlich. Ich freute mich mit ihr, war es doch immer wieder ein Genuss zu sehen, wenn Kinder die vielen kleinen und großen Wunder um uns herum entdeckten – und das auf eigene Faust.

Während das australische Elternpaar in der Küche mit dem Auspacken der Einkäufe beschäftigt war und ich mich wieder den balinesischen Kaffeebauern widmete, entdeckte das Mädchen eine zweite Treppe, die am Ende des Hauses in den kleinen Garten führte. Bingo, die kam ja wie gerufen. Einen kurzen Blick zu ihren Eltern geworfen und dann ab Richtung Hinterausgang. Erst etwas vorsichtig, dann mit dem steigenden Bewusstsein, dass die paar Stufen kein echtes Hindernis mehr darstellten, bewältigte die Kleine auch diese Hürde. Und dann sah ich sie, wie sie freudestrahlend um das Haus gerannt kam und sich wieder vor der Treppe aufbaute, an der sie kurz zuvor der väterlichen Hand entflohen war. Ohne auch nur eine Sekunde nachzudenken, begab sie sich wiederum auf die Klettertour, vorbei an Basislager 1 (erste Stufe), 2 und 3. Selbst die vierte Stufe nahm sie diesmal aufrecht, nur um direkt danach wieder ihr Siegerlächeln aufzusetzen. Aber sie gönnte sich nicht die Zeit, ihren Triumph zu genießen, sondern preschte quer durch das Haus zur hinteren Treppe.

Das Schauspiel wiederholte sich fünf- oder sechsmal und ich freute mich, Zeuge geworden zu sein, wie ein kleines Kind es geschafft hatte, eine Krücke von sich zu werfen, mit dem es bis vor wenigen Minuten noch durchs Leben gelaufen war. Mag dies auch ein wenig theatralisch klingen, so war mir in diesem Moment doch bewusst, dass ich gerade beobachten durfte, wie ein kleiner Mensch etwas gelernt hatte, was ihn durch sein zukünftiges Leben begleiten würde. Und das Mädchen hatte es ganz alleine geschafft, ohne die Hilfe anderer. Das stützte meine tiefste Überzeugung, dass Kinder die Welt eigenständig erfahren müssen, um nicht von vornherein mit Ängsten und Sorgen belastet zu werden. Sie hatte selbst eine Verbindung in ihrem Gehirn geschaffen, die ein Leben lang anhalten würde. Hätte sie es nicht selbst erfahren, dann hätte sie weiterhin unsicher vor jeder Treppe gestanden und im Hinterkopf überlegt:

»Gehe ich? Gehe ich nicht? Gehe ich? Gehe ich nicht? Wo ist die Hand meines Vaters, der mich jedes Mal hinaufbegleitet?«

Zurecht wird sich so manch einer fragen, warum mich diese kleine Geschichte eigentlich so beeindruckt hatte? Weil sie mir wieder einmal bewiesen hatte, dass Kinder zehnmal auf ihren Hosenboden fallen konnten, nur, um es noch ein elftes und zwölftes Mal zu probieren. Hatten sie es dann aber irgendwann einmal geschafft, dann strahlten ihre Gesichter, als ob sie gerade die ganze Welt erobert hätten. Eine Menge solcher

Erfahrungen machte auch ich, allerdings auf vollkommen unterschiedliche Art und Weise. Mein Leben, von dem ich heute behaupte, dass es aus einer endlosen Anhäufung glücklicher Zufälle bestand, begann weit entfernt von Bali. Genauer gesagt in dem kleinen indischen Dorf Terbela, in dem es niemanden gab, der sich um mich kümmerte – und so den Grundstein für eine kaum beschreibbare, glückliche Zukunft legte.

Schule der Sinne

Es ist keine verlorene Zeit, wenn man rausgeht und einfach mal einen Stein betrachtet. Im Gegenteil, das kann sogar äußerst lehrreich sein. Zumindest lehrreicher als das, was mir mein Lehrer in der Grundschule beizubringen versuchte. Was sollte ich schon mit dem ABC anfangen? Das half überhaupt nicht bei dem, was mein tägliches Leben bestimmte. Meine erste morgendliche Pflicht bestand darin, gut einen Kilometer zu laufen, um vom nächstgelegenen Brunnen Wasser für die Tiere und für die Familie zu holen. Danach musste ich den Stall säubern, den Kot in die Felder schleppen, um ihn dort zu verteilen, und anschließend Buttermilch anrühren. Eine Arbeit, die ich nicht leiden konnte. Irgendwann schöpfte ich dann den Rahm ab, mein Startsignal, jetzt in die Schule gehen zu müssen. Wenn nicht gerade meine Stiefmutter etwas dagegen hatte.

Apropos meine Stiefmutter: Mir gegenüber war sie eine lieblose Frau. Doch trotz ihrer andauernden Schikanen dachte ich mir oft:

»Arme Stiefmutter, sie tut mir leid. Sie ist nicht so schön wie meine wirkliche Mutter.«

Warum ich nicht bei meiner leiblichen Mutter aufwuchs? Sie verstarb, als ich gerade einmal zwei Jahre alt war. Zu dieser Zeit kämpfte mein Vater drei Jahre lang in einem sinnlosen Krieg unter dem Kommando der Engländer. Ich glaube, er war in Ägypten. Es war Anfang der 1940er-Jahre, Pakistan existierte noch nicht, und wenn die Briten zu einer Schlacht riefen, stand die indische Armee parat. Genauso wie mein Vater. Einige Jahre zuvor hatte er meine jetzige Stiefmutter geheiratet, eine Ehe, die von ihren Eltern arrangiert worden war. Aus dieser Verbindung war ein Kind entstanden, meine ältere Stiefschwester.

Doch dann hatte mein Vater meine Mutter kennengelernt und sich Hals über Kopf in sie verliebt. Sie soll ausgesprochen schön gewesen sein, wie die Leute berichteten und die wenigen Fotografien belegten. Kein Wunder, dass mein Vater sie nur schweren Herzens verließ, als sie schwanger war und er eingezogen wurde. Doch dann starb sie und er kehrte als depressiver Mensch zurück, den ich in all den Jahren nicht ein einziges Mal habe lachen gesehen. Ob der Krieg oder ihr Tod schuld war, ließ sich nicht genau sagen. Wahrscheinlich war es eine Mischung aus beidem.

Nach ihrem Tod lebte ich bei meinem Großvater in Terbela. Er erhielt monatlich sechs Dollar, um sich um mich zu kümmern. Was er nicht tat. Eigentlich kümmerte er sich um alles im Dorf, nur nicht um seinen Nachwuchs. Dies barg den Vorteil, dass ich alle Freiheiten besaß, die ein kleines Kind nur besitzen konnte. Und so begann ich aus natürlichem Antrieb heraus, die Welt für mich zu entdecken.

Zwar war der Krieg noch nicht vorbei, wohl aber die Einsatzzeit meines Vaters. In seinem angeschlagenen Zustand entschied er, sich wieder mit meiner Stiefmutter einzulassen. Und auch ich durfte heimkehren. Über einen Umweg nach Delhi landeten wir in Jangrah, seinem Geburtsort. Und ab diesem Moment überhäufte mich meine Stiefmutter mit zusätzlichen Arbeiten, nachdem ich meine morgendlichen Tätigkeiten erledigt hatte.

»Ich kann das jetzt nicht machen. Ich muss zur Schule«, versuchte ich mir Gehör zu verschaffen.

Aber es half nichts, ich durfte erst gehen, wenn alles erledigt war, was sie sich hatte einfallen lassen. Wie jeden Tag begann der Unterricht für mich mit Schlägen wegen des Zu-spät-Kommens. Eine schmerzhafte Routine, auf die stundenlange Langeweile folgte. Lesen, schreiben, ein klein wenig Rechnen. Alles nutzloser Kram, wenn man mich fragte. Was niemand tat.

War die Schule erst einmal vorbei, begann für mich die schönste Zeit des Tages: die Mittagspause. Nein, es war nicht so, dass ich mich an einen prall gefüllten Tisch setzte, um dort die eine oder andere Leckerei aus der heimischen Küche zu genießen. So etwas kannte ich nicht. Vielmehr war es für mich die Zeit, an der ich zu meinem Lieblingsplatz ging, eine Wasserstelle, an der sich die Tiere einfanden, um ihren Durst zu stillen oder sich einfach im Schatten der umliegenden Bäume auszuruhen. Genau wie ich es tat. Ich saß einfach da und tat – nichts. Außer vielleicht einen Stein zu beobachten. Oder einen Baum. Oder das Wasser. Oder die Tiere. Oder den Himmel.

Irgendwie war diese Mittagszeit für mich so etwas wie ein wahnsinnig aufregendes Fernsehprogramm. Nur dass dies zu dieser Zeit noch gar nicht existierte. Ich sah mir die Wolken an, wie sie gemächlich ihre Form veränderten, wie aus einem Drachen ein Fahrrad wurde, das sich wiederum zu einem Vogel wandelte, bevor die Wolke im Nichts verdampfte. Ich beobachtete die Tiere, wie sie miteinander interagierten. Einige Meter von mir hatte sich ein Mungo aufgebaut, direkt vor ihm eine Kobra, eine der Lieblingsspeisen der Mungos. Ich sah fasziniert zu, wie der Mungo hin und her hüpfte, immer in Reichweite seines gefährlichen Widersachers. Wollte er etwa mit der Schlange spielen, fragte ich mich. Es sah beinahe so aus. Wenn sie einmal zustieß, hüpfte er vollkommen unbeeindruckt hinter sie und wartete ab. Es dauerte eine Weile, bis sich mir eine neue Theorie aufdrängte: Der Mungo wollte gar nicht spielen, sondern die Schlange müde machen. Immerhin sah er aus, als habe er noch genügend Energie für Dutzende weiterer Sprünge, während die Kobra sichtlich langsamer in ihren Bewegungen wurde. Und dann würde er sie genüsslich verspeisen.

Okay, ich hatte verstanden. Hier ging es um Leben und Tod und der Mungo hatte mit einem ganz gemeinen Trick die Schlange müde gemacht. Das war zwar spannend zu beobachten, aber doch irgendwie ungerecht. Also war es an der Zeit einzuschreiten. Ich griff einen Stein und warf ihn genau zwischen die beiden. Erschreckt sprang der Mungo zurück und die Schlange machte sich auf direktem Weg ab ins Unterholz. Das war vielleicht nicht ganz fair dem hungrigen Mungo gegenüber, aber dafür hatte ich der Schlange das Leben gerettet. Schade nur um den Stein, denn den hatte ich mir zuvor minutenlang angeschaut, seine Maserungen studiert und überlegt, wie lange er wohl schon auf diesem Planeten weilte.

Einige Minuten passierte nichts, dann hörte ich eine Elster schreien. Wenn man täglich den gleichen Ort aufsucht, dann kennt man die Rituale der dort verkehrenden Tiere. Man weiß, wann sie kommen, wann sie wieder gehen und wie sie sich verhalten. Und man lernt, die unterschiedlichsten Geräusche einzuordnen. So konnte ich allein am Klang der aufgebrachten Rufe eines Vogels feststellen, ob gerade eine Schlange versuchte, seine Eier zu fressen, oder ob sich eine Katze dem Nest näherte. Es war wie eine eigene Sprache, die man nur durch Beobachten und Zuhören lernen konnte. Ganz ohne ABC.

In diesem Fall rief die Elster etwas wie:

»Geh weg, geh weg, das sind meine Kinder!«

Zumindest deutete ich das so. Und meine kindliche Erfahrung sagte mir, dass Vögel dies eigentlich nur riefen, wenn sich eine Katze heranschlich. Ich drehte mich um und richtig – ein Kater hatte sich gerade genähert, um sich als Eierdieb zu betätigen. Das hast du wieder einmal gut gehört, Aziz! Du solltest Professor für Vogelsprachen werden. Aber bevor ich diesen akademischen Weg einschlagen konnte, musste ich erst einmal dem Vogel und seinen Eiern helfen. Wieder nahm ich einen Stein und warf ihn in Richtung der Katze. Sie verstand die Warnung und verschwand.

Irgendwann hatte ich genug gesehen. Natürlich hätte ich nach Hause gehen können, aber da gab es nichts, was mich erwartete. Meine Stiefmutter und meine Großeltern kümmerten sich ohnehin nicht um mich, und nach Essen zu fragen wäre reine Zeitverschwendung gewesen. Also konnte ich ruhigen Gewissens noch ein wenig bleiben. Allerdings wollte ich etwas Neues sehen, was auch gar nicht schwierig war. Ich brauchte schließlich nur die Perspektive zu wechseln. Weg von dem Platz, an dem ich saß, und hin zu einem Stein, der in der Nähe des Ufers aus dem See herausragte. Mit nassen Füßen setzte ich mich darauf und für einen kurzen Moment fühlte ich mich wie einer dieser geheimnisvollen Yogis, von denen im Ort erzählt wurde. Ich machte es mir gemütlich, ließ meinen Blick schweifen und spitzte die Ohren. Wieder passierten aufregende Dinge um mich herum und so hatte der Tag wie immer eine Menge kleiner Überraschungen für mich bereitgehalten. Es waren die schönsten Momente meines jungen Lebens. Und ganz nebenbei auch noch die Lehrreichsten. Etwas, was mir kein Lehrer hätte beibringen können.

Während meiner mittäglichen Ausflüge schärfte ich nach und nach meine Sinne, ohne dass mir dies bewusst war. Das geschah sonst eigentlich nur, wenn ich irgendeine Arbeit nach Einbruch der Dunkelheit erledigen musste (was keine Seltenheit war). Dabei war ich ganz darauf angewiesen, meinen Sinnen zu vertrauen. Immerhin führte mich der Weg durch die Dunkelheit häufig über spitze Steine und durch unwegsames Gelände. Außerdem bestand die Gefahr, versehentlich auf eine Schlange zu treten, was per se keine gute Idee war. Aber ich verließ mich auf das, was ich hörte, spürte und wahrnahm. Und das reichte, zumindest kehrte ich von derlei Unternehmungen immer unversehrt zurück. Zum Leidwesen meiner Stiefmutter.

Nach und nach entwickelte ich eine ausgeprägte Feinsinnigkeit, die mir in meinem späteren Leben noch zugutekommen sollte. Selbst durch die Elster, die die Katze gewarnt hatte, bekam ich etwas mit, was ich viele Jahre später in einem ganz anderen Teil der Erde noch würde gebrauchen können.

Nun liegt verständlicherweise die Frage nahe, was einem gut geschulte Sinne aus dem Tierreich in unserer modernen Welt helfen sollen. Schließlich haben wir es im Normalfall größtenteils mit Menschen zu tun und weniger mit herumhüpfenden Mungos oder panischen Elster-Müttern. Nun, es ist möglich, die gemachten Erfahrungen ebenso bei den Menschen einzusetzen, wie man es bei der Beobachtung der Tiere gelernt hatte. Genauso kann man die Verhaltensweisen von Menschen studieren, darauf achten, was sie anderen zeigen wollen und wie sie sich benehmen. Welche Töne geben sie während des Sprechens von sich, welche Gefühle zeigen sie? Hat er wirklich »Nein« gemeint, als er »Nein« gesagt hat?

Normalerweise verlassen wir uns auf das, was wir hören. Vielmehr sollten wir aber darauf achten, welchen Gesichtsausdruck die Person hatte, als sie eine Aussage tätigte. Es ist schließlich wesentlich wichtiger, *wie* sie es gesagt hat, anstatt *was* sie sagte. Leider haben wir dies im Laufe der Evolution nach und nach verlernt. Zu Urzeiten gaben die Menschen ausschließlich Laute von sich. Diese mussten anhand von Beobachtungen der Mimik und Gestik und anderer Umstände in einen Zusammenhang gesetzt werden. Tat man dies instinktiv richtig, verstand man auch die Botschaft. Und das war immens wichtig, denn manchmal wollte jemand davor warnen, dass sich gerade ein hungriger Säbelzahntiger näherte und man sich doch besser in Schutz bringen sollte.

Schulen wir heutzutage unsere Sensibilität, so verstehen wir schneller als andere, wir riechen mehr als andere, und wir reagieren schneller als andere. Je mehr man seine Sinne trainiert hat, umso besser kann man sie natürlich auch einsetzen. Wenn man eine Entscheidung trifft, so ist man den anderen immer ein wenig voraus. Die vielen Kleinigkeiten, die man während seiner Kindheit nach und nach aufgebaut hat, begleiten einen später bei den wirklich großen Entscheidungen des Lebens.

Für mich war das Beobachten der Tierwelt während meiner »Mittagspause« so ähnlich, wie in der Schule zu sitzen und das ABC zu lernen. Nach meiner Auffassung war jedoch wesentlich wichtiger, erst einmal etwas über das Leben selbst zu erfahren. Dabei wäre es ein positiver Nebeneffekt gewesen, dass sich bei jedem die Sinne von ganz allein geschliffen hätten.

In Ermangelung solcher Erfahrungen haben wir uns inzwischen angewöhnt, unser Leben in einem mehr oder weniger vorgegebenen Trott zu leben. Wir arbeiten, um genug Geld zu verdienen, um die eigene Familie zu ernähren. Ist dies sichergestellt, so schuftet man noch härter, um sich auch noch einen schicken BMW leisten zu können.

Schließlich sollen die Nachbarn sehen können, was man alles geleistet hat. Außerdem, und das ist vielleicht das Wichtigste, arbeitet man, damit die Kinder die besten Schulen besuchen können. Und dann, dann stirbt man irgendwann. Einfach so. Eigentlich hat man gar nicht gelebt, aber jetzt ist es leider zu spät für diese Erkenntnis. Immerhin hat man zu Lebzeiten seinen Kindern noch etwas Wichtiges mit auf den Weg gegeben: »Diesen Unsinn musst du genauso weitermachen!«

Und so werden sie zur Schule gehen, heiraten, hart arbeiten, sich ein schönes Auto kaufen und dann ihren Kindern erklären, dass sie ihr Leben ebenso führen sollen.

Es stellt sich die Frage, warum uns so sehr daran gelegen ist, das Leben unserer Kinder so weit wie möglich beeinflussen zu wollen, anstatt sie ihre eigenen Erfahrungen sammeln zu lassen. Schließlich besitzen sie diese natürliche Offenheit, die Welt zu entdecken. Und das auf eigene Faust, so, wie es das kleine australische Mädchen auf Bali getan hat. Ihr Vater war unbewusst gerade dabei, weitere Mauern in ihr aufzubauen. Natürlich wollte er nur das Beste für sie, aber er zog es vor, ihr durch sein Verhalten einzutrichtern, dass sie Angst vor einer Treppe entwickeln sollte. Dass das gar nicht nötig war, bewies das Mädchen auf ihre eigene Art – und war darauf augenscheinlich sehr stolz. Gut gemacht, kleiner Engel! In diesem Moment wolltest Du Deine Flügelchen nicht stutzen lassen, sondern ausbreiten und etwas Neues erfahren. Das hast du getan und warst zurecht glücklich über das, was du dir selbst erkämpft hast. Ähnlich wie ich, der ganz alleine die Sprache der Vögel gelernt hatte. Zumindest behaupte ich das.

Kein Platz für Hass

»Ich will nichts mehr davon hören. Wenn irgendetwas mit deiner Stiefmutter ist, dann erzähle es mir nicht.«

Bis er das sagte, war ich froh, dass mein Vater mit mir jagen gehen wollte. Aber als er diesen Satz von sich gab, blieb ich stehen. Mein Vater wandte sich von mir ab und lief einfach weiter. Gerade hatte er mir, seinem fünfjährigen Sohn, einen seelischen Faustschlag verpasst, der gesessen hatte. Und den ich nie vergessen sollte. Es war ja nicht so, dass er sich nach seiner Rückkehr aus dem Krieg aufopferungsvoll um mich gekümmert hätte, nein, ganz im Gegenteil. Er hatte sich in sein depressives Schicksal ergeben und ist zu der Frau zurückgekehrt, die mich nicht akzeptieren wollte. Und die machte mir nach allen Regeln der Kunst das Leben schwer. Mein Leben, das ich eigentlich über alles mochte. Aber das mein Vater, der die meiste Zeit auf seinem Gebetsteppich verbrachte und trotzdem nie gefordert hatte, dass ich ihn in eine Moschee begleiten sollte, so etwas sagte, ließ eine Welt in mir zerbrechen.

Dabei war es gar nicht meine Art, mich über andere Menschen zu beschweren. Nicht einmal über meine Stiefmutter, obwohl sie mehr als genügend Gründe geliefert hätte, es zu tun. Aber gerade eben hatte ich auf die Frage meines Vaters nur wahrheitsgemäß geantwortet, dass ich nichts von dem getan hatte, was sie mir an diesem Morgen wieder vorgeworfen hatte. Nein, ich habe die Milch nicht verschüttet, nein, ich habe das Glas nicht zerbrochen, nein, ich hatte meine Stiefschwester nicht geärgert und, nein, an meinem häufigen zu-spät-kommen in der Schule war nicht meine Trödelei schuld. So, wie es meine Stiefmutter behauptete. Ich hatte nur gesagt, dass das nicht stimmte. Und jetzt war ich während unseres kleinen Spaziergangs durch die felsige Umgebung des Dorfes zum Schweigen gebracht worden. Ein- für allemal. Das war ein wirklicher Schock, denn wenn es überhaupt einen Menschen auf der Welt gab, der sich zumindest ein wenig für mich interessierte, so war es mein Vater gewesen. So dachte ich zumindest bis vor wenigen Minuten.

Nach seiner Antwort fühlte ich mich innerlich kaputt. Ich lief einfach weiter, konnte aber keinen klaren Gedanken mehr fassen. Eigentlich dachte ich gar nichts. Auch nicht, dass ich gerade meinen letzten Halt verloren hatte. Das wurde mir erst später klar.

Es war nicht so, dass ich außer zu meinem Vater zu niemandem Kontakt hatte. Ganz im Gegenteil, er, meine Stiefmutter und meine Onkel beschäftigten sich viel mit mir. Allerdings nur dahingehend, dass sie meine Zeit nutzten, damit ich ihnen bei der Arbeit half. Tiere pflegen, Wasser holen, Ställe säubern und solche Sachen. Dabei fragte nie jemand von ihnen, ob ich Probleme hatte. Das war in Ordnung, schließlich wusste ich um meine Aufgaben und Probleme sah ich nicht als solche an.

Wie gesagt, ich sträubte mich nicht gegen die mir auferlegten Pflichten, auch wenn ich natürlich mitbekam, dass die angeheirateten Geschwister mütterlicherseits ihr Leben ohne anstrengende Aufgaben genießen durften. Ich war so eine Art indisches Aschenputtel – das hatte sich schließlich im Märchen auch nie beschwert. Was mir dagegen schon etwas Angst einjagte, waren die abendlichen Gebete meiner Stiefmutter. In diese bezog sie mich gerne mit ein, wie ich erschreckt feststellen musste:

»Oh Herr, denke auch an den kleinen Aziz. Seine Leiche würde so schön aussehen.«

Wie bitte? Hatte sie das wirklich gesagt? Hatte sie, schließlich musste ich es in den letzten Monaten einige Dutzend Mal hören. Das machte mir Angst. Ich hatte keine Ahnung, wo dieser »Herr« eigentlich wohnte, aber natürlich musste ich etwas gegen diese sonderbaren Wünsche unternehmen. Also gewöhnte ich mir an, mir ein stilles Eckchen zu suchen und möglichst schnell mit einem Gegen-Gebet zu kontern:

»Oh Herr, ich will noch gar nicht sterben. Ich finde die Welt wirklich schön und will hier noch nicht weg. Also lass mich nicht sterben, sondern lass mich leben. Bitte, bitte!«

Ich hatte keine Ahnung, ob das wirkte oder ob mein Gebet überhaupt bei ihm ankam. Aber ich freute mich jedes Mal, wenn ich am nächsten Tag wieder aufwachen durfte.

Die Frage drängt sich auf, warum ich trotz solcher und ähnlicher Aktionen meine Stiefmutter sie nicht hassen konnte. Immerhin wollte sie mich ganz offensichtlich loswerden, was ja eigentlich ein triftiger Grund gewesen wäre. Die Antwort auf diese Frage ist ganz einfach: Ich hasste sie nicht, weil ich gar nicht wusste, dass es so etwas wie Hass gab. Ist das denn überhaupt möglich? Ja, das ist es. Und es lag schlicht und einfach daran, dass ich bis zu diesem Zeitpunkt mit einem vollständig unbeeinflussten Gehirn aufgewachsen war. Niemand hatte mir erklärt, was Hass ist. Das Einzige, was man mir beigebracht hatte, war, wie ich meine Arbeit zu erledigen hatte und wie man das ABC liest. Aber jemanden zu hassen war weit außerhalb meiner Vorstellungskraft und ist es heute noch.

Stellen wir uns das Gehirn eines Neugeborenen als weißes Blatt Papier vor, so wird es im Laufe der ersten Jahre durch eigene Erfahrungen oder das, was es lernt, mit immer neuen dunklen Flecken besetzt. Irgendwann ist es bei manchen so weit gekommen, dass es vollkommen schwarz ist. Diese Menschen gelten dann als weise oder intelligent oder klug. Oder als arme Trottel, denke ich manchmal.

Zumindest kann man davon ausgehen, dass dieses weiße Blatt Papier bei der Geburt keinen Punkt mit der Aufschrift »Hass«, »Rache« oder »böse Menschen« besitzt. Wächst man dann ohne die Einflüsse wohlmeinender Mitmenschen auf, die einem den Unterschied zwischen Gut und Böse erklären wollen, die einem erzählen, welcher Glauben der richtige sei, welches Essen wirklich wohlschmeckend sei, welcher Fußballclub ausgepfiffen werden müsse und welche Personen man zu lieben und welche man zu verabscheuen habe, so zeigt sich auch kein Punkt namens »Hass« auf dem eigenen Gehirn-Papier. Mir fehlten diese

Punkte, weil sie niemand in meinen Kopf gepflanzt hatte. Und das war gut so. Ich konnte nicht hassen. Nicht einmal meinen Lehrer. Nicht einmal meine Stiefmutter. Ich fühlte mich glücklich.

Steinauge

Unerzogen. Das ist das Wort, das in unserer Gesellschaft endlich sein Negativ-Image verlieren muss. Unerzogen zu sein bedeutet nämlich nicht, dass ein Kind mit auffälligen Verhaltensdefiziten zu kämpfen hat, wie es fälschlicherweise immer wieder interpretiert wird. Unerzogen zu sein bedeutet, dass ein Kind die Möglichkeit besaß, das Leben eigenständig kennenlernen zu dürfen. Dass dies ein wunderbares Geschenk ist, will den wenigsten Eltern der modernen Welt in ihren Kopf. Warum nicht? Weil sie es selbst nicht erlebt haben. Weil ihre Eltern sie bereits nach ihren eigenen Vorstellungen geformt hatten, bevor sie selbst eigene Entscheidungen treffen konnten. Weil deren Eltern es ja auch nicht anders gemacht haben.

Die Revolution im Denken der Erwachsenenwelt wird die Welt verändern, wenn wir verstehen lernen, dass das Genie in unseren Kindern nicht von uns von vornherein vernichtet werden darf. Mein Glück war es, dass ich die Welt alleine erfahren durfte. Was mir dabei allerdings fehlte, war die liebevolle Sicherheit einer Familie, aber nun gut, man kann nun mal nicht alles haben ...

Eines Tages beobachtete ich einen herumreisenden Gaukler, der den staunenden Beobachtern einige Kunststücke darbot. Beeindruckt sah ich ihm zu und fragte mich, warum dieser Mann Dinge zu tun vermochte, die andere, allen voran ich selbst, nicht konnten. Als Höhepunkt vollbrachte dieser Mann dann etwas, was alle seiner vorangegangenen Kunststücke in den Schatten stellte. Er baute sich vor dem staunenden Publikum auf und hielt eine etwa zwei Meter lange Eisenstange in seinen Händen. Wie wir alle wissen, sind diese Stangen sehr robust, widerstandsfähig und schwer. Und dann bewies der Gaukler, dass er über echte Zauberkräfte verfügte.

Mit ausschweifender Theatralik setzte er das eine Ende der Eisenstange so auf dem Boden ab, dass sie nicht verrutschen konnte. Dann nahm er das andere Ende in die Hand und beugte sich langsam vor. Immer näher kam sein Gesicht der Stange und die staunende Menschenmenge hielt den Atem an. Er wird doch nicht ...? Doch er wird. Er drückte das Ende der Stange gegen sein Auge und hielt es nur damit in seiner Stellung. Anschließend korrigierte er noch einmal seine Haltung, bis er festen Halt unter seinen nackten Füßen spürte. Und dann geschah das Unglaubliche. Der Mann presste sich mit aller Kraft gegen die Stange, so lange, bis sie anfing, sich unter diesem Druck zu verbiegen – und das alles mit dem Auge. Unglaublich! Einige Frauen schrien verschreckt auf, die Männer spendeten begeistert Applaus und wünschten sich in diesem Moment, selbst solche umwerfenden Kunststücke zu beherrschen wie dieser Draufgänger. Ich klatschte und klatschte und am liebsten hätte ich diesem Mann alles Geld der Welt in seinen Beutel geworfen, als er nach seiner Vorführung damit durch die Menge ging. Das konnte ich aber nicht, denn meine Taschen waren leer. Also stahl ich mich davon, aber das Gesehene spukte in meinem Kopf herum.

Den ganzen Heimweg stand ich noch unter dem Eindruck der Darbietung. Und je mehr ich darüber nachdachte, umso klarer wurde die Erkenntnis, wie dieser Mann gerade nur mit seinem Auge eine massive Eisenstange gebogen hatte: Dieser Teufelskerl besaß ein Steinauge. Und das war wirklich beeindruckend, denn bisher hatte ich noch nie jemanden getroffen, der ein Steinauge hatte.

Da ich, wie bereits erwähnt, Dinge beobachtete, analysierte und dann so weit nachforschte, bis ich von dem Ergebnis überzeugt war, konnte ich gar nicht abwarten, zurück ins Dorf zu kommen. Kaum hatte ich mein Ziel erreicht, machte ich mich auch schon daran, eine ähnlich lange und robuste Stange zu suchen, um mir meine Theorie zu beweisen. Glücklicherweise lagen an den Seiten der Gassen unseres Ortes immer genügend mehr oder weniger unsinnige Dinge herum, weshalb ich schnell fündig wurde. Zugegeben, meine Stange war nicht ganz so lang wie die des Gauklers mit dem Steinauge. Auch glänzte sie nicht so schön im Schein der Sonne. Im Gegenteil, sie war dreckig und zum großen Teil verrostet, aber sie würde gewiss ihren Zweck erfüllen.

Ich zog das schwere Ungetüm hinter mir her und suchte einen Platz, an dem ich ungestört forschen konnte. Dann lehnte ich das eine Ende der Stange gegen den Stamm eines Baumes, sodass sie nicht wegrutschen konnte, wenn ich mein Experiment beginnen würde. Ich verzichtete auf die ausschweifenden Gesten des Gauklers, als ich mir das Stangenende gegen das Auge schob. Das brauchte ich nicht, denn erstens sah ohnehin niemand zu und zweitens tat ich es im Namen der Wissenschaft. Und die braucht nun einmal keine übertriebene Show.

Ich spürte den Druck auf meinem Auge, direkt nachdem ich begonnen hatte, mich leicht gegen die Stange zu lehnen. Das hatte ich erwartet, denn so ein Auge ist ein empfindliches Organ. Aber egal, ich musste mich noch stärker dagegen stemmen, um zu erreichen, dass sich die Stange biegt. Das tat weh und ich hatte das Gefühl, dass ich mir meinen Augapfel geradewegs in den Kopf hineindrückte. Also änderte ich meine Fußstellung – und drückte noch stärker. Die Schmerzen wurden größer, aber die Stange dachte gar nicht daran, sich auch nur einen Millimeter zu verbiegen.

Etwas enttäuscht und nach Atem ringend richtete ich mich wieder auf und ließ die Stange zu Boden sinken. Ich hatte etwas gelernt, was ich vorher schon befürchtet hatte: Der Mann besaß wirklich ein Steinauge, ich dagegen nur ein normales, sensibles Auge. Schade eigentlich.

Dann fiel mein Blick noch einmal auf die Stange. Was wäre, wenn ... Nein, das würde er bestimmt nicht tun. Oder doch? Dann hätte er uns alle getäuscht. Ich legte die Stange auf zwei etwa gleichgroße Steine und trat mit dem Fuß auf ihre Mitte. Erst vorsichtig, dann immer kräftiger, bis ich mich letztendlich selbst daraufstellte. Das Interessante war, dass nichts passierte. Die Stange bog sich nicht, kein bisschen, und selbst ein ausgewachsener Mann hätte es nicht vermocht, sie so zu verformen, wie es der Gaukler getan hatte. Lag also das Geheimnis hinter diesem angeblichen Wunder gar nicht bei ihm, sondern an einer manipulierten, weichen Eisenstange? Verdammt, er hatte uns alle getäuscht. Und ein Steinauge hatte er auch nicht. Gut, dass ich ihm kein Geld gegeben hatte!

Nachdem die erste Enttäuschung verraucht war, freute ich mich darüber, den Trick entlarvt und Meister Steinauge durchschaut zu haben. Ich hatte eine Erfahrung gemacht, die mir niemand mehr würde nehmen können. Eine von Tausenden. Und darauf war ich stolz. Was aber wäre gewesen, wenn ich einen gutmeinenden Erwachsenen bei mir gehabt hätte, der mir meine kindlichen Fragen direkt beantwortet hätte? Jemand, der aus den besten Absichten heraus hätte erklären wollen, was ich gerade gesehen hatte? Wahrscheinlich hätte er mich in den Arm genommen und gesagt.

»Aziz, das ist alles nur ein Trick. Die Stange ist sehr weich und dem Mann kann nichts passieren.«

Meine Antwort wäre etwas wie »Oh« gewesen und dann hätte ich enttäuscht versucht, den Gaukler und seine verlogene Vorstellung schnell wieder zu vergessen. Vielleicht hätte ich auch kein Wort geglaubt und mich gefragt, warum mein erwachsener Begleiter mich anlügt.

Vielleicht hätte er mir auch etwas anderes gesagt, um meine kindliche Fantasie anzuregen:

»Der Mann ist etwas ganz Besonderes. Er hat ein echtes Steinauge.«

Ich hätte es kurzzeitig geglaubt, dann aber widerlegt. Es gibt schließlich keine Steinaugen. Das habe ich selbst herausgefunden. Egal, was mir irgendjemand einreden will, ich habe es persönlich nachgeprüft.

Derlei Erfahrungen zu machen ist unbeschreiblich wichtig für das Heranwachsen von Kindern. Sie müssen die Welt erfahren, indem sie aus eben dieser Welt lernen. Nicht durch etwas, was ihnen vorgegeben oder an eine Schultafel geschrieben wird. Dummerweise tendieren wir dazu, genau diesen Fehler zu begehen. Wir wollen unseren Kindern alles erklären und sie mit unserer Meinung zu gewissen Dingen in eine bestimmte Richtung drängen. Und zwar in die Richtung, in die wir sie haben wollen. Ist das nicht egoistisch? Ist das nicht diktatorisch? Ist das nicht einfach der falsche Weg?

Indem wir unseren Kindern sagen »Lass das« oder »Mach dieses und jenes« oder »Ich erkläre Dir das« nehmen wir ihnen alles weg. Wir überprüfen mit unseren Telefonen, wo sie sich gerade befinden. Wir überwachen, mit welchen Kindern sie spielen sollen und mit welchen nicht. Es ist noch gar nicht so lange her, da gingen Kinder nach der Schule draußen spielen und kehrten irgendwann abends heim. Warum denken wir heutzutage, dass wir das alles in unseren besorgten Eltern-händen behalten müssen? Warum vertrauen wir nicht darauf, dass es gut und richtig ist, dass unsere Kinder die Welt eigenständig entdecken?

Wer schon einmal das Glück hatte, eine Löwenmutter zu beobachten, um die herum ihre Jüngsten tollen, der kann bei genauem Zusehen sehr viel lernen. Die Löwenmutter liegt ziemlich entspannt auf ihrem Platz, gähnt hin und wieder und lässt sich die Sonne auf ihr Fell brennen. Währenddessen tollen die Kleinen übermütig herum, rennen von links nach rechts, kabbeln sich mit ihren Geschwistern, schnüffeln am Boden, wenn sie einen neuen Geruch wahrnehmen oder ärgern ihre Mutter. Die betrachtet aus halbgeschlossenen Augen das Treiben und tut – gar nichts. Lediglich, wenn sich eines der Jungtiere einem gefährlichen Abhang nähert oder sich einer wirklich bedrohlichen Situation aussetzt, bequemt sich Mutter Löwe langsam zu ihrem Nachwuchs, nimmt das übermütige Junge am Nacken und trägt es zurück zu seinen Geschwis-tern, sodass es dort gefahrlos weiterspielen kann. Mehr hat die Löwen-mutter gar nicht zu tun, muss nichts zeigen, vormachen, erklären. Sie kann sich einfach wieder hinlegen und die Sonne genießen. Und trotz-dem oder gerade deswegen werden aus ihren Jungen große Tiere und gefährliche Jäger. Sie haben durch die Welt um sich herum gelernt, haben ihre ganz eigenen Erfahrungen machen dürfen. Das hat scheinbar seit Jahrtausenden ausgesprochen gut funktioniert.

Ebenso wie eine Löwenmutter darauf vertraut, dass die Natur und das Leben die besten Lehrer für ihre Jungen sind, so sollten wir Menschen es auch tun. Wenn uns etwas an unseren Kindern liegt, so sollten wir ihnen ein warmes, sicheres und liebevolles Umfeld schaffen, in dem sie ihre Erkenntnisse aus dieser Welt selbst gewinnen können und das Genie in ihnen in aller Ruhe reifen kann. Und wir sollten ihnen nicht dieses Menschsein durch unser ständiges Eingreifen, Erklären und Bevormunden nehmen. Vielmehr sollten wir darauf vertrauen, dass die Erde der beste aller Lehrer war, ist und immer bleiben wird.

Zufall oder ein kleines Wunder

Okay, mein Leben war, wie es nun einmal war. Und das war auch in Ordnung so, denn ich kannte ja nichts anderes und versuchte deshalb, das Beste daraus zu machen. Immerhin war ich noch voll dabei, meine Erfahrungen zu sammeln, zu bewerten und irgendwo auf der noch recht leeren Festplatte meines Gehirns zu hinterlegen. Dabei hatte ich inzwischen etwas Interessantes verinnerlicht: Selbst in Situationen, in denen nicht alles ganz perfekt zu laufen schien, gab es irgendwo irgendetwas oder irgendjemanden, der alles zu einem guten Ende führte. Das war für mich so eine Art Naturgesetz. Auch, wenn ich als Sechsjähriger dieses Wort noch gar nicht kannte. Und dieses »Etwas« hatte rein gar nichts mit irgendeiner Religion zu tun, denn zu dieser sollte ich noch meine ganz eigene Meinung entwickeln. Doch dazu später.

Dass meine Theorie richtig sein musste und später sogar die Grundlage meines unendlich glücklichen Lebens bieten sollte, wurde durch einen weiteren innerfamiliären Vorfall bestätigt, der beim ersten Hinsehen gar nicht so glücklich erscheinen sollte.

Alles begann mit einem Besucher, der irgendwann bei meinem Vater erschien. Traditionell wurde ich bei solchen Gelegenheiten versteckt gehalten und nur meine Stiefschwester wurde dem Fremden vorgestellt. Das war vollkommen in Ordnung, denn ich hatte genug anderes zu tun, als dass ich Wert daraufgelegt hätte, einem unbekannten Erwachsenen die Hand zu schütteln und mich mit ihm über das Wetter oder was auch immer zu unterhalten. Auf jeden Fall blieb der fremde Mann, der sich als ehemaliger Soldat im Regiment meines Vaters entpuppte, einige Tage in unserem Dorf. Er lernte die Brüder meines Vaters kennen, meine Stiefmutter und meine Stiefschwester. Mich kannte er irgendwann dadurch, dass da ein schmutziger Junge hin und wieder im Haus auftauchte, einige Reste aß und sich dann wieder an die Arbeit begab. Ich sah, dass er viel mit meinem Vater sprach und irgendwann wieder abgereist war. Was für Folgen sein Besuch haben sollte, ahnte ich in diesem Moment nicht.

Einige Tage später nahm mich mein Vater und ging mit mir zu seinem größeren Bruder, meinem Onkel. Dem sollte ich die Hand reichen und mich verabschieden. Warum? Musste mein Onkel etwa verreisen? Warum liefen dann Tränen über sein Gesicht? Es war doch schön, dass er einige Zeit aus dem Dorf verschwinden und etwas von der Welt sehen konnte. Er nahm mich fest in seine Arme und schluchzte. Versteh einer die Erwachsenen ... Erst im Laufe dieser Verabschiedung wurde mir bewusst, dass es gar nicht um meinen Onkel ging, sondern um mich. Sonst hätte mich mein Vater auch nicht weggezogen und wäre mit mir zum nächstgelegenen Bahnhof gelaufen.

Wie man sich vorstellen kann, lag dieser nicht gerade um die Ecke, sondern es erforderte erst einen langen Fußmarsch, bis wir endlich dort angekommen waren. Ich spürte, dass etwas anders war. Natürlich wusste ich nicht, was es war, denn mein Vater sprach nicht mit mir. Und wenn er schwieg, dann schwieg ich auch. Das war ebenfalls so eine Art Naturgesetz. Am Bahnhof warteten wir eine Stunde, bis unser Zug eintraf. Wieder Schweigen. Eine weitere Stunde lang. Dann stiegen wir aus. Da wir den Bahnhof nicht verließen, wurde mir nach und nach klar, dass wir nur hier waren, um umzusteigen. Warum und wohin wusste ich nicht, aber da mein Vater nichts sagte, würde das alles schon seine Richtigkeit haben.

Ich weiß nicht, was in seinem Kopf vor sich ging. Vielleicht war es die Vorgeschichte, die dazu geführt hatte, dass wir beide hier so wortlos auf einer harten Holzbank nebeneinandersaßen und nicht miteinander redeten. Der fremde Mann, der ihn besucht hatte, hatte über seine Kinder gesprochen. Einen Jungen hätte er, und ein Mädchen. Beides hervorragende Arbeitskräfte, gerade der Junge, der sich als kräftiger Bursche gut dabei anstellte, Steine für seinen Vater zu schleppen. Und diesem Jungen, so hatte er erzählt, würde es gut gehen, denn für seine anstrengende Arbeit hatte er sogar einen Schlafplatz im Haus und würde auch etwas zu essen bekommen. Ob das denn nicht auch etwas für mich wäre, hatte er gefragt. Zumindest er, der Fremde, könnte sich das gut vorstellen. Meinem Vater und meiner Stiefmutter schien diese Idee gefallen zu haben, zumindest denke ich mir das, denn sonst würden wir ja nicht schweigend auf den Zug zu dem fremden Mann warten, der da eine neue Zukunft für mich bereithalten würde.

Ein entferntes Schnaufen war das erste, was von dem heranfahrenden Zug zu vernehmen war. Dann folgten einige dichte Rauchschwaden, durch die sich das eiserne Ungetüm auf den Bahnhof zubewegte. Es war imposant, mehr noch, es war der vollkommene Wahnsinn, der mich für einen Moment die Sorge, was mit mir geschehen würde, vergessen ließ. Behäbig schob sich der stählerne Kraftprotz über die Schienen auf uns zu und als er dann noch ein ohrenbetäubendes Signal ertönen ließ, blieb mein Mund endgültig offen. Mit einem lang gezogenen Quietschen kam die Bahn neben uns zum Stehen. Die Türen öffneten sich und dieses wunderschöne Monstrum spie eine Unmenge von Menschen aus, beladen mit Koffern, Tieren oder zusammengebunden Stofftüchern, in denen die Reisenden ihre Habseligkeiten verstaut hatten.

Als auch der letzte Passagier den Zug verlassen hatte, stand mein Vater behäbig auf und gab mir mit einem Kopfnicken zu verstehen, dass ich ihm zu folgen habe. Natürlich tat ich dies anstandslos, denn immerhin war er ja mein Vater. Als wir den Zug erreicht hatten, blieb er neben der geöffneten Tür stehen. Mir deutete er, dass ich einsteigen solle, und drückte mir ein Ticket in die Hand.

»Korat« stand darauf, eine Provinz, die gut eine Stunde entfernt lag. Es stand nichts von einer Rückfahrt auf dem Ticket. Also war dies ein Abschied, wie mir spätestens jetzt bewusst wurde. Ich blieb hinter der Tür stehen, sah meinen Vater an, während sich weitere Reisende an mir vorbeidrängten. Er sagte noch immer nichts. Ich war wie paralysiert, wusste ich doch nicht, was mich erwarten würde, ob mich jemand am Bahnhof in Empfang nehmen würde und was ich in diesem Korat überhaupt sollte. Und warum mein Vater mich einfach wegschickte. Ich hatte nicht einmal etwas Wasser dabei, von einem Stück Brot ganz zu schweigen. Und natürlich auch kein Geld, von dem ich mir hätte eine Kleinigkeit kaufen können. Eigentlich hätte ich in den Wagen laufen sollen, um mir zumindest einen Platz zu suchen, auf dem ich während meiner aufgezwungenen Reise hätte sitzen können. Aber ich konnte nicht, ich konnte nur meinen Vater ansehen. In meinem Kopf gab es weder Vorwürfe noch Angst. Er war in diesem Moment vollkommen leer.

Ein Pfeifen ertönte vom anderen Ende des Bahnsteigs. Ich wusste, dass dies das Signal war, dass der Zug bereit für seine Abfahrt war. Noch ein Pfeifen. Beim dritten würden sich die Türen schließen und ich meinen Vater vielleicht nie wieder sehen. Nein, bitte, nicht noch einmal ... Da pfiff es zum dritten Mal. Okay, das wars. Ich holte tief Luft und wollte noch einen letzten Blick auf meinen Vater werfen, da geschah ein kleines Wunder. Die Zugtür schloss sich nicht. Warum? Der Zug war schließlich abfahrbereit. Ich sah meinen Vater an. Und er mich. Der Bahnangestellte warf einen prüfenden Blick auf die übrigen Waggons. Alle Türen waren geschlossen, nur eben nicht die, hinter der ich stand. Mit der Pfeife in seinem Mund machte er sich auf den Weg zu unserem Waggon, um nachzusehen, warum sich diese eine Tür nicht schließen wollte.

Irgendetwas in meinem Gesicht musste meinem Vater gesagt haben, dass das gerade einfach zu viel für ein Kind war. Er sah mich, wie ich versteinert hinter der defekten Waggontür stand. In diesem Moment passierte in meinem Vater etwas, was er nicht mehr verkraften konnte. Er fragte mit leiser Stimme:

»Willst Du nach Korat? Oder willst Du zurück?«

»Vater, wenn ich darf, dann will ich zurück ins Dorf.«, flüsterte ich und blickte zu Boden.

Er nickte und ich stieg aus, gerade, als der Schaffner die defekte Tür erreicht hatte. Zwei Handgriffe, ein kurzes Rütteln, und die Tür schloss sich. Er hob den Arm, pfiff noch einmal und der Zug setzte sich in

Bewegung.

Auf dem Rückweg sprachen wir wiederum kein einziges Wort. Ich glaube, dass mein Vater wusste, dass er einen Fehler gemacht hatte, als er zugestimmt hatte, mich fortzuschicken. Aber konnte er sich das wirklich eingestehen? Er war ein zerstörter Mensch, nachdem er meine Mutter und deren Liebe verloren hatte. Innerlich war er zerrissen und der Krieg hatte diesen Zustand noch verstärkt.

Wir kehrten zurück ins Dorf und meiner Stiefmutter war die Enttäuschung deutlich anzumerken, als sie mich hinter meinem Vater wieder zurückkehren sah. Wochen später erzählte mir mein Onkel, warum er beim Abschied so geweint hatte.

»Ich dachte, ich sehe Dich niemals wieder. Dieser Mann, dieser Fremde, hatte Deinen Vater gefragt, ob Du nicht zu ihm kommen könntest, um bei ihm zu arbeiten. So, wie es seine Kinder taten.« Wieder traten Tränen in seine Augen. »Ich wusste, dass Du den Rest Deines Lebens mit dem Schleppen von Steinen oder als Eselstreiber zubringen solltest. Mein Herz war gebrochen. Du bist doch erst sechs Jahre alt.«

Ich wusste nicht, wie ich reagieren sollte. Mein Onkel tat mir leid, denn er sah so traurig aus. Ich legte mich in seinen Arm und die Szene am Bahnhof kam wieder in meinen Kopf. Warum hatte gerade meine Tür sich nicht geschlossen? Das war doch schon seltsam. Egal, wie ich es betrachtete, scheinbar hatte ich das Glück auf meiner Seite – und zwar in Form einer klemmenden Zugtür. Mir wurde so langsam bewusst, dass ich auf der Sonnenseite des Lebens aufzuwachsen schien. Keine Ahnung, womit ich das verdient hatte.

Im Reich der Tiere

Gut, es war mir also gelungen, die ersten Jahre meines Lebens hinter mich zu bringen, ohne dabei zu viel Beeinflussung durch wohlwollende Erziehungsversuche meiner Familie erfahren zu haben. In diesem Zusammenhang sei erwähnt, dass etwas *nicht* zu lernen wahnsinnig einfach ist. Ganz nebenbei hatte ich jedoch erfahren, was Liebe ist, denn trotz allem, was man meinem Vater vielleicht hätte vorwerfen können, ich liebte ihn. Und das nicht, weil es mir irgendjemand befohlen hatte. Scheinbar konnte sich dieses Gefühl ganz von alleine bilden. Und ich liebte viele Tiere, weil sie waren, wie sie nun einmal waren. Und weil auch sie unendlich viel Liebe geben konnten, zumindest dann, wenn man nicht gerade einen Stein nach ihnen warf, wie ich es hin und wieder tat. Und das war ja eigentlich auch nur immer aus Gründen der Fairness ...

Dass meine Nähe zu Tieren noch viel größer werden sollte, als ich es jemals gedacht hatte, konnte ich nicht ahnen. Auch nicht in dem Moment, als ich eines Tages verwundert feststellte, dass alle um mich herum damit begonnen hatten, ihre Sachen in Taschen und Beutel und kleine Koffer zu packen. Das Haus sah schon recht leer geräumt aus und so schien es nur folgerichtig zu sein, dass auch ich begann, meine persönlichen Dinge zu verstauen. Ich besaß keine Spielsachen, weshalb ein kleiner Wollbeutel ausreichte, um alles darin unterzubringen, was mir gehörte. Da ich im Vorfeld ganz offensichtlich irgendetwas verpasst haben musste, fragte ich gut gelaunt in die Runde:

»Gehen wir jetzt?«

Mein Vater sah nicht auf, sondern antwortete nur trocken:

»Ja, wir gehen. Aber du kommst nicht mit. Besser gesagt, du kommst schon mit«, er stopfte ein Paar Socken in seine Tasche, »aber nur bis zur Straße. Du kannst helfen, die Sachen zu tragen. Aber mitkommen tust du nicht.«

Irritiert blickte ich mich in dem leeren Raum um.

»Wo soll ich denn bleiben?«

Eine berechtigte Frage, wie ich fand, denn offensichtlich hatten die anderen irgendetwas geplant, von dem ich kein Teil sein sollte.

Mein Vater wandte sich beiläufig zu mir und erklärte:

»Du kannst selbst entscheiden, zu welchem deiner Onkel du jetzt gehst. Jeder von ihnen würde dich gerne aufnehmen, damit du für ihn arbeiten kannst.«

Jetzt war sogar mir klar, dass sie wirklich gehen würden. Ohne mich, einen Zweitklässler, der sich sein zukünftiges Obdach selbst suchen musste. Beiläufig erfuhr ich, dass mein Vater einen Job in einer Waffenfabrik in Wah Cantt, der »neuen Stadt«, bekommen hatte. In der Bombenabteilung. Wah Cantt lag etwa eine Stunde Busfahrt entfernt, eine unüberwindliche Strecke für einen kleinen Jungen, um mal eben für Kaffee und Kuchen vorbeizukommen. Also nahm ich einige Taschen und begleitete meinen Vater, meine Stiefmutter und meine Stiefgeschwister einige Kilometer weit zur nächstgelegenen Busstation. Wir warteten ein wenig, ich beobachtete sie, wie sie in den Bus einstiegen, und blickte ihnen beim Davonfahren hinterher. Dann war es ganz still. Ich stand alleine an der Straße und dachte darüber nach, welcher Onkel denn am geeignetsten wäre, um jetzt mein Ersatzvater zu werden.

Zugegeben, die Kandidaten drängten sich in meinen Überlegungen nicht gerade auf. Der eine Onkel, der Jüngste, war mir nie sympathisch gewesen und sein Interesse an mir lag im Minusbereich der zwischenmenschlichen Zuneigungsskala. Der älteste Bruder meines Vaters dagegen war ein Lebemann und es gefiel ihm, selbst möglichst wenig zu arbeiten und andere das verrichten zu lassen, was eigentlich seine Aufgabe war. Zusätzlich zeichnete er sich dadurch aus, dass er dem Koran verfallen war. So sehr, dass er sich für einen Gelehrten hielt, der sein angebliches Wissen an jeden weitergab, der es hören wollte. Oder auch nicht. Beides sehr eigenwillige Alternativen, aber ich beschloss, einfach bei dem Koran-Onkel vorbeizugehen und ihm mitzuteilen, dass er gegen etwas Essen und ein Dach über dem Kopf einen tüchtigen Hilfsarbeiter erhalten würde: seinen Neffen, dem gerade dessen Familie weggefahren war.

Der Koran-Onkel nahm mich auf, teilte mir meine regelmäßigen Aufgaben mit und vergaß nicht darauf hinzuweisen, dass es natürlich auch noch jede Menge außerhalb der Reihe zu tun gäbe. Schlafen dürfte ich im Stall, zwischen Kühen und Ochsen. Dieses Schlafzimmer, Entschuldigung, diesen Stall hatte ich jeden Morgen vom Kot und Unrat der Tiere zu säubern, so meine erste Aufgabe. Dafür erhielt ich dann ein Stück Brot, Butter und Milch. Ein fairer Deal, zumal sich somit meine bisherige Ernährung auch nicht änderte.

Was mir gefiel, war, dass ich hin und wieder ein wenig Mais bekam. Das konnte ich nach der Schule in einem nahe gelegenen Laden dem Händler geben, der mir daraus Popcorn bereitete. Die Hälfte des Mais behielt er als Bezahlung ein. Kehrte ich dann zu meinem Onkel zurück, musste ich mich umgehend mit den Tieren auf den Weg zur Weide und zu ihrer Wasserstelle machen. Langeweile konnte so ganz bestimmt nicht aufkommen.

Apropos nicht aufkommende Langeweile. Mir wurde auch noch eine ganz andere regelmäßige Arbeit aufgetragen, die ich nicht sonderlich mochte. In unserem Dorf gab es ein junges Mädchen, dass unter heftigen Magenproblemen litt. Hier konnte ich Hilfe leisten und das war die gute Seite. Mir wurde aufgetragen, dass ich mich um ihren Unrat zu kümmern hatte, hauptsächlich deshalb, damit sich ihr Leiden nicht auf andere Einwohner übertragen konnte. Wie man sich vorstellen kann, handelte es sich hierbei um den weniger schönen Teil meiner Arbeit. Jeden Tag musste ich einen großen, übel riechenden Bastkorb, in dem sich ihre Ausscheidungen befanden und der mit dem übrigen Müll der Familie aufgefüllt worden war, aus dem Dorf tragen und etwa einen Kilometer entfernt ausschütten, wo sein Inhalt als Dünger dienen sollte.

Hatte ich zuvor etwas darüber geschrieben, was das Ausprägen der Sinne durch die Tiere betraf, so sollte nun meine nächste Lektion folgen. Lag ich nachts zwischen ihnen und versuchte Schlaf zu finden, so dauerte es doch ein wenig, bis ich mich daran gewöhnt hatte, dass sie auf mich urinierten. Das war nicht schlimm, denn in den Wintermonaten erhielt ich so doch ein wenig Wärme und außerdem wusste ich selbst bei vollkommener Dunkelheit, dass ich nicht alleine war. Etwas problematischer war es, dass ich so gut wie keine Kleidung zum Wechseln besaß und deshalb mit dem Hemd und der Hose, in denen ich seit Tagen zwischen den Tieren geschlafen hatte, auch noch zur Schule gehen musste.

Wo wir gerade von der Schule reden, hier setzte sich das Dilemma des Zu-spät-Kommens fort, allerdings aus einem anderen Grund. Mein Onkel las jeden Morgen aus dem Koran, auch wenn ich ihn regelmäßig daran erinnerte, dass ich doch zum Unterricht gehen musste. Er fühlte sich wohl dabei, den religiösen Lehrer zu spielen – was vollkommen unsinnig war, denn der Koran war in Arabisch verfasst. Ich verstand kein einziges Wort. Mein Onkel übrigens auch nicht. Irgendwann durfte ich mich dann doch auf den Weg begeben. Das tägliche Liedersingen hatte ich wieder verpasst, nicht aber die Zurechtweisung meines Lehrers.

Er schlug mich links und rechts. Der Schmerz war ungeheuerlich und das Piepen in meinen Gehörgängen dauerte Stunden an. Aus meinen Ohren floss Blut, sodass ich erst einmal auf die Schultoilette gehen musste, um meinen Kopf zu waschen. Der Lehrer folgte mir und gab mir einen Tritt in den Hintern, sodass ich mit dem Kopf gegen die Wand schlug. Diese Prozedur wiederholte sich beinahe jeden Morgen. Ich konnte nicht mehr weinen, ich konnte aber auch dem Lehrer nichts anderes sagen, als ich es tat. Meine Erklärungen für die Verspätungen waren stets die gleichen, weil es eben den Tatsachen entsprach. Er wollte nie verstehen, dass ich nicht zu spät kam, um ihn zu ärgern.

Wie auf allen vorbildlichen Lehranstalten gab es natürlich auch bei uns Hausaufgaben. Zwar fehlte mir jegliche Begeisterung, mich daran zu setzen und auf einem kleinen, dunklen Brettchen die Ergebnisse meiner Arbeit zu notieren, aber ich war trotzdem streng darauf bedacht, die Hausaufgaben zu erledigen. Schwierig war nur, dies zeitlich in meinen prall gefüllten Tagesablauf zu integrieren. Schließlich konnte man ein paar Ochsen nicht sagen, dass sie jetzt bitte eine Stunde keinen Unsinn machen sollten, damit ich in Ruhe die gestellten Aufgaben bearbeiten konnte. Blieb also nur die Nacht.

Schien der Mond, so konnte ich mir ein Plätzchen nahe dem Stall suchen, an dem ich mich setzte und meine Hausaufgaben fertigmachte. Zugegeben, ich konnte kaum etwas von dem erkennen, was ich da schrieb, aber das war nebensächlich. Irgendwie würde es schon lesbar sein, wenn man es bei Tageslicht betrachtete. Schwieriger wurde es, wenn der Mond nur als kleine Sichel oder gar nicht am Himmel zu erkennen war. Doch da hatte mein Onkel zuweilen ein Einsehen, denn schließlich war es wichtig, lesen und schreiben zu können. Für den Koran auf Arabisch und so ...

Er brachte mir eine Öllampe, die ihre besten Tage schon lange hinter sich hatte. Ihr Licht war dürftig, sodass ich mit meinem Gesicht nahe an den spärlichen Schein der Flamme und noch näher an das zu beschreibende Brett heranrückte. Dumm nur, dass die Lampe rußte wie eine alte Dampflock. Umgehend füllte sich meine Nase mit schwarzem Schmutz und mein Gesicht erinnerte an einen Bergarbeiter nach einer harten Schicht. Egal, ich hatte meine Aufgaben gemacht und würde so der Prügel durch meinen Lehrer entgehen. Wenn ich pünktlich wäre.

Es mag überraschen, dass ich an diese Zeit keine negativen Erinnerungen besitze. Im Gegenteil, ich genoss die Nähe zu den Tieren, liebte es, sie Tag und Nacht zu beobachten und ihre Eigenheiten zu studieren. Selbst ihre Ausscheidungen auf meinem schlafenden Körper habe ich in guter Erinnerung, denn ich sah darin ausschließlich positive Dinge. Wahrscheinlich deshalb, weil es auch niemanden gegeben hatte, der mir eingebläut hätte, dass dies eklig, widerlich, abstoßend oder sogar unmenschlich sei. Es war nun einmal, wie es war. Und ich war froh, im

Winter nicht frieren zu müssen. Außerdem waren die Tiere meine besten Freunde. Wie sollte ich dann diese Zeit negativ in Erinnerung behalten?

Nach etwa einem halben Jahr erschien plötzlich mein Vater. Ich freute mich, ihn zu sehen. Er fragte mich, ob es irgendwelche Probleme in meinem Leben geben würde.

»Nein«, antwortete ich, ohne genau sagen zu können, ob ich wirklich keine hatte oder ob in mir immer noch herumgeisterte, dass er gar nicht hören wollte, wenn etwas nicht stimmte. Kurz darauf reiste er wieder ab, in die neue Stadt und zur Waffenfabrik. Insgesamt sollte ich zweieinhalb Jahre bei meinem Onkel im Stall bleiben. Arabisch hatte ich in dieser Zeit noch immer nicht gelernt.

Schließlich kehrte meine Familie zurück und ich verließ den Stall, um wieder bei ihnen zu leben. Was ich in dieser Zeit alles gelernt hatte, erzählte ich keinem von ihnen.

Die Wichtigkeit des Friseurs

Es ist beeindruckend, wie problemlos sich ein Kind an seine Lebens-umstände gewöhnen kann, wenn es nichts anderes kennt. Neben der Schule und meinen täglichen Aufgaben gab es zwischendurch hin und wieder einen Höhepunkt, und zwar das alljährliche Schlachtfest, bei dem es immer etwas Besonderes zu essen gab, was sonst nicht auf den Teller kam. Ganz nebenbei war es für einen neugierigen Jungen wie mich auch immer eine interessante Erfahrung, die Rituale rund um dieses Fest zu beobachten.

Zur festen Tradition des Schlachtfestes gehört die Tötung eines Tieres. In westlichen Augen ist dies grausam, aber es gehört nun einmal zu der Feier wie der Weihnachtsmann in die christlichen Wohnzimmer. Man fand sich also im Kreise der Familie ein und es wurde ein Lamm, ein Schaf oder eine Ziege an den Hinterläufen aufgehangen, bevor man dessen Kehle aufschnitt. Mit großen Augen beobachtete ich, wie das Blut aus der Wunde herausfloss und in einer Schale gesammelt wurde. Immer wieder wechselte mein Blick zwischen offenem Hals und dem sich füllenden Behältnis hin und her. Es war faszinierend, dabei zu sein, wenn das Leben aus einer Kreatur weicht.

Das, was ich sah, mag für manchen barbarisch anmuten. Ich fand es jedoch einfach nur interessant. Wahrscheinlich fehlte mir auch der Fleck »Grausamkeit« auf meinem Gehirn-Papier, aber auch diese Empfindung war mir nie beigebracht worden. Irgendwann stellte ich fest, dass die hängende Ziege jetzt wirklich bald tot sein würde – und zwar genau in dem Moment, als das Blut aufhörte, aus der offenen Kehle zu laufen. Ich konnte in den Augen des Tieres sehen, dass es jetzt starb. Dann die letz-ten Tropfen und es war vorbei. Man mag mir diese Beschreibung ver-zeihen, aber sie sollte schon bald eine wichtige Rolle in meiner eigenen Erlebniswelt spielen.

Einige Wochen nach dem Schlachtfest war ich wieder einmal in der Natur unterwegs, hatte mich aufgemacht, die kleinen und großen Wunder zu entdecken, die sich dort einfangen ließen, wenn man sie nur wahrnehmen konnte. Da traf ich einen Jungen, der die gleiche Schulklasse besuchte wie ich. Er erntete gerade Heu auf dem Feld, das zum Besitz meiner Familie gehörte. »Besitz« hört sich in diesem Zusammenhang recht hochtrabend an, denn wir waren keine Gutsherren oder Landbesitzer im größeren Rahmen. Von dem, was der Junge erntete, durfte seine Familie 30% behalten, 70% musste er an meinen Vater abgeben. Dass das für beide Seiten nicht sonderlich viel war, lag am indischen Klima. Dies ließ einfach nicht zu, dass hier grüne Landschaften entstehen konnten, noch viel weniger, dass sich ein Dorf von den Erträgen hätte ernähren können.

Der Junge sammelte gerade das Heu zusammen, um es den Tieren seiner und unserer Familie zum Fressen zu bringen. Es war Regenzeit und seine Suche war erfolgreich gewesen, weswegen ein großer Haufen vor ihm lag, den er niemals alleine hätte zusammenbinden können. Er bat mich, ihm dabei zu helfen. Ehrensache, dass ich zusagte. Gerade hatte er aus langen, widerstandsfähigen Grashalmen eine Kordel geflochten, mit der er das ganze Bündel festzurren wollte. Es war bereits abends und die Tiere hatten gewiss Hunger, weshalb wir keine Zeit verlieren sollten. Ich ging zu ihm und nahm die beiden Seilenden in die Hände.

Wir begannen, das Seil um das Unkraut immer fester zu ziehen. Ich musste einen Fuß gegen das Bündel drücken, um den Strick noch enger zu zurren. Ansonsten hätte er es niemals transportieren können und die Tiere hätten nichts zu Fressen bekommen. Da passierte es. Das Seil riss und ich verlor den Halt. Dummerweise hatte ich mich neben einer eineinhalb Meter tiefen Senke postiert, um mich an deren Rand abdrücken zu können. Dass dies ein Fehler war, merkte ich Sekundenbruchteile später.

Kopfüber, die Beine in die Höhe gestreckt, stürzte ich hinab in das

Loch, auf dessen Boden lauter Zeug herumlag, das dort nicht hinge-hörte: Teerreste von Straßenbauarbeiten, alte Eimer, scharfkantige Metallteile, kaputtes Zaumzeug der Tiere. Ich schlug hart auf und ein verrosteter Gegenstand bohrte sich in meinen Kopf. Zwar konnte ich das sehr genau spüren, aber nicht sagen, was es eigentlich für ein Ding war. Zu allem Überfluss steckten meine Beine noch immer in der Schlaufe aus dem geflochtenen Gras, was die Situation nicht gerade verbesserte.

Okay, jetzt war messerscharfes Kombinieren gefragt. Ich lag kopf-über in einem Loch, ein verrostetes und scharfkantiges Etwas steckte in meinem Kopf und meine Beine standen zusammengebunden in die Höhe. Außerdem war es gerade schwierig einzuschätzen, wo genau eigentlich oben und unten war. Es gab definitiv bessere Ausgangslagen.

Mein Klassenkamerad erschien am Rand des Loches und fragte mich:

»Sag mal, hast du ein Problem?«

Ich wusste in diesem Moment nicht recht, was ich darauf antworten sollte. Daraufhin bemerkte er:

»Ich muss jetzt leider gehen. Es wird bald dunkel und ich muss das Heu nach Hause bringen.«

Okay, das verstand ich, denn ich kannte ja selbst die Arbeiten, die pünktlich erledigt werden mussten. Verschwommen sah ich, wie er so viel Unkraut wie möglich unter seine schmalen Arme klemmte und ver-schwand. Jetzt war ich alleine, das Blut floss über mein Gesicht und meine Kleidung, und ich befreite mich irgendwie von der Schlinge um meine Füße.

Mein erster Gedanke war, dass ich schnellstmöglich einen Behälter finden musste, in den mein Blut abfließen konnte. Nicht, dass ich große Pläne damit gehabt hätte. Eigentlich wollte ich nur beobachten, wie viel Blut ich verlor. Nach meinen Beobachtungen beim Schlachtfest hatte ich schließlich gelernt, dass man ab einer gewissen Menge tot war. Gut, dass ich so genau hingeschaut hatte.

Ich fand einen alten Eimer, der wahrscheinlich genauso verrostet war wie das Ding in meinem Kopf, und ließ das Blut hineinlaufen. Es war spannend zu beobachten, wie er sich füllte. Und wenn es irgendwann aufhören würde zu fließen, dann wäre ich tot. So wie die Ziege. Ich musste sehr bedacht darauf sein, dass nichts neben den Eimer tropfte, denn gerade bei solchen Dingen musste alles seine Ordnung haben – auch wenn man gerade dabei war abzudanken. Beugte ich mich vor, so floss das Blut schneller. Wiederum eine neue, interessante Erkenntnis. Es lief über die Augen, die Nase, die Ohren.

Irgendwann kam dann doch der Punkt, an dem ich mir dachte, dass es so nicht weitergehen konnte. Immerhin war ich gerade dabei, vollkommen fasziniert zu beobachten, wie sich ein Eimer mit Blut füllte und ich ganz nebenbei einfach starb. Ich musste aufstehen, denn wenn ich weiter in den Eimer starren würde, dann würde ich mich wohl nicht mehr erheben können. Ich wäre ja schließlich tot.

Also kletterte ich aus dem Loch und marschierte los. Bis zum Dorf waren es gut und gerne zwei Kilometer, wobei der letzte Teil des Weges einen steinigen Anstieg bedeutete, weil der Ort auf einem Hügel lag. Darunter befand sich ein Brunnen, der Platz, an dem sich abends die Frauen aus dem Dorf sammelten, um das Wasser für den nächsten Morgen zu schöpfen. Als ich mich ihnen näherte, sahen sie mich an und begannen, lauthals zu schreien.

»Es ist Aziz. Er ist erschossen worden.«

War ich nicht, sonst würde ich wahrscheinlich hier nicht mit einem großen, rostigen Metallstück im Kopf auftauchen. Trotzdem konnte ich ihre Aufregung verstehen, immerhin war ich von oben bis unten mit Blut getränkt. Selbst in meinen Schuhen, die ich ausnahmsweise trug, konnte ich kaum laufen, so sehr waren sie mit Blut gefüllt. Ich versuchte, den eifrigen Damen meine Situation zu erklären:

»Es hat niemand auf mich geschossen. Bitte, ich habe nur ein wenig Durst. Könntet Ihr mir etwas Wasser zu trinken geben?«

Die Frauen standen noch immer unter Schock und schrien weiter. Also ging ich selbst zum Wasserloch und schaufelte mir etwas Wasser in den Mund. Dann stieg ich die Anhöhe zum Dorf hinauf. Glücklicherweise kannte ich den kürzesten Weg zum Friseur. Nicht, dass mir in diesem Moment der Sinn nach einem modischen Haarschnitt stand, nein, in den meisten indischen Dörfern der damaligen Zeit war der Friseur auch gleichzeitig der lokale Arzt. Und nicht nur das. Er war da, um Haare zu schneiden, er war Nachrichtenüberbringer, er war gleichzeitig Dentist und eben auch als Arzt für alle übrigen Leiden zuständig. Ein wirklich ehrenvoller und wichtiger Beruf!

Ich klopfte an seine Tür. Glücklicherweise war er zu Hause.

»Aziz, was hast du gemacht?«

»Ich habe mich verletzt und brauche deine Hilfe.«

»Du brauchst mir nicht zu sagen, dass du dich verletzt hast. Das sehe ich selbst. Du hast dich sogar schwer verletzt. Du darfst nur noch bis nach Hause laufen, nicht weiter. Dort musst du dich sofort hinlegen. Ich komme zu dir, wenn ich damit fertig bin, meinem Kunden die Haare zu schneiden.«

Ich ging direkt zu unserem Haus und meine Stiefmutter öffnete mir. Zum ersten Mal schien sie wirklich erfreut, als sie mich sah.

»Was hast du gemacht?«, fragte sie interessiert.

»Ich habe mich verletzt.«

»Ah! Na ja, gut«, antwortete sie und ging zurück in die Küche.

Anschließend machte sie nichts. Gar nichts. Sie dachte auch nicht daran, einen Arzt, Entschuldigung, einen Friseur zu rufen. Umso überraschter war sie, als dieser 15 Minuten später plötzlich vor unserem Haus stand.

»Ja, wo kommt denn der her?«, fragte sie sichtlich irritiert.

»Ich habe ihm Bescheid gesagt«, erklärte ich schuldbewusst.

Sie öffnete die Tür und ließ ihn eintreten, einen deutlichen Ausdruck der Enttäuschung auf ihrem Gesicht.

Der Friseur entzündete ein kleines Feuer. Er hatte Öl mitgebracht, das er etwas später mit der Asche mischte. Das Gelee, das daraus entstand, schmierte er in meine Wunde, packte ein Blatt darauf und wickelte ein Tuch um meinen Kopf, sodass das Blatt nicht verrutschen konnte.

Es dauerte beinahe drei Wochen, bis ich den Verband wieder abnehmen dufte. Die Wunde war einigermaßen verheilt und ich wusste, dass es gut gewesen war, direkt einen Friseur aufzusuchen. Ansonsten wären die Gebete meiner Stiefmutter wohl erhört worden und ich hätte eine hübsche Leiche abgegeben.

Schüsse

Es ist interessant, dass viele der »Lehren« durch Personen, die einen im Normalfall durchs Leben begleiten, vollkommen überflüssig sind. Die wirklich hilfreichen Erfahrungen machte ich in meiner Kindheit durch das Beobachten und Erlernen meiner Umwelt. Einer der wenigen Höhepunkte, die ich mit anderen Menschen erleben durfte, waren die Abenteuer, die mein Vater mit mir unternahm: das Schießen. Ich hatte inzwischen gelernt, recht passabel mit einem Luftdruckgewehr umgehen zu können. Etwas schmerzhaft hatte ich während dieser Lernphase auch mitbekommen, dass es besser war, wenn ich mich erst anlehnte, bevor ich den Abzug betätigte. Zu oft hatte mich der Rückstoß des Gewehrs so weit zurückgeworfen, dass ich auf dem Hosenboden gelandet war. Immerhin war ich erst acht Jahre alt und da sorgte die Kraft eines Gewehrs nun einmal für gehörigen Respekt.

Trotzdem – und das gehörte nun einmal auch zum Heranwachsen – war es mein Traum, mit dem »großen« Gewehr meines Vaters schießen zu dürfen. Das, das er aus dem Krieg mitgebracht hatte und um das ihn das ganze Dorf beneidete. Außer ihm besaß nämlich niemand eine solch beeindruckende Flinte. Dass diese über einen Rückstoß verfügte, der mir sofort die kindliche Schulter zertrümmern könnte, war mir ebenso bewusst wie egal. Und dass ich die Gelegenheit bekommen sollte, sie wirklich benutzen zu dürfen, hatte ich mir in meinen kühnsten Träumen nicht vorstellen können. Die Umstände, die dazu führen sollten, allerdings auch nicht.

In unserem Dorf gab es einen Mann, der die Einwohner terrorisierte. Und wenn ich sage terrorisierte, dann meine ich das im wahrsten Sinne des Wortes. Irgendwann war er vollkommen außer Kontrolle geraten, hatte festgestellt, dass er alles bekommen konnte, wenn er nur vollkommen hemmungslos gegen andere Menschen vorgehen würde. Die

Bewohner litten unter ihm, noch mehr aber unter der allgegenwärtigen Angst, dass es sie als nächstes treffen würde. Immerhin war bekannt, dass er schon einmal einer Frau ein Ohr abgeschnitten hatte, weil ihm ihre Ohrringe gefielen. Einer anderen hatte er die gleiche Prozedur zuteilwerden lassen. Das allerdings nicht, weil ihm irgendwelcher Schmuck ins Auge gefallen war, sondern weil er der Meinung war, dass sie faul sei. Und dafür hatte er sie bestraft. Wagte es wirklich jemand, einen schönen Ring zu tragen, so war es nur eine Frage der Zeit, bis er diesen stahl. Saß er zu fest, so nahm er sich das Ziel seiner Begierde mitsamt dem dazugehörigen Finger.

Nun ist die erste folgerichtige Frage, warum niemand die Polizei einschaltete. Immerhin war diese nur einen Ort entfernt, war also für jeden leicht erreichbar. Nun war es jedoch so, dass besagte Polizeistation nur aus einem Polizisten und seinem Vorgesetzten bestand. Keine besonders schlagkräftige Truppe, zumal ihre Ausrüstung bestenfalls aus einem kleinen Holzprügel bestand, der keinem gewieften Gangster auch nur das kleinste Zucken der Augenbraue entlocken würde. Im Normalfall mussten klärende Worte ausreichen, wenn es einmal darum ging, einen Streit beizulegen.

Trotzdem versuchten einige Dorfbewohner, über die Polizei Hilfe gegen die Tyrannei dieses Mannes (und seiner Helfer, die sich Vorteile aus dessen Verbrechen erhofften) zu erreichen. Doch ihnen wurde eine bedauernde Absage erteilt, denn die Polizisten sahen sich nicht in der Lage, etwas gegen die Missstände zu unternehmen. Allerdings wussten sie, dass mein Vater als ehemaliger Offizier ein Gewehr besaß. Und genau deshalb bestellte der Chef der Polizei meinen Vater ein und sagte zu ihm:

»Ich wurde darüber unterrichtet, dass es in Eurem Dorf Schwierigkeiten gibt. Es soll dort einen Menschen geben, der andere beklaut, unterdrückt und verletzt.«

»Das ist richtig«, stimmte mein Vater in dem Wissen zu, dass sein Gegenüber sehr genau über die Vorgänge Bescheid wusste.

48

»Leider muss ich dir mitteilen, dass wir nicht helfen können.« Er sah meinen Vater eindringlich an und fügte hinzu: »Ihr müsst euch selbst helfen.«

Was sich im ersten Moment wie eine klare Abfuhr anhörte, war auf den zweiten Blick die offizielle Erlaubnis der Polizei, dass man sich selbst verteidigen durfte, ohne mit Konsequenzen rechnen zu müssen. Sicher, aus mitteleuropäischer Sicht ist dies nur sehr schwer nachzuvollziehen, aber mit Blick auf die damaligen Verhältnisse und die Zeit, zu der sich diese Geschehnisse zugetragen haben (es war 1949), war dies eine Entscheidung, die die Situation für unser Dorf verbessern konnte.

Mein Vater kehrte aus dem Nachbarort zurück und wurde in seiner Überzeugung, dass etwas zu geschehen habe, von einem Zufall bestärkt. Die Schwester des Gangsters suchte ihn an diesem Tag auf. Beide kannten sich seit ihrer Kindheit und sie mochte meinen Vater. Vielleicht auch mehr. Hinter vorgehaltener Hand sagte sie zu ihm:

»Mein Bruder hat etwas angedeutet, das für dich gefährlich werden könnte.«

»Was meinst du?«

»Du wärest als nächster dran, hat er gesagt. Und nicht nur du, sondern deine ganze Familie.«

»Hat er noch etwas gesagt?«

»Er setzt gerade alles daran, dass sich im Dorf die Nachricht verbreitet, dass er in eine Stadt abgereist sei, die über 800 Kilometer entfernt ist. Aber ...« Sie hielt einen kurzen Moment inne. »... er ist noch immer hier und versteckt sich in den Bergen. Er sagte auch, dass er in der Nacht kommen würde. Ich habe Angst um dich und um deine Familie.«

Sofort war meinem Vater klar, was vor sich ging. Der Mistkerl hatte seine angebliche Abreise genutzt, um sich ein Alibi zu verschaffen, um später nicht mit seinem geplanten Verbrechen in Verbindung gebracht werden zu können. Ein einfacher Trick, der aber überaus gut funktioniert hätte, wenn seine Schwester nicht auf ihr Herz gehört und ihn informiert hätte. Mein Vater musste reagieren, und das so schnell wie möglich, denn die Nacht näherte sich.

Glücklicherweise kannte er die Gegend wie kaum jemand sonst und so war ihm auch klar, wo genau der Gauner sich versteckt haben musste. Und er kannte den Weg, den er ins Dorf nehmen musste, um sein Vorhaben in die Tat umzusetzen. Er würde das trockene Flussbett hinabkommen, zu dessen Seiten sich bis zu fünf Meter hohe Wände auftürmten, die einstmals den Fluss in seinen Bahnen hielten. Was ihm aber auch bewusst war, war, dass der Kerl nicht allein kommen würde. Er hatte immer Handlanger bei sich und gerade, wenn er ein größeres Verbrechen plante, griff er auf die Unterstützung anderer Männer zurück. Allerdings wusste mein Vater nicht, wie viele sich auf den Weg machen würden, um ihn und seiner Familie den Garaus zu machen. Und an diesem Punkt kam ich mit ins Spiel.

Es war später Nachmittag und die Sonne schickte sich gerade an, hinter den Bergen zu versinken und das Dorf in Dämmerlicht zu tauchen. Da kam mein Vater zu mir, sah mich durchdringend an und sagte:

»Heute Abend wird etwas passieren. Ich brauche deine Hilfe. Wir müssen in dieser Nacht einen Menschen erschießen.«

Eigentlich schockierte recht wenig meine kindliche Welt, diese Aussage meines Vaters allerdings versetzte mich doch in Angst. Immerhin traute ich mich kaum, mit seinem Gewehr zu schießen und jetzt sollte ich damit einen Menschen ins Jenseits befördern. Wie konnte er das von mir verlangen? Aber immerhin war er mein Vater und wenn er sagte, er brauche meine Hilfe, dann war das schon Grund genug, ihm seinen Wunsch zu erfüllen. Auch wenn ich im Gegensatz zu ihm überhaupt nicht wusste, um wen oder was es überhaupt ging.

Die Dunkelheit brach viel zu schnell herein. Vom Himmel warf der Mond sein Licht auf das Dorf und irgendwie hatte es noch nie so kalt gewirkt wie in dieser Nacht. Wortlos ging ich neben meinem Vater her, 15 Minuten über steinigen Untergrund, bis er plötzlich anhielt und zu mir sagte:

»Genau hier wirst du sitzen bleiben. Irgendwann kommen dort unten drei oder vier Leute entlang. Ich werde mich gegenüber positionieren.«

Er wies auf die gegenüberliegende Seite, von der er ebenso wie ich einen guten Blick auf das einige Meter unter uns befindliche Flussbett hatte, ohne selbst gesehen werden zu können.

»Wenn er auf meiner Seite gehen sollte, dann werde ich ihn erschießen. Nur ihn, denn die anderen sind nicht mehr als wertlose Handlanger. Läuft er auf deiner Seite, dann musst du schießen.«

Aha, einfach so. Ich wusste inzwischen, um welchen Mann es sich handelte. Ich kannte ihn aus dem Dorf, hatte ihn immer freundlich gegrüßt, wenn ich ihn sah. Eben so, wie man es als kleiner Junge mit Respekt vor den Erwachsenen tat. Und jetzt sollte ich ihn mit dem Gewehr erschießen, dessen Rückschlag mich wahrscheinlich meterweit durch die Luft schleudern und mir meine Knochen brechen würde. So komisch dieses Gefühl auch war, so schien das alles doch irgendwo richtig zu sein, denn mein Vater würde bestimmt nichts machen, was falsch wäre. Zumindest redete ich mir das in diesem Moment ein. Außerdem hatte er mich nicht darum gebeten, sondern er hatte es von mir verlangt. Also Schluss mit der Angst und dem Nachdenken. Zumindest, soweit es möglich war. Allerdings gab es da noch einen weiteren Punkt, der mir Sorge bereitete: Beinahe alle Männer unseres Dorfes trugen die traditionelle Salwar, eine weiße Pluderhose, und das Kameez, ein weites weißes Hemd. Wie sollte ich da in der Dunkelheit den Unterschied ausmachen und nicht versehentlich den Falschen über den Haufen ballern?

»Woher soll ich wissen, ob er auf meiner Seite ist? Es ist zu dunkel, als dass ich sein Gesicht erkennen könnte?«

»Ich werde dir ein Signal geben, wenn du schießen sollst. Ich binde ein Tuch um einen Ast und halte es in die Höhe. Wenn du das siehst, dann musst du schießen.«

Nach diesen Worten verließ er mich, um auf die gegenüberliegende Seite zu gelangen. In mir spielten die Gedanken verrückt und die Gefühle wechselten sich im Sekundentakt ab. Sollte ich stolz sein, dass mein Vater mich für eine so große Aufgabe ausgewählt hatte? Wie konnte er verlangen, dass ich wirklich einen Menschen erschießen sollte? Würde ich nach dieser Nacht für immer ein Mörder sein? Oder ein Held? Würde man mich ins Gefängnis werfen? Oder aus lauter Dankbarkeit auf Schultern tragen? Warum musste dieser Mann überhaupt erschossen werden?

Plötzlich hörte ich Schritte. In einiger Entfernung näherten sich drei Männer. Ich erstarrte. Jetzt war es also wirklich so weit. Der Wind trug die Stimme des Mannes, der nicht mehr lange zu leben haben würde, zu mir herüber. Die Männer sahen für mich alle gleich aus, wie Geister, die in ihren weißen Gewändern durch die Nacht schwebten und Unheil anrichten wollten. Ich nahm das Gewehr auf und sah auf die Seite zu meinem Vater und wartete auf dessen Signal. Die Männer kamen näher.

Plötzlich verdunkelte sich das Licht, der Schein des Mondes schien auf einmal an Kraft zu verlieren. Ich sah auf. Eine Wolke schob sich vor den Mond, verhüllte erst einen Teil, dann den gesamten Trabanten. Ich konnte kaum noch meinen Vater erkennen. Was würde passieren, wenn ich sein Signal übersah? Das würde er mir nie verzeihen. Vielleicht würde er sogar mich anstelle des Gangsters erschießen. Aber er gab kein Signal und er ließ die Männer einfach passieren. Als sie weit genug entfernt waren, stand mein Vater plötzlich neben mir.

»Lass uns gehen. Es war zu dunkel, ich konnte nicht erkennen, welcher von denen der Richtige war. Wir müssen es noch einmal probieren.«

Mir fiel ein Stein vom Herzen. Ich hatte keinen Menschen umgebracht und das fühlte sich verdammt gut an. Zumindest für den Moment. Vielleicht musste ich ihn später gar nicht mehr erschießen, denn vielleicht würde er vorher einfach tot umfallen. Oder von einer giftigen Schlange gebissen werden. Wer weiß?

In der kommenden Nacht probierten wir es noch einmal. Diesmal brauchte ich keine Erklärungen, denn das Vorgehen aus der vergangenen Nacht hatte sich tief in mein Gedächtnis eingebrannt. Ich sah zum

Himmel. Es war eine sternenklare Nacht und damit stand auch fest, dass mich diesmal keine Wolke retten würde. Oder diesen Gauner. Das Flussbett war hell erleuchtet und jeder, der dort entlanglief, würde ein perfektes Ziel bieten. Glücklicherweise blieb es in dieser Nacht ruhig und niemand zeigte sich. Keine Maus, keine Katze, keine weiß gekleideten Verbrecher. So war ich ein zweites Mal daran vorbeigekommen, einen Menschen zu erschießen. Wirklich, ich war ein kleiner Glückspilz ...

Nun, jede Geschichte findet einmal ihr Ende. Auch diese. Und natürlich musste ich wieder einmal eine Rolle in dem Plan spielen, allerdings eine, die mir wesentlich besser behagte. Mein Vater weckte mich um halb zwei in der Nacht und schickte mich zu einigen anderen Männern aus unserem Dorf, denen ich Bescheid geben sollte, dass es an der Zeit wäre. Ich ahnte, worum es ging, vermied aber, Fragen zu stellen. Also ging ich zu ihnen, nackt, so, wie ich eben noch geschlafen hatte. Es dauerte nicht lange, bis alle informiert waren und sich in unserem Haus trafen. Ihren angespannten Gesichtern war anzusehen, dass ein neuer Versuch bevorstand, den Gauner endlich auszuschalten. Ohne mich.

Die Männer verließen das Haus und ich ging zurück in mein Zimmer. Ich setzte mich auf mein Bett und wartete. Jedes Geräusch, das von draußen zu mir drang, nahm ich auf. Plötzlich hörte ich Schüsse. Bumm! Bumm! Bumm! Und dann war wieder Ruhe. Absolute Ruhe, bevor ein vierter Schuss durch die Nacht peitschte. Es war mein Vater, der ihm noch eine Kugel in den Kopf gejagt hatte. Er wollte sichergehen, dass dieser böse Mensch wirklich tot war. Es war erledigt. Und irgendetwas da draußen hatte dafür gesorgt, dass ein achtjähriger Junge mit reinem Gewissen weiterleben konnte, ohne sich den Rest seines Lebens mit der Schuld eines Mordes herumplagen zu müssen.

Ich fragte mich, was ich noch alles erleben musste. Gleichzeitig wurde mir in dieser Nacht aber auch bewusst, dass mich, wenn ich dies alles überleben würde, nichts auf dieser Welt mehr kaputtmachen könnte.

Erst lange Zeit später erfuhr ich durch einen Freund in der Schule, dass die nächtliche Aktion eine Entscheidung des gesamten Dorfes gewesen war, die mein Vater angestoßen hatte. Vorher hatte er sich von der Polizei noch einmal die Bestätigung geholt, dass man in diesem Fall tun könne, was man wolle. Die Männer sollten lediglich sicherstellen, dass die Leiche nicht entdeckt werden würde, um keine Fragen aufzuwerfen. Immerhin befand sich der Tote offiziell 800 Kilometer entfernt und würde insofern nicht in der Nähe unseres Dorfes vermutet werden. Deshalb hatte mein Vater einige Männer ausgeschickt, um an einem versteckten Ort ein Grab auszuheben. In dieser Nacht hüllten seine Männer den Leichnam in ein Tuch und vergruben ihn, wo niemand ihn finden konnte.

Irgendwann kam genau durch diesen Freund der Gedanke der Blutrache auf, denn immerhin hatte mein Vater ein Mitglied aus seiner Familie getötet – auch wenn der es mehr als verdient hatte. Und traditionell verlangte dies nach Sühne. Glücklicherweise war er ein intelligenter Junge, dessen Rachegelüste gegenüber mir, einem Freund, im Laufe der Jahre der Erkenntnis wichen, dass dieser Unsinn dann wohl nie ein Ende nehmen würde und sich meine Familie im Gegenzug genötigt sehen würde, ihn und seine Sippe auszulöschen. Also einigten wir uns, die ganze Sache ruhen zu lassen.

Kinder wissen, was gut für sie ist

Die Erinnerung daran, einen Menschen nur deshalb nicht getötet zu haben, weil eine Wolke im richtigen Augenblick den Mond verdunkelte, hat mich nie verlassen. Und ein Leben lang stellte ich mir die Frage, warum Eltern grundsätzlich davon ausgehen, dass Kinder ihr persönliches Eigentum seien und nur nach ihren Wünschen agieren sollen. Mein Vater hatte dies so gesehen und sich insofern vollkommen natürlich angemaßt, mir zu sagen, was ich zu tun hätte. Selbst, wenn es sich um einen Mord handelte.

Und warum denken Eltern eigentlich, dass ihre Kinder so werden sollen wie sie selbst? Natürlich stecken dahinter die besten Absichten, denn Eltern wollen ihre Kinder beschützen. Das hat die Natur nun einmal so eingerichtet und das ist bis zu einem gewissen Punkt auch gut so. Die Frage bleibt allerdings, warum sie eigentlich davon ausgehen, dass sie Kraft ihrer elterlichen Position auch noch den Lehrer für die Kinder spielen müssen. Die meisten von uns denken nicht darüber nach, denn zum Aufziehen der Kinder gehört nun einmal auch, ihnen alles zu erklären. So, wie die Eltern es selbst gelernt haben und nun genauso weitergeben. Zumindest ist dies unser Verständnis.

Wie wäre es jedoch, wenn Eltern ihre Rolle darin sehen würden, ihren Kindern einfach eine Basis zu schaffen, in der sie glücklich und frei aufwachsen können? Ein Zuhause, in dem ihre ohnehin leuchtenden Augen noch mehr strahlen. Einen Platz, wo sie ihre Eltern nicht als Lehrer, sondern als Freunde und als liebevolle Unterstützer sehen können.

Nun ja, wird so mancher jetzt die Nase rümpfen, wie soll das Kind dann aufs Leben vorbereitet werden? Keine Sorge, das schafft das Kind ganz von allein. Ich selbst bin aufgrund meiner Lebensumstände ein gutes Beispiel dafür, dass Kinder eine ausgesprochen gute Auffassungs-

und Beobachtungsgabe besitzen. Ich habe es als Geschenk gesehen, dass ich während der Erfüllung meiner Pflichten immer wieder die Möglichkeit besaß, stundenlang unter einem Baum zu sitzen und alles um mich herum zu analysieren. Niemand erklärte mir, was ich sah, niemand zwang mir (s)eine Meinung auf. Ich forschte so lange, bis ich an den Punkt kam, an dem ich aus Überzeugung sagen konnte:

»Es kann nur so sein und nicht anders!«

Auch wenn mich später jemand korrigieren wollte, so war meine Überzeugung doch so stark, dass ich darin nicht wackelte. Das bezog sich im Übrigen nicht nur auf die Beobachtungen, die ich in der Natur machte, sondern auch in meinem menschlichen Umfeld. Als kleiner Junge betrachtete ich meine Cousine, wie sie sich jeden Abend Öl unter ihre Augen rieb. Für mich war das ausgesprochen seltsam. Es war Verschwendung von Lebensmitteln und außerdem sah es irgendwie komisch aus.

»Warum machst du das?«, fragte ich sie neugierig.

»Das ist gut für die Augen«, antwortete sie.

Ich war nicht sicher, ob sie die Wahrheit sagte, denn eigentlich war das meiste, was sie tat, ausschließlich dem Zweck gewidmet, sich hübscher zu machen. Aber es war trotzdem interessant und wer weiß, vielleicht war es ja wirklich gut für die Augen. Also schlich ich mich eines Abends heimlich in ihr Zimmer, tröpfelte mir auch etwas von ihrem Öl auf meine Finger und verrieb es unter meinen Augen. Ich legte mich schlafen und erwartete am nächsten Morgen das große Wunder. Ich sah in einen Spiegel und stellte überrascht fest, dass nichts passiert war. Weder konnte ich besser sehen, noch war ich hübscher geworden.

Trotzdem, es musste ja irgendeinen Sinn machen, wenn sie so darauf schwor, sich Lebensmittel ins Gesicht zu schmieren. Also machte ich von diesem Augenblick an weiter. Tag für Tag besorgte ich mir zwei oder drei Tropfen Öl, um sie unter meinen Augen zu verreiben. Schließlich musste ich doch herausfinden, ob meine Cousine recht hatte oder nicht. Nach einer Weile merkte ich, dass das Öl meinen Augen wirklich guttat. Sie hatte also die Wahrheit gesagt und was noch viel wichtiger war, ich hatte es selbst erfahren, weshalb ich nicht irgendeinem Irrglauben aufgesessen war, den mir jemand hatte verkaufen wollen. Bis heute, und ich bin mittlerweile über 80 Jahre alt, reibe ich mir jeden Abend Öl unter die Augen – und ich sehe noch immer so gut wie vor vielen, vielen Jahren.

Es liegt mir fern, mein Leben und meine Erkenntnisse mit denen großer Künstler zu vergleichen. Allerdings wird man, wenn man etwas genauer hinsieht, interessante Parallelen feststellen. Künstler, deren Kindheit im Allgemeinen als »schwierig«, »einsam«, ja sogar als »zerrüttet« betrachtet wird, haben später Dinge erreicht, die den meisten anderen verwehrt geblieben sind.

Marilyn Monroe wuchs in neun verschiedenen Familien auf, immer wieder unterbrochen durch Aufenthalte in Waisenhäusern. Cher brach mit 16 Jahren zu Hause aus, weil ihr Stiefvater ihr das Leben zur Hölle machte. Demi Moore entstammt einer durch Alkohol zerrütteten Familie, und so weiter und so weiter. Am imposantesten ist vielleicht der Werdegang der Beatles, deren Mitglieder durchweg aus Familien stammten, die sich wenig oder gar nicht um ihre Kinder gekümmert hatten. Und eben diese Kinder hatten erkannt, dass sie sowohl das Recht als auch die Fähigkeit besaßen, Dinge zu verändern.

Was den Welterfolg der Beatles begünstigte, war der Fakt, dass die vier heranwachsenden Liverpooler Jungs kaum Zuwendung durch ihre Familien erfahren hatten, sondern die Welt selbst für sich entdecken mussten. Sie sahen die Ereignisse um sich herum aus ihren Augen, prägten ihre eigenen Erfahrungen, frei von Lehrmeinungen (ihre schulischen Leistungen waren durchweg unterdurchschnittlich) und von elterlichen Vorgaben. Das ermöglichte es jedem einzelnen von ihnen, den Zeitgeist in sich aufzunehmen und zu verstehen. Sie waren zur richtigen Zeit am richtigen Ort und sagten das Richtige – vor allem durch ihre Musik. Natürlich gefiel dies weder ihren eigenen Eltern als auch den Eltern anderer Kinder. Aber ihre Generation, die verstand es. Und wir verstehen es bis heute.

Diese Beispiele sollen nicht beweisen, dass Kinder, die aus zerrütteten Familien stammen, die besten Voraussetzungen für ihr Leben haben. Nein, das wäre fatal und es wäre auch nicht richtig. Diese Bekanntheiten, neudeutsch Celebrities genannt, bewiesen lediglich, dass ein freies Aufwachsen ohne die Übernahme vorgefertigter Meinungen und Anschauungen den Kindern die Möglichkeit eröffnet, ihre eigenen Erfahrungen zu machen, ihre Meinungen zu festigen und Neues zu entdecken, was vorangegangenen Generationen vielleicht verborgen geblieben ist. Und das ist auch in einem funktionierenden Umfeld möglich, wenn wir unseren Kindern erlauben, ihre eigenen Erfahrungen machen zu dürfen. Wie gesagt, wir sind nicht ihre Lehrer, sondern diejenigen, die ihnen ein sicheres und liebevolles Umfeld für ihre Erkundungen schaffen müssen.

Natürlich ist es schwer zu akzeptieren, dass wir bei dem liebevollen Aufziehen unserer Kinder vielleicht doch zu viel Einfluss genommen haben. Schließlich haben wir unser Bestes gegeben und alles im Sinne unserer Kinder gemacht. So haben wir zumindest gedacht. Aber manchmal hilft es, einen Blick auf unsere eigenen Eltern und deren Sicht auf die Welt zu werfen. Auch wenn diese manchmal etwas antiquiert erscheint, ebenso wie es unsere für die nachfolgenden Generationen sein wird.

Nicht selten hören wir den entsetzten Ausruf einer empört dreinschauenden Großmutter:

»Schämst du dich denn nicht, wie du rumläufst?«

Ihr Enkel blickt an sich herunter, der Ring in der Nase wackelt, und er betrachtet seine Baggy Jeans und das ungebügelte T-Shirt, in dem er sich so wohlfühlt.

»Nö«, lautet deshalb seine ebenso überzeugte wie stimmige Antwort.

»Du siehst wie ein Gammler aus«, beschließt die Großmutter kopfschüttelnd.

Der Enkel schweigt. Was soll er dazu auch schon sagen? Großmutter hat eben keine Ahnung von dem, was in der modernen Zeit gerade angesagt ist. Sie ist das staubige Überbleibsel einer vergangenen Epoche, ein Dinosaurier mit antiquierten Ansichten. Aber er, ein heranwachsendes Kind, ist deswegen noch lange kein Idiot. Er ist gerade dabei, die Welt zu entdecken. Wie sollte Oma das verstehen können? Ihre Zeit des Entdeckens liegt bereits viele, viele Jahre zurück.

In Indien sprechen wir von Seekern, von Suchern. Das sind die Menschen, die durch die Welt gehen und permanent Neues erfahren wollen. Der Seeker glaubt nicht an das, was ihm von anderen als Wahrheit verkauft wird. Und genau deshalb sucht er. Und er wird vieles entdecken, schließlich lernt er gerade erst das Leben kennen – und er wird vieles finden, das steht fest.

Der Seeker steht im Gegensatz zu den Believern, den Glaubenden. Sie glauben an Dinge, Symbole, Religionen, Götter, Lebensweisheiten, ... Sie sind gefangen in ihrem Geist, wogegen die Seeker offen dafür sind, die Welt zu entdecken, zu verstehen und zu verändern. In diesem Buch wird noch häufiger die Rede von Seekern und Believern sein und jeder kann selbst für sich entscheiden, welche Rolle für das eigene Leben und das seiner Kinder die erstrebenswertere Variante ist.

Kommen wir noch einmal zurück zu dem Jungen, der seine Oma, so sehr er sie auch liebt, kopfschüttelnd ansieht. Hat sie denn nicht verstanden, dass er kein kleines Kind mehr ist? Natürlich hat er früher fast alles mitgemacht, so, wie es die meisten kleinen Kinder machen. Aber jetzt, da er ein Teenager geworden ist, läuft das anders. Er ist dem Alter, in dem er sagt:

»Nein, ich gehöre Euch nicht. Ich gehöre mir selbst!«

Er will Klarheit. Und wenn die Erwachsenenwelt das nicht verstehen will, dann wird sie eben mit Rotzigkeit bestraft. Einer der großen Waffen der Teenagerwelt. Nicht selten schockiert diese neue Sichtweise die Erwachsenen. Was ist nur aus diesem süßen Kind geworden? Sie haben nicht verstanden, dass eine Entwicklung stattfinden *muss*, eine

Entwicklung, die nie wirklich enden wird. Es ist endgültig vorbei mit den Entmündigungen a la »Du machst das, was ich sage.« Das wird er nicht tun, denn glücklicherweise ist er ein Seeker, der gerade dabei ist, seine eigenen Eindrücke aus der Welt zu sammeln und daraus seine individuellen Lehren zu ziehen. Gut so!

Meine Freundin, der Wasserbüffel

So ein Wasserbüffel ist ein Mordsvieh. Ganz ehrlich! Steht man als kleiner indischer Junge neben einem dieser Exemplare, dann wird einem schnell die eigene Winzigkeit bewusst. Immerhin erreicht ein ausgewachsener Wasserbüffel gut und gerne die Schulterhöhe eines großgewachsenen Mannes. Noch imposanter ist sein Gewicht. Der Wasserbüffel wiegt viermal so viel wie ein ausgewachsener Eber, sechsmal so viel wie ein weiblicher Tiger und etwa zwanzigmal so viel wie ich. Trotz dieser imposanten Zahlen und trotzdem ein Wasserbüffel aussieht, als würde er jeden nur aus Lust am Töten gerne auf seine spitzen Hörner spießen, sind diese Tiere ausgesprochen friedfertig und zuweilen auch sehr zutraulich. Vor allem der Wasserbüffel, der unserer Familie gehörte. Er hatte ein Herz, das bestimmt eine halbe Tonne wog, und ich sah ihn als einen meiner engsten Freunde an. Es bestand eine ganz besondere Beziehung zwischen uns. Beidseitig versteht sich. Ich hatte seit meinen frühesten Kindheitstagen Tiere beobachtet, ihre Verhaltensweisen studiert und unter ihnen gelebt. Da erkennt man dann auch, mit welchem Tier man eine wirklich große Verbundenheit besitzt.

Ich hatte unserem Wasserbüffel einen Namen gegeben: Katty. Außer mir wusste niemand davon, denn in Indien besaßen Tiere keine Namen. Ein Tier war ein Tier und somit eben kein Mensch. Also war meine Freundin für die anderen einfach nur ein Wasserbüffel. Ein weiblicher, um genau zu sein. Für mich war sie Katty. Und neben der Milch, die sie gab, konnte Katty als kräftiges Tier alles ziehen und tragen, was dem Menschen zu schwer war. Da sie dies immer in der ihr eigenen Behäbigkeit tat, verschliss sie nur sehr wenig. Einen Wasserbüffel kann man deshalb bis zu seinem 40sten Lebensjahr als Arbeitstier einsetzen. Und danach, na ja, da geben sie nach ihrem Ableben auch noch sehr begehrtes Leder. Aber das nur so nebenbei. Auf jeden Fall hielt jede indische

Familie, die es sich leisten konnte, ein oder mehrere dieser Tiere.

Zurück zu unserem Wasserbüffel Katty mit dem großen Herzen. Sie war schwanger geworden und musste deshalb nach Jangrah, dem Geburtsort meines Vaters, gebracht werden. Dort lebten etwa 250 Menschen, von denen sich einer als Pächter einer kleinen Parzelle um den zweiten Wasserbüffel meines Vaters kümmerte. In unserem Haus wäre kein Platz für ein zweites Tier gewesen und so hatte mein Vater mit diesem Mann die Abmachung getroffen, dass er das Tier melken und dessen Milch nach freien Stücken verwenden durfte, wenn er sich um dessen Wohlergehen kümmere.

Da die liebe Katty nun aber schwanger war und Wasserbüffel in dieser Zeit weniger Milch geben, hatte mein Vater beschlossen, die Tiere auszutauschen. Also teilte er mir mit, dass ich Katty ins 70 Kilometer entfernte Jangrah zu bringen habe. Wären wir dort angekommen, so sollte ich das Tier übergeben. Einige Tage später würde dann der andere Wasserbüffel mit einem Lastwagen zu uns transportiert werden, damit wir weiterhin die Vorteile eines solch fantastischen Tieres nutzen konnten.

»Wie soll ich denn den Büffel dorthin bringen«, fragte ich, obwohl ich die Antwort eigentlich schon kannte.

»Was meinst du? Du treibst ihn einfach nach Jangrah. Wo ist das Problem?«

»Aber Jangrah ist weit weg. Können wir den Wasserbüffel nicht auf einem Lastwagen transportieren lassen?«

»Das wäre ja noch schöner. Ein Transport kostet viel zu viel Geld. Schlimm genug, dass wir die Verfrachtung des anderen Büffels bezahlen müssen.«

»Aber ... «

»Schluss jetzt. Es ist deine Aufgabe. Morgen früh brichst du auf.«

Natürlich hatte mein Vater recht. Zwei Transporte zu bezahlen war wirklich zu teuer. Da machte es schon Sinn, dass der schulpflichtige Sohn einen der beiden Transporte übernahm.

In einer unruhigen Nacht machte ich mir viele Gedanken. Nicht über das, was vor mir lag, sondern darüber, ob es nicht eine besondere Ehre war, dass mein Vater mir diese verantwortungsvolle Aufgabe übertragen hatte. Wer weiß, vielleicht würde er sogar stolz sein, wenn sein Sohn unseren Wasserbüffel ohne fremde Hilfe nach Jangrah bringen würde. Vielleicht war ihm aber auch einfach nur egal, wie es mir dabei erging. Ich habe es nie herausgefunden. Natürlich gab es auch ein gewisses Restrisiko. Aber damit musste mein Vater leben. Der schwangere Wasserbüffel würde es schon irgendwie überleben.

Am nächsten Morgen stand ich früh auf und erwartete die letzten Instruktionen für meine lange Reise. Die gab es nicht. Stattdessen erhielt ich eine Rupie, von der ich die eine Hälfte für Nahrung und die andere für den Rückweg mit dem Zug ausgeben konnte. Meine Hoffnung, etwas Wasser für den Büffel und für mich mit auf die Reise zu bekommen, wurde ebenso enttäuscht wie der Wunsch, ein wenig Brot mitnehmen zu dürfen. Also zog ich los, in der Tasche eine Rupie und neben mir Katty, der ausgewachsene Wasserbüffel.

Die Sonne brannte vom Himmel und ich drehte mich noch einmal um. Wer konnte schon sagen, ob ich diese Stadt jemals wiedersehen würde? Ich trug löchrige Gummilatschen. Schuhe aus anderem Material besaß ich nicht, denn meine Stiefmutter hatte beschlossen, dass ich ein Jahr lang keine neuen Schuhe bekommen würde, nachdem mir mein einziges Paar geklaut worden war. Das war nicht schlimm, denn bei den meisten meiner Unternehmungen ging ich ohnehin barfuß, hatte ich doch in den zurückliegenden Jahren gelernt, dem zu vertrauen, was meine Füße spürten.

Katty trottete treu und gehorsam neben mir her und ich hatte Spaß daran, mich mit ihr zu unterhalten. Okay, das war etwas einseitig, aber ich war mir sicher, dass sie mich verstand. Wie gesagt, zwischen dem Tier und mir bestand schon immer eine besondere Beziehung. Stunden- lang liefen wir durch unbewohnte Steppen und die Ausläufer der Wüste. Mal wurde unser Weg von schroffem Gestein begrenzt, mal umgab uns die von der Hitze ausgedörrte Landschaft. Wir gingen weiter, denn dies war ja schließlich unser Auftrag.

Irgendwann entdeckte der Wasserbüffel einen vereinzelten Baum, dessen Blätter Nahrung und Energie versprachen. Es ist selten, dass ein Wasserbüffel seine naturgegebene Trägheit überwindet, denn so ein Gemütstier ist nun einmal kein Rennpferd. Aber in diesem Moment bewegte sich Katty schneller, fast so, als würde sie in einen Wasserbüffel-Galopp einsteigen. Sie hatte vor mir den Baum erreicht, öffnete ihr Maul, streckte den Hals und stellte dann fest, dass sie keinen der Äste erreichen konnte. Noch ein Versuch, noch ein Scheitern. Und dabei hing dieser willkommene Imbiss doch direkt über ihr.

Da half nur eins: Ein Retter musste her, ein Mensch, der einen der Äste zu ihr herunterziehen konnte. Und da ich der Einzige war, der sich in dieser gottverlassenen Gegend dieser Aufgabe annehmen konnte, warf ich ihr einen siegessicheren Blick zu und stellte mich ebenfalls unter den Baum. Ich reckte meine dünnen Arme in die Höhe, doch auch ich konnte keinen der Äste erreichen. Selbst auf Zehenspitzen stehend gelang es mir nicht, auch nur eines der Blätter zu berühren. Der Wasserbüffel und ich schauten uns fragend an. Ich war mir sicher, dass sie ratlos die Schultern gehoben hätte, wenn ihr das möglich gewesen wäre.

Da kam mir eine Idee. Wie wäre es, wenn ich auf den hungrigen Wasserbüffel klettern, mich auf dessen Rücken stellen und dann versuchen würde, einen Ast zu erreichen? Hervorragender Einfall, Aziz, allerdings hatte die Sache eine nicht zu unterschätzende Gefahrenquelle: Wasserbüffel blieben nicht einfach stehen. Sie gingen gerne einmal ein paar Meter nach vorne oder zur Seite. Ohne erkennbaren Grund. Das erhöhte das Risiko, dass ich aus einer Höhe von beinahe zwei Metern herunterfallen würde und mir vielleicht sogar etwas brechen könnte. Und was würde dann aus dem schwangeren Wasserbüffel werden? Ohne mich wäre sie verloren, so alleine hier draußen im indischen Nirgendwo.

Ich musste es trotzdem versuchen. Immerhin stand sie noch immer brav unter dem Baum und bewegte sich nicht. Ich streichelte sie sanft, um sie zu beruhigen. Oder mich. Dann kletterte ich vorsichtig an ihr herauf und hoffte inständig, dass sie nicht wieder in diesen überraschenden Wasserbüffel-Galopp verfallen würde. Aber das Tier verhielt sich ganz ruhig.

Vorsichtig richtete ich mich auf Kattys Rücken auf. Es war ein wenig wacklig, aber da sie sich wirklich keinen Millimeter bewegte, gelang es mir. Es war schon erstaunlich, wie seelenruhig das Tier einfach nur dastand, denn immerhin turnte da gerade ein kleiner Mensch auf seinem Rücken herum, der dort eigentlich nichts zu suchen hatte. In diesem Moment aber hatte ich das Gefühl, dass sie ganz genau verstand, dass ich ihr nur helfen wollte. Und das zeigte sie, indem sie rein gar nichts tat.

Es gelang mir, einen üppig bewachsenen Ast zu greifen und ihn herunterzuziehen. Vorsichtig stieg ich wieder hinab, immer bedacht darauf, dass mir der Ast nicht aus den Händen glitt. Dann zog ich das Geäst vorsichtig zum Maul des Tieres und sie begann augenblicklich, die Blätter genüsslich zu zermalmen. Es war ein wunderbarer Anblick. In diesem Moment des Friedens gab es auf dieser Welt nichts mehr außer uns beiden. Und das zufriedene Schmatzen eines glücklichen Tieres. Eigentlich schade, dass mir Blätter nicht schmeckten. Ansonsten hätte ich auch etwas zu essen gehabt.

Wir zogen weiter und langsam schickte sich die Sonne an, hinter einer entlegenen Bergkette zu versinken. Das hatte den Vorteil, dass die Temperatur abfiel und sich das Vorankommen weniger mühselig gestaltete. Auf der anderen Seite hatte mich inzwischen das Gefühl des Hungers vollends eingenommen. Vom Durst ganz zu schweigen. Ich musste vor Einbruch der Dunkelheit eine Tiefebene erreichen, denn ich wusste, dass sich dort gelegentlich einige Bauern ansiedelten, da der Boden fruchtbarer war als in den unwirtlichen Gebieten, die sich auf Hängen oder Plateaus befanden. Und auch hier war das Glück mit mir, denn gerade, als ich mich mit dem Schicksal abgefunden hatte, dass ich diese Nacht wohl hungrig, durstig und vollkommen erschöpft einschlafen würde, entdeckte ich in der Ferne ein grünes Tal, auf dem ein kleines Haus stand. Das mussten wir noch erreichen, auch wenn meine vom Sand und Schmutz des Weges verdreckten Füße mittlerweile brannten, als würde ich auf glühenden Kohlen laufen. Voller Hoffnung marschierten wir weiter.

Manchmal meint es das Schicksal gut mit einem. Zumindest dann, wenn man darauf vertraut. In der Nähe des Hofes fand ich einen kleinen Eimer. Er lag da einfach im Gras herum und schien nur darauf zu warten, dass endlich ein kleiner Junge vorbeikam und ihn wieder nutzen würde. Ich nahm ihn an mich, setzte mich neben meinen vollkommen entkräfteten Wasserbüffel und begann, sie zu melken. Es dauerte nicht lange, dann floss die Milch.

Mit dem gefüllten Eimer in der Hand klopfte ich an die Tür des Hauses. Ein Mann, dessen Gesicht von der Sonne und dem Wind gezeichnet war, öffnete und sah mich überrascht an. Er verzichtete darauf zu fragen, was um diese späte Tageszeit ein kleiner Junge mit einem schwangeren Wasserbüffel in dieser Gegend zu suchen hatte. Vielleicht war es ja auch normal, dass abends irgendwelche Kinder mit ihren Tieren hier erschienen und um etwas Essbares baten – allerdings wage ich das zu bezweifeln.

Ich fragte ihn freundlich, ob er mir im Austausch zu der frisch gemolkenen Wasserbüffel-Milch ein Stück Brot geben könnte, etwas Gras und dazu noch ein wenig Wasser für das Tier und mich. Er überlegte kurz, drehte sich wortlos um und ging zurück in sein Haus. Kurz darauf erschien er wieder, drückte mir ein sehr überschaubares Stück Brot in die Hand und ein Behältnis mit Wasser. Er griff nach dem Eimer, drehte sich um und schloss die Tür. Ich war glücklich, ging mit meinem Wasserbüffel zu einem Fleckchen Wiese, setzte mich dorthin und wartete, bis Katty sich neben mir niederlegte. Ich ließ sie das Wasser trinken und fütterte sie mit Gras. Und dann genoss ich das Brot, das in diesem Moment besser schmeckte als jedes Menü in einem französischen 3-Sterne-Restaurant. Zufrieden schliefen wir ein, links der ermattete

Wasserbüffel, rechts ich, eng an ihren wärmenden Rücken gedrückt und den Geruch meiner lieben Freundin Katty in der Nase.

Gestärkt und ausgeruht begaben wir uns am folgenden Morgen auf die nächste Etappe unserer abenteuerlichen Reise. Wieder brannte die Sonne auf uns herab, aber trotzdem wussten wir beide, dass wir unser Ziel erreichen würden. Wir waren ein ganz besonderes Team, eines, dass man nicht kleinkriegen konnte. Ich, der (etwas zu klein geratene) Leitwolf mit seinen hervorragend funktionierenden Sinnen, und mein Wasserbüffel, groß, stark und ein wenig behäbig. Don Quichotte und Sancho Pansa auf Indisch. Wir liefen den ganzen Tag, von ein paar Pausen im Schatten unter einem Baum mit Blättern, die wir dank unserer neuen Methode problemlos ernten konnten, einmal abgesehen.

Ebenso glücklich wie erschöpft erreichten wir unser Ziel noch vor Untergang der Sonne. Ich kannte mich in dem Dorf aus, denn seit meiner frühen Kindheit hatte sich hier nichts verändert. Gar nichts. Und so führte ich meinen entkräfteten Wasserbüffel direkt zu ihrem Empfänger und übergab meine treue Freundin, wobei die unterschiedlichsten Gefühle in mir kämpften. Zum einen spürte ich eine Schwere in meinem Herzen, denn ich wusste, dass ich meine gutmütige Katty lange Zeit nicht wiedersehen würde. Auf der anderen Seite war ich auch unendlich stolz, meine Aufgabe erfüllt zu haben und den Wasserbüffel gesund an sein Ziel gebracht zu haben. Das wäre selbst für erwachsene Männer kein Zuckerschlecken gewesen. Dann suchte ich mir einen Ort, an dem ich die Nacht verbringen konnte. Das war nicht schwer, denn eigentlich konnte ich überall schlafen. Ich musste einfach nur aufpassen, dass ich niemandem im Weg lag.

Am nächsten Morgen ging ich zum Bahnhof und fragte, in welchen Zug ich zu steigen hätte. Immerhin hatte ich ja sogar das Geld für ein Ticket in meiner Tasche. Während der Fahrt fühlte ich mich wie ein Gewinner. Und das war ich ja auch. Ich hatte es alleine geschafft, eine Erfahrung, die ich mein Leben lang nicht vergessen sollte.

Die tanzende Kobra

Für die nun folgende Episode will ich mich im Vorhinein entschuldigen, denn aus der Sicht eines Erwachsenen, zumindest wenn dieser aus dem mitteleuropäischen Raum stammt, mag diese ein wenig barbarisch anmuten. Mir selbst ist dieses Vorkommnis immer im Kopf geblieben und reiht sich nahtlos in die besonderen Momente ein, die mich eine einmalige Erfahrung machen ließen, die mein Leben bereicherte.

Gerade hatte ich mein neuntes Lebensjahr erreicht (was ich nicht wusste, denn niemand hatte mir je gesagt, wann ich geboren wurde), da kam ich eines sonnigen Nachmittags gut gelaunt nach Hause. Mich plagte ein Hungergefühl, was mich dazu veranlasste, direkt in die Küche unseres Hauses zu gehen. Manchmal fand ich hier Reste der Speisen der übrigen Familie, die ich dann heimlich in mich hineinfutterte. Aber an diesem Tag herrschte sowohl im Vorratsschrank als auch im restlichen Teil der Küche gähnende Leere. Ich wollte nicht wieder bei anderen Menschen nach etwas zu Essen fragen gehen, also nahm ich meinen ganzen Mut zusammen, legte meinen Schulbeutel beiseite und suchte nach meiner Stiefmutter.

Ich fand sie im Garten, entspannt auf einer Sonnenliege, neben ihr unsere Nachbarin, die ebenfalls gerade dabei war, die milden Temperaturen zu genießen. Die beiden Frauen schwatzten angeregt, was nicht überraschte, da dies zu ihren ausgemachten Lieblingsbeschäftigungen gehörte. Ein störender Junge war natürlich nicht gerade das, was die beiden sich gerade wünschten, aber das war mir in diesem Moment egal.

»Hast Du zufällig etwas gekocht? Ich habe wirklich Hunger und habe in der Küche nichts gefunden.«

»Nein, habe ich nicht. Und ich kann jetzt auch nichts machen.«

»Wieso nicht? Ist etwas passiert?«

Sie richtete sich auf, offensichtlich nicht besonders erfreut, hier Erklärungen abgeben zu müssen.

»Ich wollte heute nicht drinnen kochen, sondern draußen.«

Zur Erklärung sei erwähnt, dass sich in unserem kleinen Garten ein provisorischer Ofen befand, der aus wenigen Steinen und Lehm zusammengebaut worden war.

»Ja, und?«

»Da drin sitzt eine gefährliche Schlange. Geh gerne hin und schaue es Dir selbst an.«

Das ließ ich mir nicht zweimal sagen. Keine Ahnung, ob meine Stiefmutter insgeheim hoffte, dass mich die Schlange beißen und zu einer ansehnlichen Leiche machen würde, aber mein Interesse war sofort geweckt. Ich ging hinüber zum Ofen und wirklich, dort thronte eine stattliche Kobra, ein ebenso imposantes wie tödliches Tier, das sich von meiner Ankunft nicht aus der Ruhe bringen lassen wollte.

Ich hörte meine Mutter aus dem Hintergrund rufen:

»Wenn Du Hunger hast und sie wegmachen willst, nur zu. Ich mache es jedenfalls nicht.«

»Okay, mache ich«, rief ich zurück und blickte mich nach dem passenden Arbeitsgerät für mein Vorhaben um.

Ich fand eine Eisenstange, etwa daumendick, die achtlos an der Seite des Gartens herumlag. Nicht gerade das, was das »Handbuch zur effektiven Verteidigung gegen Schlangenangriffe« empfehlen würde. Immerhin, besser als nichts. Leider musste ich schnell feststellen, dass die Stange viel zu schwer für mich war. Ich konnte sie gerade einmal anheben, aber Shaolin-ähnliche Schlagtechniken würde ich damit gewiss nicht ausführen können. So viel stand fest.

Ich schleppte die Stange zum Ofen hinüber, um mich im Kampf gegen die Kreatur zu stellen, die zwischen mir und meinem Essen lag. Aus tiefschwarzen Augen blickte sie mich an, weniger mit einem Ausdruck der Wut, mehr mit der Überzeugung, dass sie in ihrer Mittagsruhe nicht von einem Kind gestört werden wollte, dass ganz offensichtlich an vollkommener Selbstüberschätzung litt.

Unbeholfen bewegte ich die Stange vor der Kobra hin und her. Ich wollte, dass sie sich aufstellt. Wenn schon ein Kampf, dann bitte faire Chancen für beide Seiten. Und sie tat mir den Gefallen. Es war das erste Mal, dass sie mir doch ein wenig Respekt einflößte, denn sie bewegte sich wie ein geschmeidiger Boxer, der ganz genau wusste, dass sein Gegner viel zu langsam wäre, um ihn zu treffen. Und dabei behielt sie immer diesen Blick bei, der mir sagen wollte:

»Warum störst Du mich?«

Ich hatte, als ich die Eisenstange geholt hatte, das Tor unseres Gartens geöffnet, damit die Schlange fliehen konnte. Ich wollte ihr ja nichts tun, ich wollte nur den Weg zum Ofen freimachen. Die Türen zum Haus waren alle geschlossen, weshalb die Kobra nur diesen einen Fluchtweg besaß – und genau das musste sie doch irgendwann kapieren. Tat sie aber nicht. Sie hatte sich mir gegenüber aufgestellt und wartete gelangweilt ab, was ich tat. Ich dachte nicht darüber nach, dass ich jedes Mal, wenn ich die Stange zu einer neuen Attacke anhob, das Gleichgewicht verlor und mich mit meinem Oberkörper und meinem Kopf nur wenige Zentimeter vor ihrem Maul befand. Es wäre ein Leichtes für die Kobra gewesen, mich zu beißen. Oder mir ihr Gift in die Augen zu spucken, was diese Tiere ja in Perfektion beherrschten. Stattdessen wich sie nur immer aus, vollkommen souverän, und ließ den kleinen Trottel vor sich mit der zu schweren Eisenstange herumfuchteln.

Es wird gesagt, dass Schlangen die Energie ihres Gegenübers wahrnehmen können. Sie merken, ob jemand böse oder gefährliche Energie ausströmt oder nicht. Ich denke, dass ich das in diesem Moment nicht tat. Schließlich war ich ein Kind und ich hatte nichts gegen die Schlange. Eigentlich mochte ich sie sogar. Sie hatte sich eben nur einen dummen Platz für ihr Mittagsschläfchen ausgesucht. Am liebsten hätte ich zu ihr gesagt:

»Bitte geh raus. Wir können nicht kochen, wenn Du da sitzt.«

Ich bin überzeugt, dass die Schlange meine Energie spürte. Sie sah keine wirkliche Gefahr, deshalb spielte sie nur mit mir. Die vielen erfolglosen Schläge mit der Eisenstange hatten mich müde gemacht. Mein Atem ging schnell und die Pausen zwischen meinen Attacken wurden immer länger. Die Kobra beobachtete mich noch immer, griff aber nicht an. Sie wusste, dass das Kind vor ihr keine bösen Absichten hatte. Und das hatte ich wirklich nicht. Ich hatte nur Hunger.

Jetzt kommt der Teil, auf den ich rückblickend nicht stolz bin: Nachdem ich merkte, dass ich die Kobra selbst in einer Woche mit meinen Versuchen nicht hätte vertreiben können, legte ich schwer atmend die Eisenstange beiseite und ging in unseren Stall. Ich nahm das Schrotgewehr meines Vaters, drückte meinen Rücken gegen eine Wand, damit ich vom Rückstoß nicht umfalle, und zielte. Die Kobra stand noch immer majestätisch auf ihrem Platz und fixierte mich. Ich schoss und die Schlange war tot.

Dies alles war geschehen, ohne dass ich einen bösen Gedanken gehegt hatte. Und die Schlange scheinbar auch nicht, sonst hätte sie mehr als genug Chancen gehabt, den ungleichen Kampf mit einem einzigen Biss zu beenden.

Ganz ehrlich, ich hatte doch nur Hunger. Die wirklich unsinnige Pointe dieser kleinen Episode ist eigentlich, dass ich mit meiner Ladung Schrot nicht nur die arme Schlange, sondern auch den Ofen in seine Einzelteile zerlegt hatte. Hungrig verließ ich den Garten und überlegte, wo ich jetzt etwas zu essen herbekommen konnte.

Mein Vater, der Maulbeerbaum und die Dampfheizung

Das, was viele Menschen auf den glücklichsten aller Pfade führen kann, war in meiner Kindheit bereits in vollem Gange. Natürlich merkte ich davon nichts, hatte ich doch genug mit den vielen kleinen Dingen zu tun, die mein junges Leben so mit sich brachte. Mir ist nicht daran gelegen, eine klassische Biografie zu schreiben, jedoch gehört die Gesamtheit meiner frühen Erlebnisse ebenso in diesen Lernprozess wie auch die Masse an Glücksmomenten, die später folgen sollte. Deswegen will ich hier noch einmal kurz auf einige Ereignisse zurückblicken, die auf die eine oder andere Weise dafür gesorgt haben, dass mein Weg bereits einer Glücksspur folgen sollte, die zu erkennen ich jedoch noch nicht imstande gewesen war.

Eines dieser Erlebnisse begann mit einem Maulbeerbaum. Nein, es war kein normaler Baum, es war mein Lieblingsbaum. Warum? Ich kann es gar nicht genau sagen. Vielleicht lag es daran, dass er immer sehr viele Früchte trug, vielleicht aber auch, weil ich dort, den Rücken an seinen prächtigen Stamm gelehnt, unzählige Stunden verbracht habe. Sein Schatten schien noch angenehmer zu sein als der seiner vielen Artgenossen, die Ruhe, die ihn umgab, war noch ein wenig wohltuender als an jedem anderen Platz. Ich kannte jeden Vogel, der zu dem Maulbeerbaum geflogen kam, um von seinem reichhaltigen Früchteangebot zu fressen. Kurz gesagt, es war »mein« Baum, zumindest hatte sich das in meinem Kopf so manifestiert. Immerhin stand er auf unserem Grundstück und keiner außer mir schien seine Magie zu erkennen.

Eines Tages kam mein Vater zu mir und sagte:

»Hol mal das Gewehr.«

Nichts lieber als das. Ein Gewehr bedeutete, dass er wohl mit mir auf die Jagd gehen wollte. Da dies nur alle Jubeljahre vorkam, leuchteten meine Augen und ich sprang freudestrahlend auf. Doch die Ernüchterung folgte auf den Fuß. Bevor ich auch nur einen weiteren Gedanken anstellen konnte, fuhr er fort:

»Du gehst zu dem Maulbeerbaum. Wenn dein Onkel kommt, um ihn abzusägen, erschießt du ihn.«

Ich erstarrte. Hatte er das gerade wirklich gesagt? Verlangte er ernsthaft von mir, dass ich einen seiner Brüder erschießen soll? Oder war das nur ein schlechter Scherz? Nein, mein Vater machte nie Scherze.

»Welchen ... welchen Onkel?«, stammelte ich und mein Vater antwortete nur kurz:

»Den Jüngsten.«

Sein jüngster Bruder. Der, der mich nie gemocht hat und mir dies auch bei jeder sich bietenden Gelegenheit gezeigt hatte. Das waren die einzigen Berührungspunkte, die wir hatten, und ich bin mir sicher, dass es ihm auch nicht aufgefallen wäre, wenn ich für einige Jahre einfach verschwunden wäre. Aber das war doch kein Grund, dass ich ihm etwas antun wollte. Selbst, wenn es um meinen geliebten Maulbeerbaum ging.

Ich sah meinen Vater an und hoffte, dass er das eben Gesagte noch revidieren würde. Tat er aber nicht. Er meinte es ernst. Todernst. Also nahm ich das Gewehr und ging zu dem Maulbeerbaum, ein Gang, der mir noch nie so schwergefallen war. Ich setzte mich in dessen Schatten, hielt das geladene Gewehr in meiner Hand, und wartete.

Es dauerte nicht lange, vielleicht eine halbe Stunde, da näherte sich mein Onkel. In seiner Hand hielt er eine Säge. Also wirklich, er hatte vor, den Baum zu fällen. Weiß der Geier, warum. Die Worte meines Vaters hallten in meinem Kopf nach.

»Wenn dein Onkel kommt, um den Baum abzusägen, erschießt du ihn.«

Ich nahm die Flinte hoch, legte an und zielte. Mein Onkel blieb stehen und sein Blick verriet, dass er wusste, dass ich schießen würde. Aus seinen Augen sprach eine Mischung aus Furcht und Hass. Er drehte sich um und ging wieder davon. Ich ließ das Gewehr sinken, atmete einige Male tief durch und ging zurück zu unserem Haus. Mein Vater fragte mich nicht, ob ich meinen Onkel gesehen hätte. Auch nicht, ob ich ihn über den Haufen geballert hatte. Eigentlich sagte er gar nichts.

Von solchen Absonderlichkeiten einmal abgesehen gab es gewisse Momente, in denen sich mein Vater inzwischen sogar um mich kümmerte. Nicht viele, aber ich genoss jede Sekunde, in der mir seine Aufmerksamkeit galt. Einmal nahm er mich mit zum Markt. Nicht unbedingt, um ein gemeinsames Vater-Sohn-Erlebnis zu schaffen, sondern weil er beabsichtigte, eine Ziege zu kaufen. Und irgendjemand musste sie dann ja schließlich zurück ins Dorf treiben – ich.

Mir fiel auf, dass mein Vater sich zu jeder potenziell passenden Ziege hinabbeugte, deren Lippen anhob und prüfend in deren Maul schaute. Seltsam, dachte ich mir, will er wissen, ob sie sich alle gewissenhaft ihre Zähne geputzt hatten? Nach meinen Beobachtungen taten Ziegen so etwas nicht. Also fragte ich ihn. Er erklärte mir:

»Wenn man die Zähne einer Ziege betrachtet, dann kann man sehen, ob sie krank ist. Wenn sie nicht richtig fressen kann, dann kann sie keine Milch geben.«, erläuterte er und fuhr fort: »An den Zähnen und am Fell erkennt man ihren Zustand. Wenn das Fell nicht glänzt, dann ist sie krank.«

Aha, das leuchtete mir ein. Und das sollte nicht die einzige Lehre dieses Tages bleiben. Als wir, mein Vater, ich und eine bockige Ziege mit glänzendem Fell und gesunden Zähnen, geschlagene zwei Stunden später den Markt verließen, kamen wir an einem Bahnhof vorbei. Ich blieb stehen und beobachtete fasziniert, was sich dort zutrug. Es war ein buntes Treiben, überall sah ich Menschen, Tiere und gewaltige Lokomotiven. Die hatten es mir schon immer angetan, aber bisher hatte ich sie nur unter Umständen gesehen, in denen meine Gedanken mit anderen Dingen beladen waren. Jetzt konnte ich den Anblick genießen und mich voll und ganz über das freuen, was sich vor mir abspielte.

Am faszinierendsten fand ich, als einer der Züge langsam anfuhr. Es war wie ein kleines Wunder für mich, als er sich aus seinem Ruhezustand unter lautem Pfeifen behäbig in Bewegung setzte. Und dass, wie ich beobachtet hatte, nur dadurch, dass ein schwitzender Mann Holz in einen Ofen schaufelte und eine Menge Dampf entstand. Schon fuhr diese riesige Lokomotive los und konnte sogar noch viele Waggons hinter sich herziehen.

Als wir endlich zu Hause angekommen waren, suchte ich alles zusammen, was ich zum Bau meiner eigenen Dampflok benötigte. Am schwierigsten war es, vier funktionstüchtige Räder aufzutreiben, aber selbst das gelang mir. Und schon ging es an den Bau meiner Miniaturausgabe einer Lokomotive, die schöner sein sollte, als was die Ingenieurkunst bis heute zuwege gebracht hatte. Ich überlegte, welches Teil am besten wohin kommt, damit mein Meisterwerk auch wirklich fahren würde. Was musste nach unten? Was nach oben? Was musste miteinander verbunden sein? Toll, wenn man über ein so großes Talent verfügte, alles auf der Welt nachbauen zu können.

Ich schaffte es, Dampf zu erzeugen. Also war meine Maschine nun startbereit. Aziz, der große Eisenbahnbauer. Dummerweise hatte ich nicht so genau hingesehen, wie es vonnöten gewesen wäre. Meine Grundidee, dass Dampf alleine ausreichen würde, um etwas in Bewegung zu setzen, war nicht richtig gewesen. Mein gesamtes Konstrukt stand wie angewurzelt vor mir und fuhr nicht. Keinen einzigen Millimeter. Es dampfte lediglich und wurde warm.

Meiner ersten Enttäuschung wich die Erkenntnis, dass ich zwar keine funktionstüchtige Lokomotive erschaffen hatte, wohl aber eine kleine Heizung, die in dieser Form wohl einmalig war. Zumindest in Indien. Und wenn nicht dort, so doch in unserem Dorf. Und das war ja auch schon etwas, zumal sich langsam der Winter näherte.

Einige Wochen später war es dann so weit. Die Temperaturen hatten sich merklich abgekühlt und die Leute begannen, sich in wärmende Kleidung zu hüllen. Einige saßen vor ihren kärglichen Behausungen und warteten darauf, sich mit irgendjemanden unterhalten zu können. Über das Wetter oder so. Ich sah, wie sie ihre Hände aneinander rieben, weil ihnen kalt war. Manchmal setzte ich mich zu ihnen. Dann packte ich meine gescheiterte Lokomotive aus und startete sie. Manche streichelten mir über den Kopf, andere lächelten und nickten anerkennend. Wieder andere lobten mich für so viel Innovationsgeist. Eine eigene Heizung zu entwickeln war eine besondere Leistung für einen kleinen Jungen. Gut, dass sie nicht wussten, was es eigentlich hatte werden sollen ...

Wenn ich heute an diese kleine Episode aus meinem Leben zurückdenke, so bin ich froh, dass ich keine Lokomotive bauen konnte. Die kleine Heizung hatte mir viel Lob eingebracht und ich hatte erstmals gespürt, dass Menschen mir Anerkennung zollten. Dass dies alles nur möglich war, weil es weder Handys noch Computer gab, in denen ich mir in einem Tutorial hätte ansehen können, wie man das eine oder das andere selbst baut, war mein Glück. Und ich hatte rein durch kindliches Interesse gelernt, wie man eine Heizung baut. Und dass so eine Lokomotive nicht ohne Weiteres nachzubilden ist. Auch eine interessante Erkenntnis.

Der erste Lehrer

1949. Ein in vielerlei Hinsicht besonderes Jahr, wenn man weltpolitisch interessiert war. Das war ich allerdings nicht, denn so etwas wie Weltpolitik gab es in unserem Dorf nicht. Unserem Dorf, das seit zwei Jahren nicht mehr indisch, sondern pakistanisch war. So hatten es die Engländer in ihrem Independence Act entschieden und als folgsame Inder nahmen wir den Beschluss hin. Oder als Neu-Pakistani, ganz wie man will.

Egal, was die Politik dieser Zeit beschloss, mein Leben wurde von einem besonderen Ereignis bestimmt. Ich hatte gerade die zweite Klasse erfolgreich überstanden. Das ist insofern erwähnenswert, da ich diese Klasse hatte wiederholen müssen, weil meine Leistungen durch mein häufiges Zu-spät-kommen gepaart mit einer ausgeprägten Interesselosigkeit an schulischen Inhalten dafür gesorgt hatten, dass meine Zensuren so miserabel waren, dass mein Lehrer keinen Sinn darin sah, diesen schmutzigen und unerzogenen Lausejungen zu versetzen. Nun aber hatte ich es doch geschafft, etwas verspätet, aber immerhin.

Durch meine einseitige Erfahrung mit nur einem Lehrer in der Dorfschule dachte ich, dass Schule ohnehin nur aus Prügel und Langeweile besteht. Das verstand ich nicht, denn ich hatte doch inzwischen so unendlich viel gelernt. Zum Beispiel, dass Kinder am meisten lernten, wenn sie ihre eigenen Erfahrungen sammeln durften. Solange in ihnen genug Offenheit und Interesse wohnt, die Welt selbst zu entdecken, waren ihrem Lernwillen keine Grenzen gesetzt. Und ich konnte mir bereits damals nicht vorstellen, dass es irgendwo ein Kind gab, dem eben dieses natürliche Interesse nicht innewohnte. Aber das war eben nur die Meinung eines kleinen Jungen.

Nachdem ich also den Quantensprung in die dritte Klasse geschafft hatte, sollte sich mein Leben auf unerwartete Weise ändern. Alles begann damit, dass etwas in meinem Vater ihm sagte, dass es so nicht weitergehen könne. Er erkannte, dass ich früher oder später kaputtgehen würde, wenn ich so weiterleben müsste, wie ich es tat. Wer weiß, was ihn zu dieser Erkenntnis bewegte, aber er schien plötzlich zu sehen, wie mein Onkel mich nur als billige Arbeitskraft genutzt hatte.

»Wenn du Brot bekommen und hier schlafen willst, dann arbeite auch jede freie Minute. Oder lese im Koran.«

Das hatte er zu mir gesagt und vielleicht war es auch meinem Vater zu Ohren gekommen. Keine Ahnung, er und meine Stiefmutter beschlossen, wieder in die »neue Stadt« Wah Cantt mit seinen 50.000 Einwohnern zu gehen. Und diesmal mit mir. Die Gefühle, die in mir aufkamen, als ich die frohe Botschaft erfuhr, lassen sich in Worten nicht beschreiben. Aber es ist nicht übertrieben, wenn ich behaupte, dass ich in diesem Moment das glücklichste Kind auf dieser schönen Welt war. Natürlich hatte ich bisher auch ein gutes Leben gehabt, denn in unserem Dorf hatte ich von den Nachbarn oft etwas zu essen bekommen, ich hatte niemanden erschossen, ich hatte eine Heizung gebaut und ich hatte unglaublich viel gelernt. Nicht von meinem Lehrer, sondern aus der Welt um mich herum. Und von den Tieren. Alles in allem war es eine gute Zeit gewesen.

In Wah Cantt gab es keine Schule. Doch gerade, als wir eintrafen, eröffnete eine nagelneue Lehranstalt. Es war irgendwie aufregend, jeden Tag in so ein neues Gebäude gehen zu dürfen. Das Einzige, was meine Vorfreude schmälerte, war, dass auch in dieser Schule irgendwelche Lehrer tätig sein würden, die ihren unwichtigen Unterrichtsstoff in ihre Schutzbefohlenen einprügeln würden.

In der Nähe unseres Hauses wohnte ein Klassenkamerad von mir, mit dem ich meist gemeinsam zur Schule ging. Seine Mutter, eine durchweg liebe Frau mit einem so großen Herzen, wie es sonst nur die eigene Mutter haben konnte, machte mich vor dem Schulweg immer ein wenig sauber. Ich genoss, wenn sie mein Gesicht mit Wasser abtupfte und dann noch einmal liebevoll über meine Kleidung strich, ganz so, als wäre ich ihr eigener Sohn.

Aber sie war leider nicht meine Mutter. Die, die diese Rolle eingenommen hatte, lag zu Hause und war krank. Irgendetwas hatte sich in ihrem Magen gebildet, was diesen wie einen Ballon aufblähen ließ. War sie von Natur aus ohnehin schon recht kräftig gebaut, so sorgte nun dieser Ballon dafür, dass sie in meinen Augen kurz davor stand zu zerplatzen. So sehr sie mich mein Leben lang schikaniert hatte, so sehr hatte ich auch den Wunsch, ihr in dieser Zeit irgendwie helfen zu können.

Eines Abends beobachtete ich sie heimlich, indem ich um die Ecke des elterlichen Schlafzimmers schmulte. Sie lag da und bestand eigentlich nur noch aus Kopf und Ballon. Ich ging ins Nebenzimmer und kramte eine alte Stricknadel heraus. Wenn ich, so dachte ich mir, sie einfach piken würde, dann könnte die ganze Luft aus ihr entweichen und sie wäre wieder schmerzfrei. Wahrscheinlich würde es der ansässige Friseur nicht anders machen. Glücklicherweise entschied ich mich in der letzten Sekunde doch dagegen, da mich meine Theorie selbst nicht zu einhundert Prozent überzeugte.

Zurück zu der neuen Schule. Hier wurde ich einer dritten Klasse zugeteilt, deren Lehrer sich schnell als ganz anders entpuppte, als ich es gewohnt war. Er war ein reiner Gemütsmensch und er schien seine Schüler sogar zu mögen. Wirklich. Er prügelte auch nicht, sondern hörte zu, was wir zu sagen hatten. Unglaublich! Anfangs überlegte ich, ob er vielleicht gar kein Lehrer war, sondern irgendetwas anderes. Ein Alien oder so.

Natürlich versuchte dieser Lehrer, uns den Lehrstoff zu vermitteln, der unserer Klassenstufe angemessen war. Fehlte ihm hierbei auch jegliche Begeisterung, so konnte er sich doch ereifern, wenn er über Dinge sprach, die *wirklich* wichtig waren. Ein Beispiel? Okay, auch wenn dies nicht wirklich appetitlich ist. Aber es war der Moment, als er es schaffte, mich zu überzeugen, dass von diesem Mann wirklich etwas zu lernen war.

Ich fragte ihn nach dem Unterricht einmal, warum dieses oder jenes (es ging um irgendwelche Dinge, die wir gerade laut Schulplan gelernt hatten) eigentlich wichtig wäre. Da lächelte er, setzte sich auf den Rand seines Pults und legte seine Hand auf meine Schulter.

»Weißt du, Aziz, wichtig sind ganz andere Dinge.«

Da stimmte ich mit ihm überein, behielt das aber erst einmal für mich.

»Wichtig ist, was dein Leben wirklich verändert. Hast du manchmal das Gefühl, dass du kacken musst, aber es funktioniert nicht?«

Ich nickte. Woher wusste dieser Mann das? Er schien wirklich ein Gelehrter zu sein. Er fuhr fort:

»Gehe aufs Feld und hocke dich in aller Ruhe hin. Wenn Du Dein Gewicht so weit auf die linke Seite verlagerst, dass du es auf deinem linken Bein spürst, dann geht es viel leichter.«

»Wirklich?«

»Probier's aus.«

Ich konnte kaum abwarten, mich ins nächste Kornfeld zu verziehen. Die Worte meines Lehrers im Ohr probierte ich aus, ob er mir die Wahrheit gesagt hat. Hatte er! Und das war eine unglaubliche Erkenntnis. Ich wusste bis zu diesem Moment nicht, dass ein Lehrer so nett sein konnte. Und dass Lehrer wirklich die wichtigen Dinge des Lebens vermitteln konnten.

Dieses kleine Erlebnis prägte sich mir ein und ich hatte das Gefühl, dass jetzt langsam mein Leben begann. Vielleicht hört sich das ein wenig unglaubwürdig an, aber jeder hat sicher schon einmal erlebt, wie schön es ist, wenn etwas im eigenen Leben mit einem Mal einen Sinn ergibt und sogar Spaß macht. So war es bei mir mit der Schule. Und meine neue Erkenntnis, dass man hier zuweilen wirklich etwas fürs Leben lernen konnte, steigerte meine Begeisterung.

Von diesem Tag an ging ich gerne zur Schule. Ich hörte fasziniert meinem Lehrer zu, denn er war ein Mann, der wirklich etwas zu sagen hatte. Wahrscheinlich wäre er hochkant aus jeder anderen Lehranstalt herausgeflogen, aber mir bereitete es unendlich viel Freude, seinen Ideen und Visionen zu folgen.

Einmal sagte er:

»Irgendwann einmal ... Irgendwann wird es möglich sein, dass in England ein Cricket-Spiel stattfindet, und ihr könnt es hier sehen. Wartet mal ab.«

Gebannt lauschte ich seinen Worten, aber ich glaubte ihm kein Wort. Ebenso wie meine Mitschüler. Zugegeben, manchmal ging ganz offensichtlich seine Fantasie mit ihm durch, aber das war egal. Es war toll, ihm und seinen Träumen von der Zukunft zuzuhören. Überhaupt war es einfach wichtig, dass er mit uns über solche Dinge sprach. Selbst, wenn sie so abwegig waren, wie seine Vorstellung von einer weltweiten Fernsehübertragung.

Dieser Mann, der irgendwo in Pakistan an einer Grundschule lehrte, öffnete meinen Geist und brachte mir mehr bei als jeder andere. Alle Lehrer sollten von ihm lernen, sollten selbst einen Rundumblick außerhalb ihres festgefahrenen Lehrplans entwickeln und ihren Schülern etwas über das *wirkliche* Leben vermitteln.

Dieser besondere Lehrer begleitete meine Schulzeit während der dritten, vierten und fünften Klasse. Für mich hatte er mit seiner unkonventionellen Art den Bildungsnobelpreis verdient. Ich bedauerte, dass die Primary School, die pakistanische Grundschule, nach der fünften Klasse endete und ich von dort aus auf die Highschool wechseln musste. Nicht nur, weil diese einen täglichen Schulweg von zweimal sechs Kilometern bedeutete.

Und überall flattern Engel herum

Religion war niemals etwas, was mich sonderlich interessierte. Zumindest nicht im inhaltlichen Sinne, denn ich war nie ein Believer. Trotzdem kommt ein Kind nicht daran vorbei, in irgendeiner Form mit Religion in Berührung zu kommen. Zumeist durch die liebe Verwandtschaft, was in meinem Fall vor allem durch meinen Koran-Onkel geschah. Mir fehlte das Interesse an diesen Themen, vor allem deshalb, weil ich wenig von dem verstand, was mir Menschen dazu erzählten. Und wenn, dann wollte ich das selbst erforschen, denn alles zu glauben, was mir erzählt wurde, entsprach nun einmal nicht meiner Natur.

Was ich mochte, waren die prachtvollen Gebäude, in denen die verschiedenen Religionen ausgeübt wurden. Und so nutzte ich jede Möglichkeit, in Moscheen oder Tempel zu gehen, wenn ich einmal ein solches Gebäude sah. Der Prunk, der Überschuss an glänzendem Gold, der den Besucher empfing, schien wirklich nicht von dieser Welt zu sein. Zumindest kannte ich dies alles nicht.

Als ich das erste Mal eine christliche Kirche zu Gesicht bekam, schlug mein Herz höher. Was war das nur für ein eleganter Turm, der sich da dem Himmel entgegenreckte und fast die Wolken berühren konnte? Der vollkommene Wahnsinn! Architektonisch war dies ein Bauwerk, wie ich es noch nie zuvor gesehen hatte. Die gewaltige Eingangspforte stand geöffnet, sodass ich erkennen konnte, dass sich im Inneren dieses beeindruckenden Baues Menschen befanden. Viele Menschen, um genau zu sein. Sie sangen, aber irgendwie klangen die Lieder für meine Ohren befremdlich. Trotzdem, oder vielleicht gerade deswegen, packte mich die Neugier. Ich beschloss, einfach in die Kirche hineinzugehen und mich unter die Gläubigen zu mischen. Mal sehen, was dort so vor sich ging.

Ich drängte mich zwischen den singenden Christen hindurch und verschwendete keinen Gedanken daran, dass meine Kleidung so gar nicht in den festlichen Rahmen dieser Kirche passte. Augenscheinlich schien sich auch keiner der Anwesenden an dem kleinen, von der Arbeit verschmutzten Jungen zu stören, der sich einfach zwischen ihnen postiert hatte und mit großen Augen die fremdartigen Riten um sich herum aufnahm.

Es waren vor allem die Malereien, die es mir angetan hatten. Ich hatte das Gefühl, ich würde ein wunderschönes Märchen in prachtvollen Bildern erzählt bekommen, gemalt in den schönsten Farben und voller Liebe für jedes Detail. In einem Stall lag ein Baby in seinem Korb, wirklich süß. Und nebendran waren dessen Eltern zu sehen, die im Gegensatz zu den anderen Personen im Stall eher ärmlich gekleidet waren. So wie ich. Vielleicht war das sogar der Grund, dass mich die Menschen hier so vorbehaltlos akzeptierten.

In diesem Stall fanden sich auch einige Tiere. Ein Esel stand recht sinnlos in der Ecke herum (das tun Esel übrigens gern und oft), ein Schaf schlief neben dem Baby auf dem Boden und zwei Ochsen waren gerade dabei, etwas vom Boden zu fressen. Ich liebte diese Wandmalerei, allerdings irritierten mich die drei Männer, die festliche und teure Gewänder trugen. Auf dem Kopf des einen prangte sogar eine goldene Krone. Egal, was sie in diesem Stall zu suchen hatten, es war einfach ein schönes Bild – vor allem, weil die offensichtliche Mutter des Kindes gar nicht mitgenommen aussah. Überhaupt nicht, über ihrem Kopf leuchtete sogar hell ein Lichtkreis. Fantastisch!

Ich sah mich weiter um und entdeckte noch viele andere Malereien, aber die mit dem Baby im Stall war eindeutig mein Favorit. Ich fühlte mich wohl in der Kirche, mochte ihr Aussehen und die freundlichen Menschen um mich herum. Was mich jedoch am meisten in den Bann zog, waren die Engel, die überall zu entdecken waren. Um jede Malerei herum flatterten diese kleinen, vollkommen in weiße Kleider gehüllten Kinder mit ihren wunderschönen Flügeln. Bestimmt waren sie alle Inder, denn ihre Kleider ähnelten den unseren doch sehr. Allerdings waren sie meist blass und als ich für einen Moment einen Blick auf meinen Arm warf, wurde mir klar, dass es doch Unterschiede in unserer Hautfarbe gab.

Ich schloss die Augen und nahm die Stimme des Priesters auf, der inzwischen den Gesang mit seiner Predigt abgelöst hatte, achtete auf den wohltuenden Hall, die die Kirche seiner Stimme verlieh, und hatte das Gefühl, dass ich hören konnte, wie Hunderte kleiner Flügelschläge zu vernehmen waren. Aha, sie waren also hier. Überall um uns herum. Ich konnte sie nicht sehen, aber sie waren da, die ganzen Engel. Und dieses Gefühl war ausgesprochen beruhigend, denn Engel waren etwas sehr Gutes. Bestimmt beschützten sie die Menschen und vor allem die Kinder. Bei Gelegenheit würde ich das näher untersuchen.

Irgendwann beendete der Priester seine Predigt. Ich hatte nicht zugehört, war ich doch viel zu sehr gefangen von den Bildern und der Atmosphäre dieses außergewöhnlichen Hauses. Die Menschen gingen zum Ausgang und ich schloss mich ihnen an. In diesem Moment war ich überzeugt, dass ich ein Christ sein wollte. Natürlich wusste ich nichts darüber, was dies im religiösen Sinne bedeuten würde. Darüber machte ich mir auch keine Gedanken, aber ich war überzeugt davon, dass die vielen Engel nur für Gutes auf der Welt stehen konnten.

Damals ahnte ich noch nicht, dass ich, wenn ich bei der Predigt besser zugehört hätte, mir vollkommen irrationale Ängste hätte eintrichtern lassen. Ich wusste von der christlichen Lehre ebenso wenig, wie von anderen Religionen. Ich hatte nur mitbekommen, dass der Priester in mahnenden Worten davor gewarnt hatte, vom Weg des Glaubens abzukommen. Dann würde das Höllenfeuer auf einen warten – und das ohne jede Chance auf Rehabilitation.

Heute frage ich mich, wie mein Leben verlaufen wäre, wenn der Priester von seiner Kanzel herab auf mich geschaut und gefragt hätte:

»Was hast du in letzter Zeit getan, was dem Herrn nicht gefallen hätte?«

Reinen Gewissens hätte ich geantwortet:

»Gar nichts.«

Hätte er aber dann drohend seinen Zeigefinger auf mich gerichtet und gewarnt:

»Lügen ist ein Verstoß gegen die Gebote des Herren. Also frage ich dich noch einmal: Welcher Sünden bekennst du dich schuldig, kleiner schmutziger Junge?«

Ich hätte einen roten Kopf bekommen und zögerlich geantwortet:

»Äh, da war diese Kobra, die auf unserem Ofen saß. Meinen Sie das? Und ich sollte einen Mann erschießen, aber das wollte ich doch gar nicht. Meinen Onkel auch. Wegen dem Baum, wissen sie?«

»Und was noch?« Seine Stimme wurde bedrohlicher.

»Na ja, ich lebe noch. Meine Stiefmutter mag das nicht.«

Schuldbewusst würde mein Blick auf den fein geputzten Fliesen der Kirche haften, während ich die mahnenden Worte des Priesters hören würde:

»Eieiei, das hört sich gar nicht gut an. Ich hoffe, dass du weißt, dass du nur ins Paradies kommst, wenn du dem Herrn dienst, stets auf dem rechten Pfad wandelst und seine Gebote befolgst. Wahrscheinlich ist es jetzt aber schon zu spät für dich, denn auf die Sünder wartet nun einmal die Hölle. Der Herr wird entscheiden, wohin dein Weg dich führen wird. Aber so wie sich das anhört, richte Dich schon mal darauf ein, dass aus Dir kein Engel mehr werden wird.«

Ich schüttelte den Kopf und verwarf den beängstigenden Gedanken. Im Laufe meines späteren Lebens erinnerte ich mich oft an diesen ersten Besuch einer christlichen Kirche. Und ich dachte darüber nach, warum der Glaube, egal welcher, seit Jahrtausenden einen so großen Einfluss auf die Menschheit besitzt.

Heute bin ich überzeugt, dass wir zu einer bestimmten Zeit die Religion wirklich gebraucht haben. Das war in einer Zeit, als die Menschen das Potenzial ihrer Gehirne bereits entwickelt hatten. Für sich genommen war dieser Fakt bereits eine sehr große Leistung, allerdings taten sich ganz gravierende Probleme dadurch auf, die mit unserer menschlichen Natur in Zusammenhang standen. Wir hätten zu dieser Zeit sagen können:

»Wie wunderbar, wir haben die Spitze der Evolution erreicht und sollten nun danach trachten, das Leben in Frieden, Harmonie und im Einklang mit Mutter Natur einzurichten, damit jedermann es genießen kann. Schließlich sind wir biologisch so weit vorangeschritten, dass wir das hinbekommen sollten.«

Haben wir aber nicht. Stattdessen hat es die Menschheit seit dieser Zeit vorgezogen, persönlichen Interessen den Vorzug zu geben. Egal, ob es Eitelkeiten waren, Machtstreben oder die Gier nach immer mehr Besitz, wir haben unserem evolutionären Gipfel die menschliche Natur entgegengesetzt. Und so haben wir es jahrtausendelang bevorzugt, anderen Menschen unsere Meinung aufzudrängen, sie zu unterwerfen oder gegebenenfalls ihnen gleich den Schädel einzuschlagen, als nach dem perfekten Miteinander zu suchen. In dieser Zeit entstanden Religionen – und das war sehr gut. Irgendetwas musste schließlich einen Rahmen um das sich ausbreitende Menschentum spannen und für Ruhe sorgen. Und dieser Frieden konnte im Glauben gefunden werden. Selbst, wenn dieser mit viel Blutvergießen verbreitet wurde.

Also ist doch alles gut mit den verschiedenen Glaubensrichtungen, nicht wahr? Nein, nicht ganz, denn ein Glaube setzt auch immer voraus, dass Menschen diesem Glauben folgen. Und zwar genauso, wie es vorgegeben ist. Fragen sind dabei weder vorgesehen noch erwünscht.

Wir haben bereits über Believer gesprochen. In kurzen Worten besteht das Dasein eines Believers aus dem Grundsatz: Ich glaube an das, was mir andere sagen. Da stellt sich die Frage: Wo ist *dein* Leben, das, an was *du* als Individuum glaubst? *Glaubst* du oder *weißt* du? *Wer* gibt dir diesen Glauben? Ist Dir bewusst, dass du *glaubst*, was du nicht wirklich *weißt*?

Glaube stellt keine Fragen. Und er akzeptiert sie auch nicht. Er sagt, dass du einfach glauben sollst. Und wenn du im Glauben lebst, dann sind immer andere für dich verantwortlich. Klar, das ist sehr einfach und bequem. Aber wo ist deine Verantwortung? Versteckst du sie nicht einfach hinter der dicken Mauer eines religiösen Schutzwalls?

Willst du wirklich ein Leben lang ein Believer bleiben?

Zu der Zeit, als Religionen gebraucht wurden, um uns vor uns selbst zu schützen, glaubten die Menschen das meiste, was ihnen überzeugend erzählt wurde. Und, wie gesagt, das half in dieser Zeit enorm. Heute, wo wir vieles von dem nachprüfen können, was damals abhängig der religiösen Ausrichtung den Menschen weisgemacht wurde, stellen sich manche Dinge doch etwas anders dar. Aber das schert die meisten Believer nicht, sie glauben weiter und stellen noch immer keine Fragen. Und das, was von einigen findigen Seekern in Bezug auf die Wahrheit der alten Geschichten herausgefunden wurde, wird weiterhin einfach ignoriert.

So manchem sollte es doch zu denken geben, wenn beispielsweise in der Bibel offen angesprochen wird, dass man zu einer Herde von Schafen gehört, die sich von ihrem Hirten führen lassen soll. Wollen wir wirklich solchen und ähnlichen Aufforderungen auch heute noch folgen? Oder machen es solche Glaubenssätze letztendlich nicht einfach nur sehr leicht, Menschen zu manipulieren und zu leiten? So, wie es mit einer Herde voller Schafe gemacht wird.

So sehr uns in anderen Zeiten die verschiedenen Religionen geholfen haben, so sehr führten sie die Menschheit im Laufe der Zeit in eine Sackgasse. Rückblickend ist es kein Wunder, dass die Bibel anfänglich nur in Latein verfasst wurde, eine Sprache, die ausschließlich den Gelehrten geläufig war. Wollte man eventuellen Zweiflern gar keine Chance geben, um Dinge nachzuprüfen, die vielleicht doch nicht so ganz der Wahrheit entsprachen? Das ist eine Theorie, aber sie ist sicherlich nicht ganz von der Hand zu weisen. Übrigens wurde der Koran nur in Arabisch verschriftlicht ...

In meinem Verständnis wurde Glaube auf einem Fundament von Angst errichtet. Angst, die Menschen zu folgsamen Schafen machen sollte. Angst, dass wir Fragen stellen könnten. Darauf waren und sind bis heute drastische Strafen ausgesetzt: Hölle, Tod wegen Ungläubigkeit, Begräbnisse auf ungeweihtem Boden, ... Hinterfragst du in einer Religion etwas, ganz egal, was, dann giltst Du selbst heute noch immer als Ungläubiger. Beschämend!

Die weiterführende Evolution des Menschen wurde durch die Religion gekidnappt. Und das auch dadurch, weil sie fordert, uns bereits in frühen Jahren festzulegen und zu einem folgsamen Believer zu machen. Dabei sind bei Kindern die Zugänge und Schaltungen im Gehirn erst im Alter zwischen 10 und 12 Jahren vervollständigt, sodass sie erst dann zu wirklichen Entscheidungsfindungen fähig sind. Warum taufen wir dann das Baby? Warum neigen wir dazu, ihnen nach wenigen Jahren bereits ihre Religion aufzustempeln? Warum gehen wir sogar so weit, jedem Menschen dessen Religionszugehörigkeit im Pass zu vermerken? Spielen wir damit nicht denen, die uns zu lebenslangen Believern machen wollen, voll in die Karten? Ist dass das, was die Engel um uns herum erreichen wollen? Keine Ahnung, inzwischen bin ich auch nicht mehr ganz so sicher, ob es sie wirklich gibt. Das Flattern kann ich zumindest nicht mehr hören.

Ein Sport namens Cricket

Aus englischer Tradition heraus entwickelten sich in Pakistan Vorlieben für einige Sportarten, die nicht unmittelbar in Zusammenhang mit der eigenen Tradition standen. Dazu gehörten Tennis, Schach, Billard, Polo und Hockey. Aber es gab auch Cricket, was man in Indien bereits seit dem 16. Jahrhundert spielte. Heutzutage ist Cricket der beliebteste Sport Pakistans und überall, wo man pakistanische Männer trifft, findet sich auch irgendwo ein Platz, auf dem man sie beim Cricketspielen beobachten kann. Und sei es nur ein verdorrtes Stück Ackerland.

Pakistanische Cricketspieler unterscheiden sich von ihren englischen Kollegen unter anderem dadurch, dass sie nicht so fein angezogen sind. Die britischen Spieler, oft in adligen Kreisen zu finden, sehen Cricket eher als Zeitvertreib beim nachmittäglichen Tee. In Pakistan ist Cricket der Nationalsport und dementsprechend rekrutiert sich die Nationalmannschaft durchweg aus hervorragend trainierten Leistungssportlern.

Sind jemandem die Regeln des Crickets nicht geläufig (solche Menschen soll es ja immer noch geben), so wird an dieser Stelle ein kurzer Überblick helfen, das Spiel zu verstehen: Beim Cricket stehen sich zwei Mannschaften à 11 Spielern gegenüber. Bei offiziellen Partien wird auf Rasen gespielt und das Ziel ist es, mehr Punkte als der Gegner zu erzielen. Ein Team schlägt mit einem breiten, flachen Schläger (den Schlagmann nennt man »Batter«), während eine Person des anderen Teams den Ball wirft (der Werfer wird »Bowler« genannt). Der Bowler versucht mit ausgefeilter Wurftechnik, den Batter zu überlisten, sodass dieser ausscheidet. Gelingt ihm das nicht und der Batter schlägt den Ball weg, so kann er Punkte (»Runs«) erzielen. Der Werfer wird von seinem Team unterstützt, denn seine Mitspieler legen alles daran, weggeschlagene Bälle schnellstmöglich zurückzubringen.

Ja, aber das ist doch fast wie beim Baseball, mag so mancher jetzt sagen. Nicht wirklich, denn das scheint nur auf den ersten Blick so zu sein. Ähnelt ein Baseball-Feld der Form eines Diamanten, so ist das Cricket-Feld grundsätzlich oval. Neben der Anzahl der Feldspieler (Cricket: 11, Baseball: 9) gibt es noch weitere Unterschiede: Beim Cricket wird der Ball von einem Bowler geworfen, beim Baseball übernimmt diese verantwortungsvolle Aufgabe der Pitcher. Der Ball des Bowlers ist härter und schwerer als ein Baseball und wird mit einer überkopfähnlichen Bewegung geworfen. Außerdem gibt es noch Unterschiede beim Zählen der Punkte, der Spielzeit, den Spielstrategien und den Regeln. Also sollte man einem Pakistani niemals sagen, dass er Baseball spiele. Und keinem Amerikaner, dass es Spaß mache, ihm beim Cricket zuzusehen.

Abgesehen von all diesen Regeln ist das Wichtigste am Cricket, dass es ein Sport ist, der Menschen vereint. Ohne jede Aggressivität, sondern nur durch den sportlichen Wettkampf, in dem das bessere Team ermittelt wird.

Warum ich an dieser Stelle Cricket anspreche? Nun, nach dem Wechsel zur High School nahm dieser Sport einen zunehmend großen Platz in meinem Leben ein. Was als einfaches Pausen-Ballspiel begann, ließ mich nicht mehr los. Außerdem bot mir Cricket die Möglichkeit, meiner Neugierde zu folgen und immer weiter zu forschen. Als sich herausstellte, dass ich ein passabler Bowler, Entschuldigung, Werfer war, experimentierte ich leidenschaftlich mit dem kleinen Ball in meiner Hand. Wie fühlt er sich an, wenn ich ihn drehe? Besitzt seine Fläche unterschiedliche Abreibungen? Wie verhält er sich, wenn ich ihm im letzten Moment einen leichten Linksdrall gebe? Die Möglichkeiten, das Verhalten des Balles zu beeinflussen, schienen unendlich.

Durch mein untypisches Aufwachsen und die viele Zeit, in der ich die Natur studiert hatte, bezog ich unbewusst die Dinge ein, die ich in diesen Jahren gelernt hatte. Was passiert mit dem Flug des Balles, wenn eine hohe Luftfeuchtigkeit herrschte? Und wie verändert er sich in Abhängigkeit zum Wetter? Ich lernte, den Ball zu lesen. Und das konnte ich besser als das ABC. Nach und nach wuchs mein Repertoire an Spezialwürfen, bei dem sich viele fragten, wie ich das eigentlich machte. Für mich war das vollkommen normal, mehr noch, es war die logische Folge von dem, was ich in meinem bisherigen Leben so kennengelernt hatte. Wahrscheinlich hätte mir dies kein Trainer jemals beibringen können.

Wenn man ein Talent für einen Sport besitzt, dann kommen früher oder später Trainer oder Talentsucher und entdecken dich.

»Hei, schau dir mal den an.«, »An dieser Schule gibt es einen, der außergewöhnliches Talent besitzt.«, »Der wäre was für Euer Team«, oder »Der schlaksige Kerl in der schmutzigen Kleidung ist ein ausnehmend guter Bowler.«, heißt es dann.

So war es auch bei mir und einige gute Trainer wurden auf mich aufmerksam. So etwas war mir vollkommen neu, hatte ich doch weder Erfahrung mit Komplimenten noch mit Menschen, die mir sagten, dass ich etwas gut beherrschen würde. Und wie bereits angesprochen, mir war dies gar nicht bewusst, denn ich nutzte nur meine Erfahrungen aus der Natur. Okay, dazu gehörte wohl auch Reaktionsschnelligkeit und eine gute Beobachtungsgabe, die ich meiner Zeit unter all den Tieren zu verdanken hatte.

Nachdem sich ein Trainer bereit erklärt hatte, mich in seinem Team aufzunehmen und mir die gesamte Sportkleidung zur Verfügung zu stellen, spielte ich plötzlich nicht nur in unserer Schulmannschaft, sondern auch in einem echten Cricket-Team. Das hätte ich mir einige Monate zuvor nicht zu träumen gewagt. Ich freute mich darüber, dass plötzlich so wunderbare Dinge in meinem Leben geschahen. Und es gab noch etwas ganz anderes, was ich geschenkt bekam: Das großartige Gefühl, sich beim Sport vollkommen zu verausgaben und sich danach wie neugeboren zu fühlen. Ein Gefühl, dass mich bis heute unendlich glücklich macht. Und so kam es dazu, dass Sport eine der Säulen meines Lebens werden sollte.

Mit dem Wechsel auf die High School hatte meine Begeisterung für Sport begonnen. Also für das, was offiziell unter dem Namen »Sport« lief. Darunter befanden sich nicht die Aktivitäten, die ich bis dahin schon immer ausgeübt hatte: Der Esel lief weg, ich rannte hinterher. Die Kuh lief weg, ich rannte hinterher. Ein Wasserbüffel musste in eine andere Stadt gebracht werden, und ich musste diese Aufgabe übernehmen, usw. Erst jetzt bemerkte ich, dass ich trotz der desaströsen Voraussetzungen häufig Spaß an diesen Tätigkeiten hatte. Dafür gab es zwei Gründe: Zum einen waren sie stets mit Tieren verknüpft, zum anderen musste ich an meine körperlichen Grenzen gehen – und das machte mich glücklich. Sportliche oder Sport-ähnliche Aktivitäten setzen nun einmal Mengen von Glückshormonen frei.

Wenn man will, dass Kinder glücklich sind, so sollte man sie Sport treiben lassen. Das ist ein einfacher, aber sehr wirkungsvoller Weg. Außerdem ist Sport nicht nur gesund für ihre heranwachsenden Körper, sondern vor allem für ihre Seele. Es gibt nun einmal nichts Schöneres, als sich zwar ausgelaugt, aber gleichzeitig unendlich glücklich zu fühlen.

Aber nicht nur Kinder schaffen sich durch den Sport ihre ganz eigenen Glücksmomente. Auch für uns Erwachsene bringt er ausschließlich Vorteile. Glücklich ist der, der es schon einmal erlebt hat, nach einem 5-Satz-Tennisspiel abgekämpft den Platz zu verlassen und sich in den Sitz auf der Terrasse des Tennisheims fallen zu lassen. Ein Glas Wasser gegen den Durst, dann ein frisch gezapftes, kühles Bier. Man spürt noch den Schweiß auf dem Rücken, den man sich in den letzten Stunden mit viel Spaß verdient hat. Und man merkt, wie in dieser Zeit etwas im Körper produziert wurde, was das Gehirn glücklich macht. Ich stelle mir in diesen Momenten immer vor, dass mein Gehirn gerade dabei ist, Dankeschön zu sagen. Und das tut es, indem alle schmerzlichen Prozesse, die vielleicht gerade im eigenen Kopf in Gange waren, aufgelöst werden. Plötzlich sind alle Probleme verschwunden. Ist das nicht wunderbar?

Ach ja, dieser Effekt kann auch perfekt durch einen Sport namens Cricket erreicht werden.

Von der High School ins Gefängnis

Meine Zeit in der High School ist schnell zusammengefasst – inklusive einer weiteren wichtigen Lehre, die ich erfahren musste: Ich lernte für einen kurzen Moment, was Hass ist. Wie es dazu kam? Nun, es begann vollkommen harmlos.

Ich ging in Wah Cantt zur Schule, genauer gesagt von der sechsten bis zur zehnten Klasse. Als ich zur High School kam, war ich zwölf Jahre alt. In einem vorangegangenen Teil dieses Buches habe ich die Verschaltung in den Gehirnen von Kindern angesprochen. Diese ist im Alter zwischen zehn und zwölf Jahren abgeschlossen, die Verbindungen im Gehirn sind dann ausgereift. Was fehlt, sind Erfahrungswerte, die wiederum zu persönlichen Grundsätzen, Einstellungen und Sichtweisen führen.

Okay, mein Gehirn war also mehr oder weniger voll entwickelt, was vollkommen natürlich auch dazu führte, dass ich langsam begann, meine eigene Persönlichkeit zu suchen. Haben wir zuvor über die Seeker gesprochen, die Suchenden, so gehören angehende Teenager wie ich automatisch in diese Gruppe. Man macht instinktiv nicht mehr alles, nur, weil es von den Eltern vorgegeben wird. Stattdessen entwickelt man einen gesunden Egoismus und beginnt, die Welt zu erforschen, zu merken, was man selbst mag und was einem liegt. Dass dies mit ebenso vielen Frustrations- wie Erfolgserlebnissen einhergeht, liegt in der Natur der Sache.

Meine Voraussetzungen waren etwas anders, denn ich war bereits seit frühester Kindheit gezwungen, mir mein eigenes Bild über die Menschen, die Natur und das Leben zu machen. Und das war, wie ich nicht oft genug betonen kann, auf der einen Seite hart, auf der anderen aber auch ein Glücksfall für mich.

In meiner High School-Zeit konnte ich meine Leidenschaft für das

Cricket voll ausleben. Es gab dort gute Trainer, die mich förderten und denen es ganz egal war, was in meiner Familie alles ablief. Gut so, schließlich ging es um Sport. Und was noch schöner war, war, dass ich liebe Freunde fand, sowohl in meiner Klasse als auch im Cricket-Team. Ohnehin fiel es mir nicht schwer, Kontakte zu knüpfen, was wahrscheinlich daran lag, dass ich jedem mit Respekt begegnete, immer das Gute in anderen Menschen sah und wie bereits erwähnt Gefühle wie Hass oder Argwohn gar nicht kannte. Das Einzige, was mich hin und wieder irritierte, war, dass ich einige menschliche Verhaltensweisen nur schwer nachvollziehen konnte. Tiere reagierten in ähnlichen Situationen weitaus intuitiver und dadurch auch häufig richtiger als unsere Spezies, aber nun gut, das kann man ja niemandem zum Vorwurf machen.

Zu den Gedanken, die neben vielen anderen in den Köpfen von Pubertierenden herumgeistern, entstehen natürlich auch Träume über die eigene Zukunft.

»Ich will einmal Arzt werden.«, »Ich will Pilot werden«, »Ich werde Manager. Da muss man nicht viel tun und verdient Unmengen Geld.«, »Ich werde Cricket-Profi.«, »Ich werde Zahnarzt. Dann verdiene ich noch mehr als jeder Manager«, ...

Ich verstand das nicht, denn ich wollte gar nichts werden. Zumindest nicht, bevor ich nicht einmal mich selbst kennengelernt hatte, um zu wissen, was eigentlich für mich das Richtige wäre. Die anderen, die da so begeistert von ihrer goldenen Zukunft sprachen, hatten scheinbar ein tolles Bild eines schneidigen Piloten vor einem Flugzeug gesehen, vielleicht sogar mit der einen oder anderen Stewardess im Arm. Oder irgendjemand hatte ihnen erzählt, dass dies oder das ein wirklich toller Beruf wäre. Wie aber konnten sie so sicher sein, dass genau dieser Job der Beste für sie wäre?

Ich fragte mich, ob sie das *wirklich* wollten. Um das herauszufinden, hätten die meisten von ihnen erst einmal eine Ameise beobachten müssen. Und dann vielleicht eine Biene. Oder eine Schlange. Sie hätten sich fragen sollen, welche Fähigkeiten diesen Tieren trotz aller Widrigkeiten seit so langer Zeit ihr Überleben sicherten. Ich war überzeugt, dass man von unten anfangen musste, nicht von oben. Das ist schwer zu verstehen? Vielleicht kann ein Beispiel ein wenig Licht ins Dunkel bringen:

Wenn mir jemand sagt »Ich will der zweite Usaine Bolt werden und weit unter zehn Sekunden laufen.«, dann würde ich ihm raten, erst einmal genau zu beobachten, wie ein Tiger läuft. Welche Bewegungen macht er? Welche Muskeln werden beansprucht? Wenn man diese Dinge entdeckt hat, dann kann man zum nächsten Ziel übergehen. Man kann nicht nur einen Gedanken nehmen, eine Fantasie, und dann setzt sich diese automatisch um. Wenn der eigene Körper sich nicht dafür interessiert, dann ist man bereits zum Scheitern verurteilt.

So viel zu den Träumen von Heranwachsenden. Davon gibt es unendlich viele, und die Welt wäre ärmer, wenn es nicht so wäre. Meine Zeit in der High School war geprägt durch das Cricket-Spiel. Ich war ein fester Bestandteil unserer Mannschaft und wir traten häufig gegen die Teams anderer Schulen an. Nachdem wir diese beinahe ausnahmslos gewannen und ich nach Ansicht von Zuschauern und Beobachtern einen gewichtigen Anteil daran hatte, intensivierte sich meine Förderung. Gerne würde ich diesen Umstand vorschieben, dass meine schulischen Leistungen sich weiterhin im unteren Mittelfeld bewegten, aber das wäre nicht richtig. Schule war für mich noch immer ausgesprochen unwichtig und der Lehrstoff erschien mir nach wie vor realitätsfern. Wenigstens schlugen die Lehrer nicht mehr, was ja auch schon einen erheblichen Fortschritt darstellte.

Trotz Cricket und schulischem Desinteresse kam ich ganz gut durch die High School-Jahre, bis sich irgendwann die Examensprüfungen näherten. Das war ja eigentlich nicht überraschend, zwang mich aber, mir Gedanken zu machen, wie um alles in der Welt ich diese bestehen könnte. So manches Mal fragte ich mich, was ein solches Examen eigentlich aussagte. Es ging doch nur darum, zu einem gewissen Zeitpunkt eine bestimmte Information ausspucken zu können.

Schon komisch, denn ich wollte ja lernen, besaß ich doch einen unendlich großen Wissensdurst. Aber ich lernte eben durch die Natur. Wann kommt der Regen? Wie erkenne ich das? Schule dagegen war für mich wie ein Gefängnis. Unter diesen Voraussetzungen war es wohl verständlich, dass mir die Zensur vollkommen gleich war, Hauptsache durchkommen. Und das, wo ich doch nie etwas für die Prüfungsfächer gelernt hatte. In diesem Fall half nur eins: Trickserei.

Ich legte mir einen Plan zurecht, wie ich trotz mangelnden Wissens Examensprüfungen bestehen konnte. Der erste Teil meines Plans bestand daraus, mir ehemalige Schüler zu suchen, die diese Prüfung bereits erfolgreich hinter sich gebracht hatten. Sie waren nicht so schwer zu finden, denn irgendjemand kannte immer einen anderen, der diese Tortur bereits hinter sich hatte. Ich sammelte deren korrigierte Arbeiten ein, bedankte mich höflich, lernte, welche Fragen gestellt wurden und welche Antworten zu Punkten geführt hatten, und gab die Arbeiten nach kurzer Zeit wieder an ihre Besitzer zurück.

Aber das war nur Teil 1 des »Examen ohne Grundwissen bestehen-Plans«. Jemand hatte mir erzählt, dass es ein Buch geben würde, in dem die Fragen aus Examensprüfungen nebst den richtigen Antworten aufgeführt waren. Ich fragte mich, warum man fünf Jahre die High School besuchen musste, wenn man doch eigentlich nur dieses Buch kennen müsse. Also lernte ich über zwei Wochen lang, bis zwei oder drei Uhr in der Nacht. Eigentlich hatte ich mir so fünf Jahre Schulzeit in weniger als einem Monat in den Kopf geprügelt, zumindest das, was prüfungsrelevant war. Ich schrieb das Examen und hoffte inständig, dass ich diese Art von Vorbereitungen nicht vollkommen überschätzt hatte.

Während die Prüfungen sich langsam ihrem Ende näherten, kam es zu Ereignissen, die weitreichende Folgen für mich haben sollten. Dazu sei angemerkt, dass die Jungs aus Wah Cantt auf dem Rückweg von der High School häufig auf Mädchen trafen, die gerade von ihrer Schule kamen. Man darf nicht vergessen, dass es das Jahr 1957 war und die Idee von einem gemischten Unterricht noch nicht einmal im Kopf irgendeines tollkühnen Revolutionärs herumgeisterte. Die Mädchen liefen traditionell auf der linken, wir Jungs auf der rechten Seite der Straße. Verstohlene Blicke wurden sich zugeworfen, hin und wieder ein schüchternes Kichern, aber das wars dann auch schon.

An einem Tag ging ich gemeinsam mit einem Jungen, der etwas jünger als ich war und der mir endlos Fragen über Cricket stellte und wissen wollte, was ich tat, um so erfolgreich in diesem Sport zu sein. Ich antwortete ihm gerne, mochte ich doch seine Begeisterung und sein unverhohlenes Interesse an meinem Lieblingssport. Als wir in die Nähe seines Hauses kamen, fragte er mich, ob ich nicht noch mit hineinkommen und ein Glas Wasser trinken wolle. Es war sehr heiß an diesem Tag, also stimmte ich gerne zu.

Wir setzten uns in seine Küche und plauderten ein wenig. Seine Mutter kam dazu, eine ausgesprochen freundliche Frau mit einem Lachen, das aus tiefstem Herzen kam. Ebenso seine Schwester, die so alt wie ich war und auch gerade ihr schriftliches Examen absolviert hatte. Da in Pakistan die Prüfungsfragen bei Jungen und Mädchen eines Jahrgangs gleich waren, tauschten wir uns über unsere Antworten aus. Meistens waren sie unterschiedlich, was mich nicht gerade in dem Glauben bestärkte, eine herausragende Prüfung absolviert zu haben, von der man noch in Jahren voller Anerkennung sprechen würde. Ganz nebenbei erwähnte die Mutter, dass ihr Gatte gerade nicht zu Hause sei. Er wäre der zweithöchste Polizeioffizier in Wah Cantt und dies wäre natürlich ein ebenso verantwortungsvoller wie zeitaufwendiger Job. Das Revier, erklärte sie, sei keine hundert Meter von diesem Haus entfernt. Ich bedankte mich nach einiger Zeit für das Wasser, verabschiedete mich und ging nach Hause.

Zwei Tage später, diesmal kam ich mit zwei Freunden von der Schule, kamen uns zwei hübsche Mädchen entgegen, den Schulranzen über die Schulter geworfen und fröhlich in ein Gespräch vertieft.

»Hallo zusammen«, rief ich übermütig und nickte mit dem Kopf, als sie zu uns herübersahen. Zufälligerweise wusste ich ein wenig über sie.

Sie hießen Soveja und Jasmin und waren die Töchter eines Generals, der wie mein Vater in der Waffenfabrik arbeitete. Allerdings war er allein schon aufgrund seines Ranges in einer der höchsten Führungspositionen beschäftigt, was auch erklärte, dass Soveja und Jasmin in einer prunkvollen Villa lebten und von einer Vielzahl von Dienern hofiert wurden. Das Gute war, dass sie sich das nicht im Geringsten anmerken ließen.

Der Zufall wollte es, dass ich die beiden in den kommenden Tagen öfter traf. Wir plauderten kurz und ich stellte schnell fest, wie gut ich mich vor allem mit Soveja verstand. Als die Ferien begannen und sie mit ihrer Familie eine kleine Reise antrat, ließ sie mir eine Nachricht zukommen. Ich freute mich darüber, gleichzeitig bedauerte ich es, dass sie eine Zeit lang nicht in Wah Cantt anzutreffen sein würde. Also schrieb ich kurzerhand eine kleine Notiz, in der ich fragte, wann sie denn zurückkommen würde. Diese übergab ich einem Diener aus ihrem Haus mit der Bitte, sie ihr auszuhändigen.

Damals vertraute ich auf das Gute im Menschen. Das tue ich heute noch, was in diesem Fall jedoch folgenreich für mich werden sollte, denn der Diener übergab meine Notiz nicht Soveja, sondern ihrem Vater. Er war sofort überzeugt davon, dass ich seine Tochter belästigen würde. Etwas, was nach ernsthaften Konsequenzen schrie.

Es war ein Klassenkamerad, der mich aufsuchte, als ich einem Freund in einem benachbarten Ort gerade einen Besuch abstattete. Vollkommen außer Atem sagte er:

»Schnell, Aziz, Du musst sofort nach Wah Cantt zurückkehren und dich auf dem Polizeirevier melden.«

»Was soll ich denn auf dem Polizeirevier?«

»Das weiß ich auch nicht. Aber ich soll dir sagen, dass deine Eltern verhaftet werden, wenn du dort nicht vorstellig wirst.«

Meine Eltern verhaften? Scheinbar war es etwas Dringendes. Ich brach sofort auf, um das offensichtlich vorliegende Missverständnis aufzuklären. Wie gesagt, ich glaubte immer an das Gute im Menschen und war mir keiner Schuld bewusst. Wie hätte ich auch ahnen können, dass die Polizei inzwischen bereits in unserem Haus aufgetaucht war und alles durchsucht hatte. Sie fanden den Brief von Soveja und beschlagnahmten ihn offiziell, als wäre es eine Drogenlieferung aus dem Nepal.

Die Polizisten verloren nicht viele Worte, als ich auf dem Revier erschien. Vor allem der leitende Offizier, ein stinkender Kerl mit Vollbart, ging nicht zimperlich mit mir um. Er presste mich in einen Stuhl und begann, mir die Haare abzuschneiden. Dann warf er mich in eine dreckige und nach Fäkalien stinkende Zelle. Wenig später erschien auch einer meiner Freunde, die bei mir gewesen waren, als ich die beiden Mädchen auf der Straße gegrüßt hatte. Auch er wurde inhaftiert, allerdings gingen sie mit ihm etwas sanfter um, als sie es mit mir getan hatten.

Der Abend brach herein und ich hoffte, jetzt ein wenig Ruhe finden zu können, bevor sich die ganze Sache aufklären würde. Vielleicht hatte ich zu viel erwartet, aber ich hatte auf den Besuch meines Vaters gehofft, der seinen zu Unrecht in Untersuchungshaft sitzenden Sohn aus dieser misslichen Lage befreien würde. Aber er kam nicht. In dieser Nacht konnte ich kaum ein Auge zutun. Vielleicht war es die Vorahnung auf das, was uns am nächsten Morgen erwarten sollte. Der bärtige Polizeivorsteher und sein erster Offizier malten uns die Gesichter an. Pechschwarz, bis nur noch unsere Zähne und unsere Augen zu sehen waren. Dann drängten sie uns vor das Revier und befahlen, dass wir uns dort hinsetzen mussten. Es standen bereits einige Schaulustige dort, alles Mädchen. Man hatte an diesem Tag dafür gesorgt, dass sie schulfrei hatten, sich aber als Ersatz zum Unterricht im Laufe des Vormittags am Polizeirevier einzufinden und mindestens 15 Minuten dort verweilen mussten, um sich das entwürdigende Spektakel anzusehen.

Die Polizisten zwangen uns, ein Lied zu singen, dass in etwa folgendermaßen ging:

»So sieht die Leiche eines Chauvinisten aus,

schaut nur alle her.«

Hoben wir den Kopf oder sangen wir zu leise, so gab es Tritte von den Polizisten. Gingen die Mädchen verstört nach Hause, erschienen auch schon die nächsten, um uns bei dieser Selbstgeißelung zu beobachten. Viele von ihnen weinten, als sie uns so sahen.

Hatte ich gedacht, dass sich die Fantasie der Polizisten mit dieser befremdlichen Aktion erschöpft hatte, so lag ich gänzlich falsch. Am gleichen Abend riefen sie mich zu sich, pressten mich zu Boden und drehten mich auf den Bauch. Aus den Augenwinkeln konnte ich erkennen, wie der Bärtige eine furchteinflößende Lederpeitsche aus seiner Schreibtischschublade zog. Er grinste mich an, während er sie langsam durch seine Hände gleiten ließ. Dann bückte er sich und zog eine Schale mit ranzigem Öl hervor, in der er die Peitsche ausgiebig tränkte. Das Lächeln in seinem Gesicht wurde noch breiter, während der andere sich langsam auf meine Beine setzte, sodass ich sie nicht mehr bewegen konnte.

»Wenn ich fertig mit dir bin, dann wirst Du nie wieder auch nur einen Gedanken an Sex verschwenden«, sagte der Bärtige zu mir.

Dann holte er aus und schlug zu – mit voller Wucht auf meine Fußsohlen. Hatte ich in meinem Leben schon oft Schmerzen empfunden, so waren alle diese zusammengenommen nichts im Vergleich mit dem, was mein Körper nun spürte. Es war unbeschreiblich und je mehr ich schrie, umso härter schlug er zu. Als die Folter endlich beendet war, ließen sie mich in meine Zelle kriechen. Ihr Lachen und ihre boshaften Bemerkungen begleiteten mich, bis die Zellentür zuschlug.

In dieser Nacht lag ich auf meiner Pritsche und versuchte Schlaf zu finden. Doch es war nicht möglich, denn die Schmerzen unter meinen Füßen waren einfach zu groß. Und dann kamen die Gedanken. Gedanken, die ich nicht kannte. Ich stellte mir vor, wie mir ein gesichtsloser Mann die Tür zu einem Lager öffnete. Dort fand ich Waffen, viele Waffen, Messer, Schlagstöcke, Pistolen, Gewehre und jede Menge Munition. Ich sah mich selbst, wie ich mich bediente und mir die Taschen mit allem vollstopfte, um diesem bärtigen Ungetüm heimzahlen zu können, was er mir angetan hatte. Ich wollte ihn umbringen.

Meine Gedanken verwirrten mich. Warum wünschte ich mir, einem anderen Menschen etwas Böses anzutun? Etwas derartiges hatte ich noch nie gedacht. Lag ich doch falsch mit meiner These, dass Menschen nur dann hassen können, wenn man es ihnen beigebracht hatte? Bis zu dieser Nacht war ich überzeugt, dass ich niemals verstehen würde, was Hass eigentlich bedeutet. Hatte ich es ohne die Erklärung eines anderen Menschen nun doch gelernt?

Die Begründung für meine Gefühle kam mir irgendwann zwischen Wachzustand, Müdigkeit und einer ohnmachtsähnlichen Erschöpfung. Trotz der bisher unbekannten Emotionen in mir hatte ich noch immer nicht gelernt, Menschen zu hassen. Nicht einmal den Bärtigen. Ich hatte mich aber dem Wunsch nach Rache hingegeben, etwas, was in Pakistan weit verbreitet war und das ich aus Dutzenden Erzählungen kannte. Ja, das musste es gewesen sein. Kein schönes Gefühl, keine schönen Gedanken. Ich schlief ein.

Als ich am nächsten Morgen aufwachte, erinnerten mich meine schmerzenden Fußsohlen an das, was am letzten Abend mit mir geschehen war. Ich dachte wieder an den ersten Polizeioffizier. Aber meine Sichtweise hatte sich über Nacht geändert. Ich dachte nur:

»Es ist wichtig, menschlich zu bleiben. Dieser Mann macht nur seine Arbeit. Deshalb kann ich ihm doch nicht böse sein.«

Kaum hatte ich den Gedanken beendet, wurde ich aus meiner Zelle geholt. Ich konnte kaum laufen, weshalb mich einer der Polizisten unsanft unter den Armen griff und mich vor den Schreibtisch stellte.

»Du machst jetzt den Garten. Ich will kein bisschen Unkraut mehr sehen, wenn ich dich kontrollieren komme.«

Und dann öffnete er die Tür, die in ein verwildertes Stück Land führte, dass hinter dem Polizeirevier lag und von nun an zu meinem täglichen Beschäftigungsfeld gehörte. Neben Putzen und dem Säubern der Toiletten. Die Sonne brannte unbarmherzig auf meine geschwollenen Füße und die Schmerzen wurden immer größer, als sie ihre Bahnen zog und vom Himmel auf mich herunterbrannte.

Nach einer Woche wurde mein Freund aus der Untersuchungshaft entlassen. Es gab keine Erklärung, weder, warum er gehen durfte, noch, warum ich bleiben musste. Ich blieb als einziger Häftling zurück – als Spielzeug für die perfiden Folterideen des Reviervorstehers.

Abends wiederholte sich die Prozedur mit der ölgetränkten Peitsche aufs Neue. So viele Tage, bis diese Folter irgendwann von meinem Körper als ungeliebtes Ritual eines jeden Tages akzeptiert wurde. Interessant dabei ist, dass im Pakistan dieser Zeit wirklich die Überzeugung vorherrschte, dass Peitschenhiebe auf die nackten Fußsohlen für lebenslange Impotenz sorgen würde. Ich will an dieser Stelle aus eigener Erfahrung beruhigen: Das stimmt nicht!

Eines Tages erschien ein Mann mit einem frisch gebackenen Kuchen im Polizeirevier. Ich erkannte ihn, es war der Diener im Haus des zweiten Polizisten. Ich hatte ihn gesehen, als ich bei meinem jüngeren Freund ein Glas Wasser getrunken hatte und bei dieser Gelegenheit seine Schwester und seine Mutter kennengelernt hatte. Durch meine Zellentür hörte ich, wie er diesen Kuchen dem Bärtigen übergab und sagte:

»Das soll ich dir für euren Häftling geben. Die Dame des Hauses hat ihn extra für ihn gebacken.«

Es gab so gute Menschen. Dass sie überhaupt an mich gedacht hatte, erfüllte mich mit Rührung. Ganz davon abgesehen war ein Kuchen das größte Geschenk, was man mir hätte machen können. Immerhin wurde ich seit zwei Wochen nur mit Brotresten und ein wenig Wasser am Leben gehalten. Doch ich sollte nichts von dem Kuchen bekommen. Nicht einen einzigen Krümel.

Stattdessen wartete der Bärtige ab, bis der Hausangestellte das Revier wieder verlassen hatte, und kam zu mir. Er schlug mir seine Faust ins Gesicht und brüllte:

»Diese Frau ist eine dreckige Hure, wenn sie dir Essen schickt! Hast du es auch mit ihr getrieben, du Schwein?«

Und dann kam er mit seiner Peitsche, damit ich eine Lektion anstelle eines Kuchens erhalten würde.

Ich saß inzwischen seit zwei Monaten in Untersuchungshaft. Warum genau, sagte mir niemand. Und eine Anklage gab es ebenso wenig. Ich hatte die Hoffnung aufgegeben, dass mich irgendjemand besuchen würde. Meine Freunde hatten Angst, dass sie durch einen Besuch in Verdacht geraten könnten, an dem Vorfall auf der Straße mit Soveja und Jasmin beteiligt gewesen zu sein und deshalb der Mittäterschaft angeklagt zu werden. Und mein Vater? Ich vermute, dass er mich nicht besuchte, weil er um seinen Job fürchtete. Immerhin war der Vater der beiden Mädchen sein Vorgesetzter und darüber hinaus auch noch außerordentlich einflussreich. Wahrscheinlicher ist aber, dass es ihn gar nicht interessierte, wie es mir ging.

Es war ein glutheißer Vormittag, als sich mein Schicksal zum Guten wenden sollte. Ich hockte wie jeden Tag im Garten und kümmerte mich um das Unkraut. Da hörte ich eine Stimme:

»Aziz, Aziz, die Resultate des Examens sind da. Du hast ein B gemacht. Ein gutes B. Herzlichen Glückwunsch!«

Ich hielt inne. Ich wusste nicht, wer da gerufen hatte. Es hätte ein Freund gewesen sein können, oder ein Diener, der von irgendjemandem geschickt worden war, der Mitleid mit mir hatte. Aber das war in diesem Moment egal. Im indischen und pakistanischen Schulsystem war ein »gutes B« mit einer 2+ in Europa gleichzusetzen. Und das bedeutete, dass mir alle Türen für ein College meiner Wahl offenstanden – wenn die Information stimmte. Ich lächelte trotz der Schmerzen unter meinen Füßen. Das Leben konnte jetzt so richtig losgehen. Falls man mich hier irgendwann einmal entlassen würde.

Es dauerte zwei weitere Tage, bis ich gehen konnte. Keine Erklärung, kein Dank, dass das Polizeirevier und der dazugehörige Garten inzwischen aussahen wie aus dem Ei gepellt, nein, einfach das Öffnen der Zellentür und ein aufforderndes »Geh jetzt!«. Das wars.

Ich war glücklich und humpelte schnellstmöglich zu unserem Haus.

Mein Vater und meine Stiefmutter saßen im Garten, ebenso meine Stief-schwester. Niemand fragte, wie die Zeit im Gefängnis für mich war. Niemand fragte, wie es mir ging. Bevor ich meinen Mund öffnen und die frohe Botschaft verkünden konnte, dass ich in der Examensarbeit ein gutes »B« erreicht hatte, sagte mein Vater:

»Aziz, du kannst nicht aufs College gehen. Das ist viel zu teuer. Du musst dir eine Arbeit suchen, und das möglichst schnell.«

Es schien sich herumgesprochen zu haben, dass der Junge aus dem Gefängnis sein Examen geschafft hatte. Irgendwie spürte ich, dass die gute Zensur in meiner Examensarbeit einen echten Wendepunkt in meinem Leben bedeutete. Von nun an sollte ich Glück haben, so viel Glück, dass ein einziges Menschenleben dafür gar nicht ausreichend sein würde. Doch dazu kommen wir etwas später. Erst einmal sollte ich vielleicht noch erwähnen, was mit dem dritten Jungen geschah, der damals bei dem zufälligen Treffen mit Soveja und Jasmin mit von der Partie war. Sein Vater war ein sehr angesehener und wohlhabender Bau-unternehmer. Er hatte seinen Sohn direkt, nachdem er von den angeb-lichen Vorkommnissen erfahren hatte, in eine andere Stadt geschickt, wo die Polizei keinen Zugriff auf ihn hatte. Ich habe keine Ahnung, was aus ihm geworden ist. Ich habe nie wieder von ihm gehört. Meines Wissens ist er niemals nach Wah Cantt zurückgekehrt.

Plötzlich ist alles anders

Es liegt mir fern, ein Buch zu schreiben, das sich ausschließlich mit meinem Leben beschäftigt. Nein, das entspricht nicht meiner Persönlichkeit und ich bin auch kein Mensch, der sich gerne in den Vordergrund drängt. All das, was bis hierher geschehen ist, dient lediglich der Bewusstmachung, dass niemand auf Rosen gebettet durch seine Kindheit und Jugend wandeln muss, um später ein wunderbares Leben führen zu können. Im Gegenteil, vielleicht ist es sogar notwendig, einige Schmerzen zu erleiden und sich ein paar Schrammen zu holen, um später sein volles Potenzial ausschöpfen zu können.

Was das Leben nach meiner Entlassung aus der Untersuchungshaft für mich bereithalten sollte, war eine geballte Anhäufung kleiner und großer Wunder. Und nichts hatte darauf hingedeutet, denn warum sollte plötzlich alles gut werden? Keine Ahnung, es war eben einfach so.

Nach der etwas ungewöhnlichen Verkündung meiner Examensnote wollte ich mich nicht auf das einlassen, was mein Vater mir vorschrieb. Immerhin hatte ich für dieses Ergebnis gelernt, wenn auch nicht so viel wie meine Mitschüler. Irgendwie musste es doch möglich sein, dass ich nun auch ein College besuchen könne, auch wenn ich dafür in eine andere Stadt umziehen müsste. Leider hatte mein Vater insofern Recht, dass ich keine einzige Rupie besaß, mit der ich das hätte finanzieren können.

In einem solchen Moment beginnt der Kopf automatisch zu arbeiten, erstellt eine Liste potenzieller Unterstützer und wägt ab, bei wem man vielleicht vorstellig werden sollte und bei wem nicht. Vater – nein! Stiefmutter – bloß nicht! Stiefschwester – keinesfalls! Aber da war noch diese eine Tante, bei der ich immer das Gefühl hatte, dass sie mich mochte. Ja, das könnte eine Möglichkeit sein. Dumm nur, dass ich wusste, dass sie ebenfalls recht arm war.

Meine Tante freute sich, als sie mich sah. Und sie nahm mich ein zweites Mal in den Arm, als ich ihr von meiner Examensnote erzählte. Warum ich so komisch laufen würde, fragte sie mich, und ich erzählte in aller Kürze von dem bärtigen Polizisten und dass ich ihm nicht böse sei. Und dann sprach ich den eigentlichen Grund meines Besuches an. Ihr Gesichtsausdruck wurde traurig.

»Ach, Aziz, ich würde Dir das so gerne ermöglichen. Aber ich kämpfe selbst jeden Tag ums Überleben.«

Sie tat mir leid. Vielleicht hätte ich gar nicht herkommen sollen, damit sie nicht von einem schlechten Gewissen heimgesucht wird. Aber jetzt war ich da und hatte es ausgesprochen.

»Es ist doch gar nicht schlimm«, beruhigte ich und legte meine Hand auf ihre Schulter. »Ich werde schon einen Weg finden. Wirklich, mach dir keine Gedanken, ich werde auch so das College besuchen können und wenn ich einmal viel Geld verdiene, dann teile ich es mit dir.«

Meine Tante lächelte und hatte Tränen in den Augen. Was hatte ich da nur angerichtet? Mit schlechtem Gewissen trank ich meinen Tee aus und verabschiedete mich.

Eine Woche war vergangen, da stand meine Tante plötzlich vor unserer Tür. Ich wunderte mich, warum sie uns besuchte. Das tat sie eigentlich nie. Noch überraschender war ihr Gesichtsausdruck. Sie strahlte von einem Ohr zum anderen. Ohne große Vorrede platzte es aus ihr heraus:

»Ich habe die Lösung, Aziz. Der Staudamm.«

Gut, ich wusste durchaus, was ein Staudamm war, aber was wollte sie mir damit sagen? Wurde sie langsam alt?

»Du verstehst mich nicht, oder?«, lachte sie weiter.

»Äh, nein, Tante, tut mir leid.«

Sie griff meinen Arm und ihre Augen leuchteten.

»Du hast doch sicherlich gehört, dass sie diesen riesigen Staudamm bauen wollen, nicht wahr?«

»Ja, das habe ich. Aber was hat das mit dir ...«

»Sie verlangen von uns, dass wir umziehen. Wir alle, das gesamte Dorf, in dem ich wohne.«

»Das tut mir leid.«

»Das braucht dir nicht leidzutun, Aziz. Mein Haus steht ohnehin kurz vor dem Zusammenbruch. Und die Regierung finanziert uns sowohl eine schöne neue Unterkunft, wie sie uns auch einiges Geld gibt, damit wir umziehen. Das ist ein riesiger Glücksfall.«

»Ich verstehe immer noch nicht.«

»Aziz, ich kann dir dein College bezahlen. Das ist jetzt gar kein Problem mehr.«

Mich packte das schlechte Gewissen. »Nein, Tante, das Geld ist für dich und du sollst es behalten.«

»Rede nicht, Junge. Du nimmst das Geld an, sonst gebe ich es meinem Wasserbüffel zum Fressen. Denk nicht darüber nach, Aziz. Ich tue es gerne und freu mich, wenn ich dir helfen kann.«

Ihr Griff wurde immer fester vor Begeisterung und ihre Augen strahlten, weil sie wirklich helfen wollte. Ich konnte nicht ablehnen, nahm sie in den Arm und konnte mein Glück kaum fassen.

Als es so weit war, gab es nicht viel, was ich einpacken musste. Wenn man nichts besitzt, dann reist man eben mit wenig Gepäck. In Abbottabad wohnte ein Freund unserer Familie, den ich allerdings kaum kannte. Aber gut, er war meine Anlaufadresse, um nach einer Übernachtungsmöglichkeit zu fragen. Er war überrascht über mein Auftauchen und ich hatte das Gefühl, dass sich seine Begeisterung in engen Grenzen hielt, als ich ihn darum bat, in irgendeinem Eckchen seines überschaubaren Zimmers übernachten zu können.

»Das geht leider nicht. Du siehst selbst, dass es viel zu eng ist«, lehnte er ab.

»Bitte, gibt es denn eine Möglichkeit auf deiner Terrasse?«

Ich hatte extra das Wort »Terrasse« für den kleinen, dreckigen Vorbau an seinem Haus benutzt, um ihm ein wenig zu schmeicheln. Eigent-

lich handelte es sich nur um ein kleines Dach, unter dem sich ein Beton-
boden befand. Er dachte kurz nach und willigte schließlich ein. Nachdem ich mich ausgiebig bedankt hatte, legte ich eine Decke auf den
Boden, der mein Schlafplatz für die kommende Zeit sein sollte. Nach
den frischen Erfahrungen aus dem Gefängnis kamen mir die acht Quadratmeter fast vor wie ein 4-Sterne-Hotel. Anschließend suchte ich mir
ein paar Steine von der Straße und baute daraus eine Erhöhung, auf die
ich meine Bücher legte. Sollte es regnen, würden diese zumindest nicht
nass werden, hoffte ich.

Zufrieden legte ich mich auf meine Decke und sah auf die Straße
hinaus. Zwar konnten mich alle Passanten in meiner provisorischen
Unterkunft beobachten, aber ebenso konnte ich dem Treiben zusehen
und mich über alles freuen, was um mich herum so vor sich ging.

Zugegeben, es stellten sich kleine Nachteile in meiner Behausung
heraus, wenn es um die Tücken des Wetters ging. Dadurch, dass deren
Vorderseite weder Mauer noch Abdeckung besaß, schien tagsüber die
Sonne mit voller Kraft hinein. Und wenn es regnete, wehte der Wind
jeden Tropfen auf mich und meine Decke. Aber das waren kleine Unan-
nehmlichkeiten, mit denen ich umgehen konnte. Hauptsache, ein Dach
über dem Kopf.

Ich hatte Wunder versprochen und ein solches sollte nun geschehen.
Ich besuchte fleißig das College und freute mich jeden Tag aufs Neue,
dass ich es wirklich hierhergeschafft hatte. Danke, liebe Tante!

Eines Tages saß im Englischunterricht ein junger Mann neben mir,
mit dem ich mich auf Anhieb verstand. Er war gut gekleidet, zeigte aber
keinerlei Anzeichen von Arroganz oder Selbstgefälligkeit. Wir unterhielten uns leise, wenn der Lehrer uns den Rücken zudrehte und irgendetwas an die Tafel schrieb. Zufälligerweise saßen wir auch nebeneinander, als der anschließende Physikunterricht begann.

Als der Schultag dann beendet war und ich meine Bücher unter den
Arm klemmte, fragte er mich:

»Was machst du jetzt?«

»Ich gehe nach Hause«, antwortete ich.

»Okay, ich komme mit.«

Ich sah ihn verdutzt an. Es war das erste Mal, dass mir peinlich war, wie ich lebte. Wir hatten uns in den letzten Stunden so gut verstanden und jetzt sollte ich ihm meine provisorische Unterkunft zeigen, in der es weder Möbel noch ein Bad gab. Nicht einmal eine Mauer.

Als wir ankamen, sagte mein neuer Freund nichts. Er unterhielt sich einfach weiter mit mir, als würde jeder zweite College-Absolvent in so einer Unterkunft leben. Das rechnete ich ihm hoch an, denn in meinem Kopf hatten sich auf dem Nach-Hause-Weg bereits die schlimmsten Szenarien zusammengebraut. Doch er unterhielt sich noch eine Weile weiter mit mir und verabschiedete sich dann.

Ich legte mich auf meine Decke, nahm eines meiner Bücher und las darin. Einige Stunden später erschien ein gut gekleideter Mann vor mir und fragte freundlich:

»Entschuldigen sie, Sir, sind sie Herr Aziz?«

Herr Aziz? So hatte mich auch noch niemand genannt.

»Ja, das bin ich. Kann ich ihnen behilflich sein?«

»Ich würde sie bitten, mit mir zu kommen. Man hat mich geschickt, ihnen den Weg zu zeigen.«

Verwirrt starrte ich ihn an. Er sah vertrauenswürdig aus und was sollte schon passieren, wenn ich seinem Wunsch Folge leisten würde. Wir gingen die Straßen entlang und mir fiel auf, dass die Häuser zuneh- mend größer und vornehmer wurden. Wer auch immer diesen Diener geschickt hatte, musste über etwas Geld verfügen. Diener waren in Pakistan zwar in recht vielen Haushalten anzutreffen, aber natürlich konnten sich nicht alle einen solchen Helfer leisten.

Irgendwann erreichten wir eine prächtige Villa. Ihre Mauern strahlten hellweiß im Sonnenlicht und der Garten sah so gepflegt aus, als wäre er für eine Schau vorbereitet worden. Der Mann führte mich durch ein prächtiges Portal in das Innere des Anwesens und da wartete schon mein neuer Freund, den ich vor dem heutigen Tag noch nie gesehen hatte. Er begrüßte mich freudig und sagte:

»Aziz, wie schön, dass du mitgekommen bist. Ab heute ist hier dein neues Zuhause.«

»Wie ... Was meinst du?«, stammelte ich.

»Er meint, dass du ab jetzt hier wohnen wirst.«

Ich drehte mich um und sah eine elegante Frau, die gerade eine Treppe herunterkam.

»Meine Mutter«, stellte mein neuer Freund die Frau vor.

»Aber ich ...«

»Es ist schon alles für dich vorbereitet«, lächelte die Frau, als sie auf mich zukam. »Wenn du etwas brauchst, dann musst du es nur sagen.«

Mein Freund und ein Diener führten mich in die erste Etage und öffneten eine Tür, hinter der sich ein wunderschön eingerichtetes Zimmer befand. Mit einem Bett. Es war größer als das gesamte Haus meines Vaters, dachte ich. Noch immer fehlten mir die Worte, konnte ich mein Glück noch gar nicht fassen.

»Jetzt leb dich erst einmal ein. Wenn du etwas brauchst, dann sag einfach einem der beiden Diener Bescheid, die für dich eingeteilt sind.«

Da stand ich nun und wusste nicht, was ich denken sollte. Innerhalb von einer Woche war ich vom feuchten Fußboden zu einem Zimmer in einer feudalen Villa gekommen und hatte nun auch noch zwei Diener, die alles dafür taten, dass ich mich wohlfühlte. Das musste ein Traum sein, dachte ich, aber je öfter ich mich kniff, umso mehr realisierte ich, dass es Realität war. Und was noch hinzukam, war, dass ausnahmslos jeder in diesem Haus ausnehmend freundlich zu mir war. Keine Ahnung, wie ich das verdient hatte, aber es tat unbeschreiblich gut.

Die Pilotenjacke

Das Glück, das uns Menschen widerfährt, kann nicht mit einer einfachen Formel erklärt werden. Glücklicherweise nicht, denn dann würde es seine Daseinsberechtigung verlieren. Wohl aber meine ich zu behaupten, dass es mit einem offenen Geist und dem Zusammenspiel von Mensch und Natur in Zusammenhang steht. Und mit dem festen Glauben daran, dass das Universum unendlich viel von diesem Glück für uns bereithält, wenn wir offen dafür sind, es zu empfangen.

Meine Collegezeit war der Beginn einer Periode, bei der sich plötzlich alles zum Guten wenden sollte. Es warteten so viele Glücksmomente auf mich, dass ich es selbst gar nicht mehr fassen konnte. Und ich bin überzeugt, dass dies jeden einzelnen Menschen treffen kann. Auch dich! Ganz bestimmt.

Ich lebte also in meinem Zimmer in der Villa, alle waren freundlich und niemand verlangte etwas von mir. Selbst die wenigen Rupien, die ich in der Tasche hatte, durfte ich behalten. Keiner der Diener oder Mitglieder der Familie sah mich jemals herablassend an, im Gegenteil, ich wurde schnell wie ein leiblicher Sohn akzeptiert.

Meine schulischen Leistungen stabilisierten sich, ohne dass ich viel dafür tun musste. Viel mehr interessierte mich nach wie vor das Cricket-Spiel. Da ich über die Jahre immer weiter probiert hatte, wie sich das Verhalten des Balles durch die verschiedensten Einflüsse veränderte, galten meine Würfe als kaum retournierbar. Nach den regelmäßigen Matches gegen andere Colleges wurde ich von verschiedensten Coaches angesprochen, die mich in ihr Team holen wollten. Es war sogar die Rede davon, mich in der pakistanischen Nationalmannschaft zu testen. Für mich war das nicht überraschend, was ich ohne jeglichen Anflug von Arroganz meine. Es lag einfach daran, dass ich in meiner Kindheit einige Sinne mehr ausprägen durfte/musste als andere. Und das merkte ich inzwischen in vielen Situationen, in denen mir das zugutekam.

Eines Tages kam mein Schuldirektor auf mich zu und bat mich um ein Gespräch. Das war mehr als überraschend, denn bis zu diesem Zeitpunkt war ich überzeugt, dass er nicht wusste, dass ich überhaupt existiere. Ich dachte, dass es sich bestimmt um Cricket handeln müsse, lag damit aber gänzlich falsch.

Er begann: »Aziz, sie haben sich gewiss schon Gedanken über ihre Zukunft gemacht.«

»Ja, das habe ich, Herr Direktor.« Das war eine faustdicke Lüge, aber wahrscheinlich die Antwort, die er hören wollte.

»Nun, haben sie auch schon einmal darüber nachgedacht, ihre berufliche Laufbahn bei der Armee zu beginnen?«

Das hatte ich wirklich – und die Überlegung nach wenigen Sekunden auch schon wieder verworfen. Der Gedanke, was die Armee aus meinem Vater gemacht hatte, war schon abschreckend genug. Darüber hinaus hatte ich nie ein Verständnis für Kriege und überhaupt passte es nicht in mein Bild von Menschlichkeit, anderen Personen durch Gewalt seine Meinung oder seinen Befehl aufzuzwingen. Also antwortete ich:

»Nein, Herr Direktor, das habe ich nicht. Und ich glaube auch nicht, dass das ...«

»Wie würde es ihnen gefallen, Pilot zu werden?«

»Pilot?«

»Ja, Pilot. Bei der pakistanischen Luftwaffe.«

Wahrscheinlich hätte nun so mancher große Augen gepaart mit ordentlichem Herzrasen bekommen – mich reizte das nicht. Weder das Fliegen noch das Militär. Trotzdem hatte der Direktor meine Neugierde geweckt, denn es gab etwas, was mir schon immer bei der Luftwaffe imponiert hatte: die wahnsinnig coolen Lederjacken der Piloten. Also gab ich dem Gespräch noch eine Chance.

»Wie kommen sie auf mich?«, fragte ich.

»Nun, das Militär fragt jährlich an den Colleges nach, ob sich Schüler für eine solche Aufgabe empfehlen. Wir haben das im Kollegium besprochen und kamen zu dem Ergebnis, dass sie aufgrund ihrer außergewöhnlichen Fähigkeiten dafür infrage kommen. Damit sind übrigens nicht ihre schulischen Leistungen gemeint. Nur dass keine Missverständnisse aufkommen«, erklärte der Direktor und warf mir einen tadelnden Blick über seine Brille hinweg zu.

Ich dachte nach. Warum eigentlich nicht? Sicher würde man nicht gleich für mehrere Jahre bei der Armee rekrutiert, wenn man sein Interesse bekundete.

»Es gibt natürlich ein eingehendes Auswahlverfahren zwischen den Kandidaten. Für diese Zeit würden sie eine Befreiung vom Unterricht erhalten.«

Das hörte sich gut an. Befreiung vom Unterricht, Teil eines interessanten Auswahlprozesses werden und die Chance auf eine dieser topmodischen Pilotenjacken, die einem die Herzen der Mädchen gleich bündelweise zufliegen lassen. Und wenn ich einmal eine solche besitzen würde, dann könnte ich ja immer noch den Militärdienst quittieren. Ja, das war ein guter Plan. Außerdem hörte es sich an, als könne ich dort Spaß haben. Ich sagte zu.

Eine Woche später musste ich mich an einem der Ausbildungsstützpunkte des pakistanischen Militärs in Kohat einfinden, der Stadt, in der ich beinahe als Steineschlepper oder Eselstreiber geendet wäre, wenn die Zugtür vor einigen Jahren nicht geklemmt hätte. Man hatte mich am Bahnhof abholen lassen, ganz so, als sei ich bereits ein wichtiger Offizier. Man zeigte mir mein Zimmer, den Platz, an dem ich die nächsten Tage verbringen sollte. Außerdem wurde mir mein privater Diener vorgestellt. Dabei hatte ich noch nicht einmal einen einzigen Test absolviert. Dieser Diener brachte mir jeden Tag das Essen auf mein Zimmer und es war mir mehr als unangenehm, ihm dafür nicht einige Rupien zustecken zu können. Wahrscheinlich hätte er sie ohnehin nicht annehmen dürfen, aber eine entsprechende Geste der Dankbarkeit hätte ich schon gerne gemacht.

Kurz darauf traf ich die anderen Männer, die ebenfalls zu den Tests eingeladen worden waren und denselben Luxus genossen wie ich. Es waren genau zwei Dutzend Anwärter, die sich dem Anlass entsprechend herausgeputzt hatten. Die meisten von ihnen stapften nervös von einem Bein aufs andere. Sie schienen hier wirklich ihre einmalige Chance auf eine große Karriere über den Wolken zu wittern. Das unterschied sie von Beginn an von mir.

Ein kräftiger Major baute sich vor uns auf und begann im typisch militärischen Tonfall, uns über die Wichtigkeit der Luftwaffe und deren exponierter Stellung zu berichten. Dann machte er uns eindeutig klar, dass das, was uns erwarten würde, kein Zuckerschlecken wäre und unseren vollen Einsatz verlangen würde. Wir sollten uns darauf einrichten, dass sich die Zahl der Kandidaten zügig reduzieren würde, und eine gute Chance bestehe, dass es letztendlich gar keiner schaffen würde. So, die erste Motivationsrede war beendet, genau so, wie ich es in einer militärischen Einrichtung erwartet hatte.

Und dann ging es auch schon los: Zuerst wurden wir gewogen. 75 Kilogramm bei einer Körpergröße von über 1,90 Meter war in der Norm der Luftwaffe. Dann maßen sie meinen Brustkorb. Dreimal. Sie dachten, sie hatten sich vermessen, denn der Sport, der ein fester Bestandteil meines Lebens war, zeigte sich inzwischen auch körperlich. Dann fragten sie nach meinem Geburtstag. Woher sollte ich das wissen? In meinen Papieren stand ein falsches Datum, also konnte ich keine Angabe machen.

Anschließend wurden wir in einen Raum geführt, in dem jeder sich an einen einzelnen Tisch zu setzen hatte. Es wurden Bögen ausgeteilt, auf denen wir für die erste Übung unsere Antworten notieren sollten. Die meisten Fragen, die uns vorgelesen wurden, begannen mit den Worten »Was würden sie machen, wenn ...«, »Wie reagieren sie, wenn ...«, »Was denken sie über ...«

Versuchte ich noch bei den ersten Antworten nachzudenken, so merkte ich schnell, dass dies nicht gewollt war. Viel zu schnell wurde die nächste Frage hinterhergeschossen, weshalb ich beschloss, immer das erste zu schreiben, was mir in den Sinn kam. Das war irgendwie lustig und ich war überzeugt, dass man mich für wahnsinnig erklären würde, wenn man den Test später korrigieren würde. Dann zeigte man uns für einen wenige Sekunden verschiedene Dinge, zu denen wir Fragen beantworten sollten, indem wir auf eine Karte zeigten. Ich sagte ihnen nicht das, wovon ich glaubte, dass sie es hören wollten. Ich tippte das an, was mein Gefühl mir vorgab.

Es folgten Fitness-Tests, Beobachtungen unseres Verhaltens in Gruppen, psychologische Tests mit jeder Menge Fangfragen und so weiter. Ich spürte, dass mein Denken in kurzer Zeit vollkommen frei geworden war. Und so absolvierte ich die Tests einfach, ohne nachzudenken. Am Ende des Tages wurde eine Liste ausgehangen, auf der man sehen konnte, ob man weitergekommen war oder direkt seine Sachen packen konnte. Ich hatte es geschafft, hatte alle Tests bestanden und mich damit selbst ein wenig überrascht.

Wie beim Militär üblich, wurden wir darauf hingewiesen, dass die Schuhe vor den Zimmern abzustellen seien. Eine Hygienemaßnahme, hieß es. Ich merkte, dass ich meine Wurzeln noch immer nicht verloren hatte, denn in mir kam augenblicklich die Angst auf, dass die Schuhe gestohlen werden könnten. Schließlich war mir so etwas bereits als Kind in unserem Dorf passiert und so ein Trauma bleibt ebenso im Kopf, wie die Strafe meiner Stiefmutter, nachdem sie von dem Diebstahl erfahren hatte. Glücklicherweise standen sie morgens immer noch genau da, wo ich sie abends abgestellt hatte. Entweder hier waren nur ehrliche Menschen oder mein Diener-auf-Zeit hatte sie unter Einsatz seines Lebens verteidigt.

Die folgenden Tage waren nicht minder anstrengend, zumal unsere Gruppe sich drastisch verkleinerte, nachdem wir abends wieder die Ergebnisse präsentiert bekamen. So wenig mich auch der eigentliche Job reizte, so sehr entwickelte ich doch einen gewissen Ehrgeiz, es mir und dem nutzlosen Militär zu zeigen. Und zugegeben, an die Jacke musste ich auch oft denken.

Nach einigen weiteren Tagen voller neuer Herausforderungen bestand unsere Gruppe nur noch aus fünf Personen. Wir hatten uns inzwischen angefreundet, so, wie es normal ist, wenn man tagtäglich den gleichen Strapazen ausgesetzt wird. Aber auch zu einigen der Ausbilder hatte sich eine Bindung entwickelt, aus der allerdings nie eine lebenslange Freundschaft werden würde. Ich hatte inzwischen das Bewertungssystem einigermaßen verstanden, denn auf unseren Informationsblättern war das Abschneiden bei den einzelnen Übungen mit Punkten vermerkt. Und so wusste ich, dass ich vor den anderen übrig gebliebenen vier Kandidaten lag, als wir uns zur letzten Übung einfanden.

Vor uns war ein mächtiger Parcours aufgebaut worden, gespickt mit lauter militärischen Übungen, die wir zu bewältigen hatten. An jeder Station hatte man Schilder angebracht, die verrieten, wie viele Punkte es für jede Übung geben würde und in welcher Reihenfolge die Übung zu absolvieren wären. Um diese Prüfung zu bestehen, war es notwendig, mindestens 200 Punkte zu erhalten – in einem Zeitrahmen von drei Minuten. Das schien machbar, da ich bei allen bisherigen sportlichen Aktivitäten zu den Besten gehört hatte.

Während der Oberst die Aufgabe ausschweifend erklärte, legte ich mir schon einmal meinen Weg zurecht, mit dem ich möglichst schnell die 200 Punkte sichern konnte. Natürlich gab es die meisten Punkte für die schwierigsten und kräftezehrendsten Aufgaben, aber auch diese stellten keine allzu große Herausforderung dar. Erst den Wall mit dem tiefen Graben, in den man hineinspringen muss, dann die hohe Mauer, die Löwengrube und der Kriechgraben. Dann hatte man die 200 Punkte bereits sicher.

Ich war als erster an der Reihe. Meinen Manöverplan hatte ich fest im Kopf und es lief auch diesmal gut. Außerordentlich gut sogar. Ich fühlte mich topfit und bewältigte die ersten Hindernisse ohne Komplikationen. Aufgrund meiner vorangegangenen Berechnung hatte ich diese finale Prüfung bereits in der Tasche, aber da noch Zeit übrig war, machte ich mich an die anderen Hindernisse.

Etwas entkräftet, aber zufrieden mit meiner Leistung, beobachtete ich die übrigen vier Teilnehmer und stellte dabei fest, dass sie mir sportlich unterlegen waren und sich außerdem alle an den Zahlen orientierten, die an den verschiedenen Stationen befestigt waren. Konnten sie denn nicht rechnen, fragte ich mich. Als der letzte Piloten-Anwärter dann erschöpft hinter die Ziellinie wankte, nahm mich unser Ausbilder beiseite und sagte:

»Mensch, Aziz, was ist denn in Dich gefahren?«

Irritiert blickte ich ihn an. »Warum?«

»Du hast mir nicht zugehört, richtig?«

»Doch, natürlich, also größtenteils.«

»Dann hast Du wohl die Stelle verpasst, als ich sagte, dass die Reihenfolge der Übungen zwingend eingehalten werden muss. Warum denkst Du, haben wir sonst die Zahlen angebracht?«

Oh, das war mir wirklich entgangen. Aber war das denn so schlimm? Ich fragte den Ausbilder, ob man über diesen kleinen Fauxpas nicht einfach hinwegsehen könnte. Aber er schüttelte den Kopf.

»Was hilft es, wenn Du ein ausgezeichneter Pilot bist, aber nicht richtig zuhörst? Dann lässt Du ein paar Bomben auf den Nepal fallen, obwohl Dein Ziel eigentlich Afghanistan war. Das können wir niemals durchgehen lassen.«

Und das war's. Aus und vorbei. Ich hatte mir selbst ein Bein gestellt. In diesem Jahr wurde keiner der Anwärter in die Luftwaffe übernommen. Ich wäre der Einzige gewesen, der eine Zusage erhalten hätte, wenn er nur vernünftig zugehört und sich nicht für schlauer als andere gehalten hätte. Na ja, zumindest hatte ich das gelernt.

Warum ich diese kleine Anekdote überhaupt erzähle? Weil sie ein weiterer Beweis dafür ist, dass das freie Denken von Kindern, in deren Prozess des Aufwachsens kein starker Einfluss genommen wird, ihre eigenen Fähigkeiten am besten entwickeln können. Mit anderen Worten:

Das Genie, das in jedem von uns steckt, entwickelt sich am effektivsten, wenn es nicht von allen Seiten gebremst wird. Wie sonst hätte es passieren können, dass ich mich gegen all die hochkarätigen Bewerber hätte durchsetzen können? Es waren meine in der Natur geprägten Instinkte, gepaart mit der Überzeugung, dass ich die theoretischen Tests dann am besten bewältigen konnte, wenn ich ausschließlich meiner ersten Eingebung folgte.

Ach ja, es fehlte ja noch das Ende der Geschichte: Als ich das Trainingsgelände verließ, wehte ein frischer Wind. Ich zog die Schultern zusammen und sehnte mich nach einer richtig coolen Pilotenjacke. Aber die würde ich wohl niemals bekommen. Na ja, besser als aus Versehen den Nepal zu bombardieren ...

Warum eigentlich immer ich?

Ali ibn Abi Talib, seines Zeichens Schwiegersohn und Vetter des Propheten Mohammed und gleichzeitig ein sehr kluger Mann, sagte einmal:

»Glaube an Dein Glück, so wirst Du es erlangen.«

Okay, dieser Sinnspruch ist über 1.350 Jahre alt, aber er gilt heute noch genauso wie damals. Das wirklich etwas an Alis Weisheit dran ist, sollte mir mein Leben erneut beweisen.

Gerade war das College beendet und die Prüfungen lagen hinter mir. Trotz meiner feudalen Unterkunft und der tiefen Freundschaft, die ich inzwischen zu der Familie, die mich aufgenommen hatte, empfand, hatte sich an meinem Lernwillen nicht allzu viel geändert. Um ehrlich zu sein, hatte ich das Examen mehr durch kleine Tricksereien als durch jahrelanges Pauken bestanden. Aber das war egal, in unserem Schulsystem zählt letztendlich ja eigentlich nur das Resultat. Und das lag schwarz auf weiß vor mir und bescheinigte, dass ich nun qualifiziert für ein Studium war.

Wie jeder Schulabgänger und angehender Student weiß, gibt es eine Zeit, in der man sich erst einmal vom College erholen will. Die Tage sind von Müßiggang bestimmt und allzu große Eile bei der Organisation der eigenen Zukunft ist ohnehin nicht angebracht. Also spielte ich eifrig Cricket, und wieder erhielt ich das Angebot, mein Potenzial doch in der pakistanischen Nationalmannschaft einzusetzen. Natürlich freute mich das, aber eigentlich konnte ich mir nicht wirklich vorstellen, dass dies mein Weg sein würde. »Nationalmannschaft« hörte sich irgendwie nach Drill an, nach »Du musst« anstelle von »Probiere es doch einfach aus«. Also nahm ich die Offerten dankend an, kümmerte mich aber lieber um meine privaten Kontakte.

So kam es, dass ich eines Tages einen guten Freund von mir

besuchen wollte, der in unserem Nachbarort lebte. Da war ein entspannender Spaziergang garantiert und ich besaß dadurch die Möglichkeit, die Natur um mich herum zu genießen. Als ich zum Elternhaus meines Freundes kam, teilte mir seine Mutter mit, dass er nicht dort sei. Stattdessen wäre er in ein Büro der Firma seines Vaters gegangen und schriebe dort Bewerbungen. Offensichtlich gab es also doch einige College-Abgänger, die sich keine Ruhe gönnen und sofort den nächsten Schritt gehen wollten.

Ich fand meinen Freund inmitten vieler Papiere, Notizen und in voller Konzentration auf die Schreibmaschine, deren Tasten er gerade wie wild bearbeitete.

»Was machst du?«, fragte ich, um ihn aus seinem Arbeitswahn herauszuholen.

Er drehte sich um und lächelte: »Aziz, wie schön dich zu sehen. Ich schreibe Bewerbungen für ein Studium.«

»Aha, und was willst du studieren?«

»Geologie. Und das Beste ist, dass ich das Studium in Deutschland machen werde, wenn ich eine entsprechende Zusage bekomme. Aber setz dich doch zu mir.«

Ich ließ mich neben ihm nieder und staunte nicht schlecht, als ich den Berg fertig getippter Bewerbungen mit den Adressen verschiedener deutscher Universitäten entdeckte.

»Warum denn Deutschland?«, fragte ich.

»Warum? Na, du stellst Fragen. Weil das Leben dort ein Traum ist. Sie sind alle reich, sie fahren Autos und die Universitäten gehören zu den besten weltweit. Außerdem sind die Frauen dort blond. Kannst du dir das vorstellen?«

Nein, konnte ich nicht. Blonde Frauen hatte ich hin und wieder auf Bildern gesehen, aber ich wusste nicht, wo sie herkamen. Und sowieso hatte ich mir nie wirklich Gedanken über Deutschland gemacht. Warum auch? Das Land war weit weg und hatte mit Pakistan wahrscheinlich so viel zu tun wie diese Schreibmaschine mit einem trächtigen Wasserbüffel.

»Wie viele Bewerbungen hast du denn geschrieben?«, fragte ich.

»Das hier ist meine zwanzigste. Das wird reichen, meine Finger sind schon wund vom Tippen.«

»Kannst du auch eine für mich schreiben? Ich kann diese Schreibmaschinen nicht bedienen.«

Er lachte.

»Das ist auch nicht so einfach. Was willst du denn studieren?«

Gute Frage, darüber hätte ich vielleicht vorher nachdenken sollen. In diesem Moment kam mir in den Sinn, dass ich gelesen hatte, dass sich Pakistan verstärkt auf den Bergbau konzentrieren wollte und dass in absehbarer Zeit Bergbauingenieure und ähnliches Fachpersonal gesucht werden würden. Ich hätte also eine gute Chance, in dieser Sparte Fuß zu fassen, wenn ich ein entsprechendes Studium vorweisen könnte. Also platzte ich heraus:

»Bergbau. Schreib doch einfach für mich eine Bewerbung als Bergbau-Ingenieur nach Deutschland.«

»Das kann ich machen. Und ich weiß sogar, wo sich eine entsprechende Ingenieurschule befindet. In einer Stadt namens Essen.«

Er kicherte und ich konnte ein breites Grinsen auch nicht unterdrücken.

»Essen. Was für ein komischer Name.«

»Die haben dort nur solche Namen für ihre Orte. Das ist aber egal. Dafür haben sie Frauen, die blond sind.«

»Auch wieder richtig.«

Er schrieb meine Bewerbung und adressierte sie an die Ingenieurschule in der Stadt mit dem lustigen Namen.

Einige Wochen geschah gar nichts. Das war nicht überraschend, denn zu Beginn der 1960er-Jahre dauerte der interkontinentale Briefverkehr eben so seine Zeit. Ich hatte ohnehin kaum noch an die Bewerbung gedacht, denn es war für mich eigentlich eher ein Spaß, Post in ein so fernes Land zu schicken und vielleicht wirklich irgendwann eine Antwort zu erhalten. Zudem war mir bewusst, dass ich gar nicht das Geld besaß, um mir ein Flugticket leisten zu können.

Wieder besuchte ich meinen Freund. Diesmal traf ich ihn zu Hause an. Er hockte in seinem Zimmer und las.

»Hallo, wie geht es dir?«, grüßte ich ihn und setzte mich zu ihm.

»Aziz, offen gestanden geht es mir nicht besonders gut.«

»Was ist? Was hast du?«

»Die ganze Arbeit war umsonst. Ich habe ausschließlich Absagen von den Universitäten erhalten. Keine Ahnung warum. Vielleicht wollen sie keine Pakistanis in ihren Unis.«

Ich bedauerte ihn. Er hatte so zuversichtlich gewirkt, als er die Briefe geschrieben hatte. Und jetzt wusste er, dass er wahrscheinlich noch die nächsten zehn Jahre in diesem Land sitzen und vergeblich auf eine blonde Frau warten würde.

»Der ist für dich.«

Er warf mir einen Brief zu, der den Absender der Essener Universität trug. Allein an seinem Tonfall war schon zu erkennen, dass er sicher war, dass es ebenfalls eine Absage sein musste. Ich öffnete das Kuvert, zog den Brief heraus und traute meinen Augen nicht. Irgendein Prof. Dr. Dr. hatte ihn geschrieben, beglückwünschte mich und begrüßte mich als neuen Studenten an der Ingenieurschule Essen. Ich fragte mich, warum gerade mir dieses Glück zuteilwurde und nicht meinem Freund. Er hatte viel härter dafür gearbeitet und hätte es wirklich verdient, eine solche Zusage zu bekommen. Aber auf dem Schreiben stand mein Name.

Er konnte seine Enttäuschung nicht verhehlen. Natürlich gönnte er mir, dass ich an der deutschen Ingenieurschule studieren konnte, aber er selbst stand nach wie vor ohne einen Studienplatz da. In mir überschlugen sich derweil die Gefühle. Sollte ich mich freuen? Wollte ich überhaupt nach Deutschland? Wenn ja, wie sollte ich das finanzieren? Mein Vater hatte mir ja eigentlich schon das College verwehrt, weil dafür kein Geld vorhanden war. Und kein Wasserbüffel auf dieser Welt könnte so viel Milch geben, dass man davon hätte einen Flug finanzieren können. Also erst einmal tief durchatmen und der Realität ins Auge geblickt:

Danke für die Zusage, aber es war eigentlich nur ein Scherz und ich werde diesen Herrn Prof. Dr. Dr. niemals zu Gesicht bekommen. Außer er macht von seinem vielen Geld irgendwann einmal Urlaub in Pakistan.

Wieder zu Hause angekommen las ich mir das Schreiben noch einmal etwas genauer durch, besser gesagt drehte ich den Brief um und stellte überrascht fest, dass auch die Rückseite beschrieben war. Hier wurde mir mitgeteilt, dass ich vor dem Ingenieurstudium im Bergbau ein Praktikum in diesem Bereich zu absolvieren hätte. Es gäbe dafür freie Plätze für angehende Studenten und einer dieser Plätze wäre für mich reserviert. Die ganze Geschichte hatte also Hand und Fuß – wenn ich denn nach Deutschland käme.

Und wieder sollte mein kleiner Glücksengel für das nächste Wunder sorgen und das wiederum in Person meiner Tante, die noch immer einiges Geld von der Staudamm-Umsiedlung übrig hatte. So sehr ich auch damit haderte, erneut etwas von ihr anzunehmen, so wenig ließ sie sich davon abbringen, mir erneut ein Flugticket bezahlen zu wollen.

Mit einem Mal war Deutschland für mich in greifbare Nähe gerückt, obwohl ich noch immer nicht wusste, wo es eigentlich lag. Warum hatte ausgerechnet ich immer so viel Glück? Ich fiel meinem Onkel in die Arme und Tränen standen in meinen Augen.

Hatte ich zu Beginn dieses Kapitels Ali ibn Abi Talib zitiert, so würde ich seinem Sinnspruch gerne in aller Demut noch etwas hinzufügen:

»Glaube an dein Glück, so wirst du es erlangen. Zumindest, wenn du dir nicht durch unnötige Ängste Deinen Weg selbst verbaust.«

Sechs Pfund

Sollte das zuvor Gelesene so manchen zu einem ungläubigen Kopf-schütteln bewegen und der Gedanke aufkommen, dass so viel Glück nicht ganz normal sein könne, so mag das vielleicht nicht von der Hand zu weisen sein. Trotzdem, so ist es geschehen und so sollte es auch weitergehen. In dem Wissen, dass ich gegen alle Erwartungen gerade die Möglichkeit erhalten hatte, in Deutschland zu studieren, bauten sich die ersten bürokratischen Hürden vor mir auf wie der Himalaya vor einer ambitionierten Bergziege.

Ich informierte mich und erfuhr, dass man für den mir bevorstehenden Schritt ein Visum benötigen würde. Dies würde speziell auf mein Studium zugeschnitten sein, sprich, zeitlich beschränkt und rein zum Zwecke des Studierens ausgestellt werden. Bei Ablauf oder Nichtteilnahme würde es sofort verfallen und ich müsste mit dem nächsten Flugzeug direkt in die Heimat zurückfliegen. So waren nun einmal die Bestimmungen. Ich schickte meine Unterlagen inklusive meines Passes postalisch an die deutsche Botschaft in Karatschi und wartete auf die Antwort, diesmal allerdings in einer gewissen Vorfreude und der Hoffnung, dass alles auch wirklich funktionieren würde.

Zwei Wochen später erhielt ich die Antwort. Man hatte mir kein Studentenvisum erteilt. Das war schlecht. Stattdessen hatte man mir ein Arbeitsvisum in den Pass geklebt, wahrscheinlich deshalb, weil in dem Brief der Universität das dem Studium vorgelagerte Praktikum in einem Bergwerk als arbeitsähnliche Beschäftigung angesehen wurde. Das wiederum war gut. Mehr als gut sogar. So konnte ich neben dem Studium offiziell einer Beschäftigung nachgehen und Geld verdienen. Außerdem beschränkte dieses Visum mich nicht in Bezug auf meinen Aufenthalt, nein, so lange ich arbeitete, so lange konnte ich auch in Deutschland bleiben. Perfekt – bis auf dass ich kaum noch Zeit hatte, meinen Flug zu buchen und mich in der Universität einzuschreiben.

Ich packte das Geld, besser gesagt die vielen Spenden der Menschen, die mir helfen wollten, zusammen und suchte ein Büro in Wah Cantt auf, das einem auch Flugtickets besorgen konnte. »Reisebüro« im klassischen Sinne würde nicht der richtige Ausdruck für diesen Verschlag sein, denn von außen wirkte der Laden eher wie ein illegaler Umschlagplatz für tibetanischen Cannabis. Ich legte meine Papiere vor, zeigte mein Arbeitsvisum, und der Mann hinter dem maroden Schreibtisch betrachtete ungläubig das Visum.

»Ah, Deutschland«, murmelte er.

»Ja, Deutschland,« stimmte ich ein wenig aufgeregt zu. Immerhin hatte ich niemals Pakistan verlassen, vor allem nicht für so eine weite Reise. Ich war zuvor auch noch nie in einem Cannabis-Großhandel, Entschuldigung, Reisebüro.

»Da solls blonde Frauen geben«, grinste er schäbig zu mir herüber.

»Ja, ich hörte davon.«

»Ganz anders als hier.«

»Ja, Herr, bitte, kann ich für mein Geld denn nach Deutschland fliegen?«

Er kramte in diversen Papieren und zog irgendwann ein Blatt heraus, auf dem er einige Preise notiert hatte.

»In drei Tagen. Da geht das. Danach erst wieder in zwei Wochen.«

»In drei Tagen? Ja, das ist sehr gut.«

Ohne mich anzusehen, griff er nach meinem Geld und zählte einen Betrag heraus, der für das Flugticket ausreichen sollte. Dann füllte er ein Blanko-Ticket aus, dass mich nach Deutschland bringen sollte. Allerdings nicht nach Essen, sondern in eine andere Stadt, die Köln hieß.

»Ist direkt neben Essen«, erklärte er und schob meine Rupien in ein Schubfach, das er sofort wieder verschloss.

Er drückte mir das Ticket in die Hand, nicht ohne mir noch einen letzten weisen Rat mit auf den Weg zu geben.

»Ist kalt jetzt. In Deutschland, meine ich.«

Ich nickte, bedankte mich und hatte das Gefühl, die ganze Welt in meiner Hand zu halten. Ich besaß das Ticket, das mir den Weg über viele Grenzen öffnete, einen Pass mit einem Arbeitsvisum und außerdem sechs englische Pfund, also umgerechnet 84 Deutsche Mark. Eine gute Grundlage, um in einem fremden Land zu leben, zu studieren und sich eine sichere Existenz aufzubauen. Dachte ich.

Meiner unbekümmerten Naivität, einfach so mir nichts Dir nichts in ein fernes Land zu reisen und darauf zu vertrauen, dass schon alles gut gehen würde, lag sicherlich der Gedanke zugrunde, dass mich ja gar keine Herausforderung erwarten könne, die ich nicht bereits in der einen oder anderen Form erlebt und gemeistert hätte. Wer mit einem rostigen Stahlteil in seinem Kopf noch den Weg zum Friseur schafft, den kann doch so eine Reise ins Ungewisse nicht erschüttern. Außerdem hatte ich gemerkt, dass einem immer das Glück zur Seite stand, wenn man ihm die Chance dazu ließ. Und wenn man darauf vertraute, dass alles um einen herum voller Wunder steckt, die erlebt werden wollen. Man muss sie einfach nur begreifen.

Die Verabschiedung von meiner Familie fiel kurz und kalt aus. Du bist weg? Okay. Mein Onkel nahm mich zumindest in den Arm und sagte zu mir:

»Du schaffst das. Dort gibt es viel Arbeit.«

Na ja, eigentlich wollte ich doch studieren, aber es machte keinen Sinn, ihm das jetzt zu erklären. Vielmehr beschäftigte mich ein anderer Gedanke: Ich sprach kein Deutsch, kein einziges Wort. Mein Englisch war passabel, weswegen ich mir eigentlich vorgenommen hatte, meine Kenntnisse zu intensivieren, denn (und davon bin ich noch heute überzeugt) eine oder mehrere Fremdsprachen zu sprechen die beste Möglichkeit ist, die Welt und die Menschen kennenzulernen und zu verstehen. Aber Deutsch? Nein, über diese Sprache hatte ich mir bisher noch keine Gedanken gemacht. Und in dem Brief der Universität hatte klipp und klar gestanden, dass ich einen Deutsch-Test bestehen musste, um das Studium beginnen zu können. Und dieser würde in sechs Wochen stattfinden.

Beim Landeanflug sah ich die vielen bunten Lichter unter mir. Auch die Landschaft, die ich ausmachen konnte, war so ganz anders als das, was ich kannte. Komisch, dass es nicht überall auf der Welt gleich aussah. An dem Fenster neben mir konnte ich kleine Tropfen erkennen. War das Regen? Was für ein Zufall, da begrüßte mich dieses fremde Land mit Regen, etwas ganz Besonderem, wenn man aus Pakistan stammte. Glück muss der angehende Student eben haben.

Als ich das Flugzeug über die Außentreppe verließ, kam mir der Verkäufer des Flugtickets in den Sinn. Er hatte nicht übertrieben, als er gesagt hatte, dass es in Deutschland kalt wäre. Der Regen wehte in mein Gesicht und ich zog die Schultern zusammen, als ich die ersten Schritte in dem gelobten Land ging. Trotz der verbesserungswürdigen klimatischen Bedingungen fühlte ich mich wie in einem Traum. Eben noch in Wah Cantt, jetzt schon in – wie hieß die Stadt noch einmal – ach ja, Köln.

Die Einreiseformalitäten waren schnell erledigt. Wahrscheinlich funktionierte es auch deshalb so reibungslos, weil Deutschland in dieser Zeit Massen von Gastarbeitern ins Land holte und man mit einem Arbeitsvisum schnellstmöglich abgefertigt und eingelassen wurde. Das wusste ich zu dem Zeitpunkt nicht, aber ich stand plötzlich vor dem Flughafen, mitten in Deutschland, und sah mich um, ob diese Stadt namens Essen irgendwo zu sehen war. Immerhin sollte sie ja direkt nebenan liegen. Was sie ganz offensichtlich aber nicht tat.

Der nächste Bahnhof war schnell gefunden und ein paar nette Menschen, die der englischen Sprache mehr oder weniger mächtig waren, erklärten mir, wie ich ein Ticket nach Essen erwerben konnte und auf welchen Bahnsteig ich mich damit zu begeben hätte. Bahnsteige waren gut, denn die kannte ich aus meiner Heimat und verband sie mit verschiedensten Erinnerungen.

Das Ticket hatte mich 11 Mark gekostet, was mein Budget auf 73 Mark reduzierte. Immer noch viel Geld, mehr, als ich bisher jemals zur Verfügung hatte. Ich bestieg den Zug, unterm Arm meinen kleinen Beutel mit meinen Habseligkeiten und einigen Büchern aus meiner Schulzeit, und fand einen Sitzplatz am Fenster, aus dem ich interessiert das beobachtete, was während der Zugfahrt an mir vorbeirauschte. Es war wirklich eine andere Welt, nicht besser, nicht schlechter, einfach nur anders. Und es regnete immer noch. Kein Wunder, dass hier alles so unglaublich grün war. Und dieses grüne Paradies sollte für die nächsten Jahre meine neue Heimat sein. Unglaublich.

Die Sache mit der deutschen Sprache

Je näher der Zug Richtung Essen kam, umso mehr wurde das Grün von gewaltigen Grubenanlagen, Fördertürmen und Schachteingängen abgelöst. Was hatte ich auch anderes erwartet, war ich doch mit dem Ziel hierhergekommen, ein Bergbau-Studium zu absolvieren. Und dass das in einer solchen Umgebung angeboten wurde, erschien mir ausgesprochen naheliegend. Und dann war ich auch schon angekommen, am Hauptbahnhof Essen, dem Ziel meiner langen Reise.

Ich verließ den Zug und sah auf eine der großen Wanduhren des Bahnhofes. 10:25, eine gute Zeit, um sich auf den Weg nach einer bezahlbaren Unterkunft zu machen – dem Kolping-Haus. Im Vorfeld hatte die Ingenieurschule auf diese Wohnstätte verwiesen, weil dort viele junge Menschen zu moderaten Preisen für einige Nächte aufgenommen werden würden. Genau das, was ich brauchte. Allerdings hatte ich keine Ahnung, wo ich dieses Kolping-Haus finden sollte. Aber ich vertraute einmal mehr auf die kleinen Wunder, die mir sicherlich ein weiteres Mal zur Seite stehen würden. Und genau so kam es.

Nachdem der Zug wieder abgefahren war und ich ein wenig verunsichert überlegte, ob ich nach rechts oder nach links gehen sollte, da sprach mich ein auf dem gegenüberliegenden Bahnsteig stehender Mann an.

»Kann ich Dir behilflich sein?«

Erstaunlich, wie freundlich die Menschen hier waren. Natürlich gab es auch jede Menge netter Menschen in Pakistan, aber die kamen nicht einfach zu dir und sprachen dich an. Außerdem bestand immer die Gefahr, dass es einer von denen hätte sein können, der dir bei einer falschen Antwort das Ohr abgeschnitten hätte. Aber so sah mein Gegenüber nun wirklich nicht aus. Er sagte mir, dass ich die Treppe hinabsteigen sollte und er mich dort treffen würde. Wir plauderten ein wenig und ich erzählte ihm, dass ich ein Ding namens Kolping Haus suchen würde. Er dachte kurz nach, schlug seinen Kragen höher, und sagte dann:

»Mmmh, das ist etwas kompliziert. Aber wenn du willst,« er lächelte mich an, »dann kann ich dich gerne dorthin bringen.«

»Aber das ist doch nicht nötig. Ich werde den Weg bestimmt alleine finden.«

»Das glaube ich nicht. Komm, bevor ich es mir anders überlege.«

Und so gingen wir los – 40 Minuten durch den Regen. Als würden wir uns schon seit Jahren kennen, plauderten wir über alles, was uns in den Sinn kam. Er fragte mich nach pakistanischen Frauen. Wie sie aussähen und was sie so täten.

»Na ja, sie sehen halt – normal aus. Und die meisten holen Wasser vom Brunnen oder schwatzen miteinander. Aber es sind gute Frauen. Manche sind auch hübsch.«

Aus irgendeinem Grund musste er lachen. Und ich lachte mit, war mir doch selbst grade bewusst geworden, dass meine Erklärung banaler nicht hätte sein können. Aber bisher hatte ich das so empfunden. Vielleicht war es an der Zeit, auch einmal das andere Geschlecht etwas unvoreingenommener zu betrachten.

»So, da wären wir.« Er wies auf einen zwar in die Jahre gekommenen, aber sehr gepflegten Bau, neben dessen Eingang unübersehbar ein Schild prangte, auf dem »Kolpingwerk« stand. »Hier kannst du dich anmelden und die Mitarbeiter werden dir alles erklären.«

»Danke, das war wahnsinnig nett von dir. Vielleicht solltest du mit hineinkommen, denn vielleicht können wir dort noch gemeinsam eine Tasse Tee trinken.«

Er lachte und winkte ab.

»Nein danke, ich muss zur Uni. Bin ohnehin schon spät dran.«

Zum Abschied winkte er noch einmal und ging den Weg zurück, den wir gekommen waren. Ich drehte mich um, holte tief Luft und öffnete die Tür des Kolping Hauses.

Ein Mann kam mir entgegen, eher zufällig, als dass er seit Stunden auf mich gewartet hätte.

»Wen haben wir denn da? Herzlich willkommen.«

Ich musterte ihn. Seine Kleidung erinnerte mich an jemanden, den ich schon einmal getroffen hatte. Richtig, es war der Pfarrer, den ich in der prachtvollen christlichen Kirche meiner Heimat gesehen hatte. Der Mann zwischen den ganzen Engeln. Aber dieser hier schien doch recht weltlich zu sein, denn er sprach nicht mit so hochtrabender Stimme und wedelte auch nicht mahnend mit seinem Zeigefinger herum. Ein ganz normaler Kerl mit einem komischen Gewand eben.

»Verstehst du mich?«, fragte er. »Or sollen we speak in English?"

Okay, sein Akzent erinnerte schon an einen mittelschweren Sprachfehler, aber es war schön zu wissen, dass ich mich mit diesem Mann irgendwie würde verständigen können. Ich erzählte ihm von meinem Vorhaben, hier zu studieren, und zeigte ihm die diesbezüglichen Dokumente, damit er wusste, dass ich legal eingereist war.

»Sehr schön, then we can bestimmt make something for you."

Er war so nett und hörte nicht auf zu lächeln. Bevor er mir die Konditionen für die Unterkunft erklären konnte, rief ich stolz:

»Ich habe Geld!«

Sofort kramte ich in meinem Bündel, um ihm die verbliebenen 73 Mark zu zeigen.

Der Mann grinste und sagte:

»Es ist alles gut. Unsere Preise sind human und du kannst erst einmal ein paar Nächte hierbleiben. Und dann sehen wir mal weiter.«

Schnell lernte ich einige Mitbewohner kennen, zum Teil, weil sie Schlafgefährten in meinem Raum waren, zum Teil, weil sie irgendwo in den Gängen oder vor dem Haus herumhingen und offen für neue Bekanntschaften waren. Einer von ihnen erzählte mir von einer nahe gelegenen Bibliothek, in der ich gewiss einige Bücher zum Erlernen der deutschen Sprache finden würde. Also machte ich mich auf und fand mich inmitten einer Unmenge verschiedenster Bücher wieder. Glücklicherweise sprach auch der Bibliothekar passabel englisch, sodass ich ihm mein Problem vortragen konnte.

»Sechs Wochen?« Ungläubig starrte er mich an. »Wie willst du das denn schaffen?«

»Lernen«, antwortete ich.

»Junger Mann, die deutsche Sprache besitzt über 400.000 Wörter. Weit mehr sogar. Denken sie nicht, dass es etwas spät ist, mit dem Lernen zu beginnen?«

»Ich schaff das schon.«

Er sah mich an, als würde er mir kein einziges Wort glauben und mich für einen vollkommen weltfremden Größenwahnsinnigen aus einem fernen Land halten. Trotzdem empfahl er mir vier Bücher, die beim Erlernen der deutschen Sprache hilfreich sein könnten. Ich bedankte mich artig und setzte mich an einen freien Tisch, um meine ersten deutschen Worte zu lernen. Und dann sah ich, was der Mann gemeint hatte. Es ging nicht nur um die Sprache, sondern man hatte in diesem Land eine ganz andere Schrift als die, die ich kannte. Darauf hatte mich niemand vorbereitet.

Also startete ich in der unfehlbaren »Ich glaube, dieser deutsche Buchstabe könnte ein pakistanisches I sein«-Methode, mich langsam vorwärtszuarbeiten. Doch drängte sich in mir die Frage auf, ob ich das alles vielleicht doch etwas unterschätzt hatte.

Nach und nach und mit der Hilfe einiger neuer Freunde aus dem Kolping Haus kam ich hinter die Geheimnisse der Schrift. Ich machte mir eifrig Notizen und begann, ein Wort nach dem anderen auswendig zu lernen, bis zu dem Moment, als mir bewusstwurde, dass es ja auch noch so etwas wie Grammatik gab. Und die hatte es in sich und wurde auch in den Büchern nicht verständlich erklärt. Erschwerend kam hinzu, dass das Thema »Grammatik« zu meiner Schulzeit keine große Wichtigkeit besaß.

Recht desillusioniert und müde von den Strapazen der Reise beschloss ich, mir eine Pause in einem Kaffeehaus zu gönnen, das ich nicht weit entfernt von der Bibliothek entdeckt hatte. Ich legte meine Bücher auf den kleinen Tisch und beobachtete das bunte Treiben um mich herum. Die Menschen waren gut angezogen, sehr sauber, und sie machten einen kultivierten Eindruck. Keine Ahnung, was sie von mir hielten, aber das war egal. Mensch ist Mensch, egal welche Hautfarbe er besitzt oder in welcher Kleidung er steckt. Nachdem ich meinen Tee bestellt hatte und feststellen musste, dass er geschmacklich etwas ganz anderes war, als was ich kannte, fiel mir ein Mann ins Auge, der wenige Tische neben mir saß. Er schien vollkommen entspannt, und eine Pfeife steckte in seinem linken Mundwinkel. Das war mir sofort sympathisch, verband ich das Pfeife-Rauchen doch immer mit meiner Tante, die mir mit ihrem Staudamm-Bau-Geld geholfen hatte.

Dieser Mann hielt weit ausgebreitet eine Tageszeitung vor sich und las interessiert, was in der Welt vor sich ging. Und er sah aus, als lerne er permanent dazu. So, als würde er Tiere in freier Wildbahn beobachten. Erstaunlich. Vielleicht war so eine Zeitung ein viel besseres Werkzeug zum Lernen, als es die vielen Bücher waren. Ich musste das ausprobieren.

In den kommenden Tagen kaufte ich mir hin und wieder eine Tageszeitung, meist fand ich aber ein ausgelesenes Exemplar irgendwo herumliegen und steckte es mir ein. In dieser Beziehung war Deutschland ähnlich wie Pakistan. Das meiste, was man brauchte, lag irgendwo herum.

Nachdem ich mich an der Universität eingeschrieben hatte, wurde ich für mein Praktikum direkt einer Gruppe Bergmännern zugeteilt, von denen ich in den kommenden Wochen die Grundlagen der Arbeit erlernen sollte. Eine spannende Aufgabe, zumal sie mir bestimmt in den Pausen gerne die deutsche Grammatik erklären würden. Leider stellte sich heraus, dass diese erhofften Lerneinheiten nicht wie gehofft zustande kamen, da die »Kumpel« sich während der Pause doch eher um ihr Leberwurstbrot und ihren Kaffee kümmerten als darum, einem angehenden Studenten die Grundlagen ihrer Sprache näherzubringen.

Trotzdem machte ich Fortschritte, las brav meine Zeitungsartikel und verstand nach und nach sogar ein wenig von dem, was darin stand. Außerdem verbot ich jedem meiner Mitbewohner im Kolping Haus, mit mir Englisch zu sprechen. Schließlich drängte die Zeit bis zu meiner Sprachprüfung.

Nach zwei Wochen erhielt ich mein erstes Geld von der Gesellschaft, die die Bergbaustätte betrieb. Es war nicht viel, aber das war okay, denn ich war schließlich nur ein Praktikant, der in die Abläufe hineinschnuppern sollte. Da ich mich neben der Arbeit und dem Erlernen der deutschen Sprache auch ernähren musste, schrumpfte mein Bestand an Geld kontinuierlich. Recht schnell war der Moment erreicht, an dem ich nicht mehr wusste, wie ich mein Bett im Gemeinschaftsraum bezahlen sollte.

Mit schlechtem Gewissen suchte ich den Pfarrer auf und beichtete ihm, dass meine finanziellen Mittel am Minimum angekommen waren. Es war ihm anzusehen, dass er diese Situation nicht zum ersten Mal erlebte. Und wieder setzte er sein mildes Lächeln auf, legte seine Hand auf meine Schulter und sagte:

»Aziz, du bist jung, da ist es doch normal, dass einem hin und wieder das Geld ausgeht. Mein Gefühl sagt mir, dass du es irgendwann einmal zu etwas bringen wirst, denn den Willen dazu hast du. Also mach dir mal keine Sorgen, du kannst hier wohnen bleiben.«

»Vielen, vielen Dank! Ich zahle das Geld sofort zurück, wenn ich das Studium begonnen habe und mein nächstes Geld erhalten habe. Sie haben mir zugesagt, dass ich neben dem Studium weiter bei ihnen arbeiten kann.«

»Das weiß ich, Junge. Und jetzt kümmere dich darum, dass du Deutsch lernst. Du hast nicht mehr viel Zeit bis zur Sprachprüfung.«

Er hatte Recht – und das war keine beruhigende Vorstellung. Zwar verstand ich inzwischen recht viel und bildete mir auch ein, mich in Deutsch einigermaßen passabel ausdrücken zu können, aber die Frage war, ob es reichen würde. Da half nur eins: Tag für Tag weiter büffeln und jede Chance nutzen, um besser zu werden.

Dann war der große Tag gekommen. Gerade hatte ich die letzte Schicht meines Bergbau-Praktikums absolviert und musste nur noch diesen einen Deutsch-Test bestehen, um endgültig alle Voraussetzungen für mein Studium erfüllt zu haben. Aufregend, aber ich konnte mit ruhigem Gewissen sagen, dass ich in den letzten sechs Wochen alles dafür getan hatte, diese Barriere zu nehmen.

Als ich den schmucklosen Raum betrat, saßen dort drei Männer. Sie begrüßten mich freundlich, hielten sich aber nicht lange mit Vorreden auf. Es ging direkt zur Sache. Gerade einer, der mir von Beginn an bekannt vorkam, feuerte eine Frage nach der anderen ab. War dies an und für sich schon anspruchsvoll genug für jemanden, der vor sechs Wochen zum ersten Mal in Kontakt mit der deutschen Sprache gekommen war, so bereitete mir etwas anderes viel größere Schwierigkeiten: Ausnahmslos alle Fragen drehten sich um Bergbau-Gesetze. Und in diesem Moment fiel mir auch ein, woher ich den Mann kannte. Ich hatte ihn einige Male auf dem Gelände der Zeche gesehen. Er war mir aufgefallen, weil er im Gegensatz zu all den Kumpels in ihren ebenso funktionalen wie verdreckten Arbeitsoveralls immer in feinen Anzügen herumstolziert war. Ein eindeutiger Hinweis, dass er einer der leitenden Personen dieses Bergwerks war. Vielleicht hatte er mir auch einen Gefallen tun wollen und dachte, dass mir die Kumpels während der Pausen begeistert über die Gesetze ihrer Zunft berichtet hatten, aber ehrlich gesagt hatte nie einer von ihnen darüber gesprochen.

Wie auch immer, es wurde schnell klar, dass ich nach allen Regeln der Kunst durch die Prüfung fliegen würde. Und richtig. Man teilte mir nach kurzer Beratungszeit mit, dass meine Leistungen bezogen auf das Erlernen der deutschen Sprache weit unterdurchschnittlich gewesen wären und ich daraufhin kein Zertifikat und keine Zulassung für die Universität erhalten würde. Das wars. Die Bergbau-Gesetze hatten meine Pläne in wenigen Minuten pulverisiert.

Ich schreibe viel über die Wunder dieser Welt, aber wo waren die in diesem Moment geblieben? Keine Sorge, sie warteten schon hinter der nächsten Ecke, um wieder einmal alles zum Guten zu wenden.

Wellengang der Ereignisse

»Das kann doch nicht wahr sein«, echauffierte sich mein Freund, der Priester des Kolping Hauses, als ich ihm niedergeschlagen vom Ablauf der Deutsch-Prüfung erzählte. »Was bilden die sich denn ein? Nur weil sich hier alles um die Kohleindustrie dreht, bist du noch lange kein Anwalt für Bergbaurecht. Du hättest bestehen müssen. Dein Deutsch ist gut.«

»Was ist Anwalt für Baurecht?«, fragte ich.

»Na ja, zumindest ist dein Deutsch ausreichend. Vergiss den Anwalt und warte ab. Ich kümmere mich um die Angelegenheit.«

Und dann stapfte er wütend davon. Von hinten sah er aus wie ein falsch gekleideter Engel ohne Flügel. Und mit Halbglatze anstelle der lockigen, blonden Haare. Ich ging auf mein Zimmer und legte mich aufs Bett. War es das jetzt? Hatte sich mein Traum wirklich so schnell erledigt? Immerhin besaß ich ein Arbeitsvisum, weshalb ich mir hätte irgendeinen Job suchen können, um das dort verdiente Geld meiner Familie in Pakistan zu schicken. Dann wäre ich zwar weit weg von meinem Zuhause, aber meiner Familie würde es besser gehen, als wenn ich zurückkehren würde. Und eigentlich mochte ich Deutschland. Vielleicht lag es daran, dass ich mit offenem Herzen hierhergereist war, dass mich die Menschen so ausnehmend freundlich aufgenommen hatte. Innerhalb kürzester Zeit hatte ich Menschen getroffen, die ich als meine Freunde betrachtete. Die mir halfen, wenn es notwendig war. Die sich stundenlang mit mir unterhielten. Menschen, die ihre Zeit mit mir verbringen wollten, was ich seit jeher als riesiges Geschenk und auch als Kompliment betrachtet habe. Gut, ich konnte mir mit einer Entscheidung noch ein wenig Zeit lassen, denn erst einmal wollte ich ohnehin ein wenig Geld verdienen, um mein Bett im Kolping Haus nachträglich zu bezahlen. Das war Ehrensache.

Einige Stunden waren vergangen, da klopfte es an meiner Tür. Es war der Pfarrer, immer noch aufgebracht, aber weit weniger als bei unserem ersten Gespräch an diesem Tag.

»Aziz, ich habe mit ein paar Leuten gesprochen und denen mal meine Meinung gesagt. Ich habe ihnen mitgeteilt, dass es ein Unding wäre, unsere Gäste so zu behandeln. Und ich habe ihnen gesagt, wo sie sich ihre Bergbau-Gesetze hinschieben können.«

Ich wusste nicht, ob ich ihn richtig verstanden hatte, aber ich befürchte, dass ich das tat. Er fuhr fort:

»In zwei Tagen wirst du noch einmal von einem anderen Gremium geprüft. Sie werden dir nur Fragen stellen, die mit der Bundesrepublik Deutschland in Zusammenhang stehen. Keine komplizierten Paragrafen aus den Gesetzen des Bergbaus.«

»Das heißt, dass ich ...«

»Genau das. Du bekommst noch eine faire Chance, denn ich glaube, dass du die verdient hast.«

»Was soll ich sagen? Vielen, vielen Dank, mein Herr.«

»Schon gut. Es gibt immer noch zu viele Idioten, die Menschen nach ihrer Hautfarbe beurteilen. Damit sollen sie nicht durchkommen.«

Ich nickte und hätte ihn am liebsten in den Arm genommen. Aber das hätte sich nicht gehört, denn er war älter als ich und für mich eine gewaltige Respektsperson, trotzdem ich ihn als Freund ansah. Noch einmal sah er mir tief in die Augen:

»Aziz, zeig es denen. Und vermassel es nicht.«

Nein, das würde ich nicht. Allein schon, um mich bei dem Pfarrer für seinen Einsatz zu bedanken.

Ich freute mich auf die Nachprüfung und mein Gefühl sagte mir, dass es diesmal gutgehen würde. Es war der gleiche Raum, aber ein anderes Team, das mich testen sollte. Wie versprochen stellten sie mir ausschließlich Fragen zur Bundesrepublik Deutschland. Das viele Zeitunglesen zahlte sich aus, denn so konnte ich nicht nur Antworten zur jetzigen Situation des Landes geben, sondern auch ein wenig über die Vergangenheit dieser Nation erzählen. Letztendlich aber achteten sie jedoch hauptsächlich auf meine Fähigkeit, mich in der deutschen Sprache mitteilen zu können. Und das konnte ich. Nicht perfekt, aber für einen Pakistani aus Wah Cantt schon recht gut.

Wieder dauerte die Beratung nur wenige Minuten, dann rief man mich in den Raum und die drei Männer reichten mir die Hand.

»Herzlichen Glückwunsch, sie haben ihre Deutschprüfung problemlos gemeistert. Sie dürfen jetzt dieses Zertifikat im Sekretariat der Universität vorlegen und mit ihrem Studium beginnen.«

Ich weiß nicht, wie oft ich mich bei den Herren bedankte, bin aber sicher, dass es viel zu oft war. Egal, überglücklich verließ ich das Gebäude und machte mich auf direktem Weg zur Uni. In meiner Hand hielt ich das Schriftstück, dass ich nun wirklich alle Voraussetzungen erfüllt hatte, um ein echter deutscher Student zu sein. Okay, ein echter Pakistani, der in Deutschland studieren durfte. Und das schon in wenigen Tagen, denn das neue Semester würde beginnen, wenn das Wochenende vorüber war.

Ich legte das Zertifikat vor, schrieb mich ein und eilte zurück zum Kolping Haus. Der Pfarrer war der erste, der es erfahren sollte. Er strahlte mich an und sagte mit einem leichten Kopfnicken:

»Aziz, ich wusste, dass du es schaffst. Und du hast es dir redlich verdient.«

Ich war stolz auf mich, weil ich das Vertrauen des Pfarrers gerechtfertigt hatte. Nun konnte es also wirklich losgehen. Ich ging in mein Zimmer und betrachtete mich minutenlang im Spiegel. Nicht, dass ich an ausgeprägter Eitelkeit leiden würde, aber ich wollte ihn sehen: den Studenten, der bald zu seiner ersten Vorlesung gehen würde. Für einen Sekundenbruchteil kam mir in den Kopf, wie ich zwischen den Tieren im Stall geschlafen hatte. Und jetzt war ich hier, in Deutschland, bereit, die kommenden Jahre an einer echten Universität zu studieren. Wahnsinn!

Nach diesem kurzzeitigen Überschwang der Gefühle wurde ich

unsanft wieder auf den Boden der Tatsachen geholt. Eine Abteilung des Essener Arbeitsamtes trat mit den angehenden Studenten des Bergbaus dieses Jahres in Kontakt. Also auch mit mir. Man informierte uns mit ehrlichem Bedauern, dass es schlecht um die Zukunft des Bergbaus in Deutschland aussehen würde. Sie legten uns nahe, uns einen anderen Studienplatz zu suchen, um nicht umsonst die Strapazen mehrerer anspruchsvoller Semester auf uns nehmen zu müssen. Diese Nachricht war natürlich ein Schock, denn sie kam ebenso kurzfristig wie unerwartet. Ich schämte mich beinahe zu sagen, dass dies wohl nicht für mich zutreffen würde, denn ich war schließlich Pakistani. Und in unserem Land würde dieses Problem gewiss nicht existieren, denn wir fingen ja gerade erst an, den Bergbau in großem Stil für uns zu entdecken. Doch die Ernüchterung folgte auf dem Fuße.

»Pakistan ist auch bereits zu der Erkenntnis gekommen, dass der Bergbau nur wenig Zukunft hat. Dort besitzt man nicht einmal die notwendige Infrastruktur, um ein solches Vorhaben in die Tat umzusetzen.«

»Und was kann ich nun machen?«

»Die gute Nachricht ist, dass die ‚Bergbau AG‘ sich bereit erklärt hat, allen Studenten, die von der Absage dieses Studiums betroffen sind, einen anderen Studiengang zu finanzieren. Sie müssen also nur zeitnah ein neues Studium finden.«

‚Nur‘. Als wenn das so leicht wäre. Vom angehenden Ingenieur zum ..., ja, zu was denn eigentlich? Ich hörte mich ein wenig bei den anderen Studenten um, allen voran natürlich bei meinen Leidensgenossen, die ebenso wie ich innerhalb kürzester Zeit einen neuen Studiengang ausfindig machen mussten. Trotzdem meine Pläne von einer Sekunde auf die andere vollkommen über den Haufen geworfen waren, sah ich das Gute an der Situation. Vielleicht sollte es ja so kommen, vielleicht hat mal wieder irgendjemand im hintersten Winkel des Universums gedacht, dass ich woanders viel besser aufgehoben wäre.

Ein Student, mit dem ich mich in den letzten Tagen häufig unterhalten hatte (meist ging es um das schöne Geschlecht, aber dieses

Thema ließen wir ausnahmsweise außen vor), erzählte mir, dass gerade ein Studium zum Programmierer angeboten wurde.

»Das ist interessant. Aber was tut ein Programmierer?«, fragte ich.

»Das hat etwas mit Computern zu tun. Ich weiß es auch nicht genau. Aber es hört sich irgendwie spannend an.«

Das tat es wirklich, denn ich wusste, dass mir ein solches Studium helfen könnte, bei der Fluglinie Pakistan Airlines unterzukommen. Einer meiner Onkel, der ein Bauunternehmen besaß, hatte einen großen Teil des Flughafens gebaut und hatte in dieser Zeit in engem Kontakt mit den Verantwortlichen aus dieser Branche gestanden. Vor einiger Zeit hatte er erwähnt, dass die Büros der Fluglinie mit IBM-Computern ausgestattet worden waren. Wahre Ungetüme sollen das gewesen sein und er hatte keine Ahnung, was man damit eigentlich anfangen konnte. Ich übrigens auch nicht.

Ich konnte mich im Studiengang zum Programmierer einschreiben, einem Studiengang, der sich über drei Semester erstrecken würde. Eine überschaubare Zeit, die ich mir durch meine Nebentätigkeit im Bergbau finanzieren konnte. Insofern hatten sich durch den unerwarteten Wechsel des Studienfaches vollkommen neue Perspektiven eröffnet, aber man muss die Feste eben feiern, wie sie fallen.

Blowing out someone else's candle doesn't make yours shine brighter

Die Freizeit, die nach der täglichen Arbeit in dem Studium zum Programmierer und den abendlichen Schichten in der Zeche blieb, war knapp bemessen. Das war nicht schlimm, war ich doch nach Deutschland gekommen, um durch ein Studium meine Möglichkeiten zu verbessern, meine Familie zu finanzieren. An den Wochenenden boten sich dagegen genügend Möglichkeiten, den Gedanken an Job und Studium beiseitezuschieben und Spaß mit den anderen Bewohnern des Kolping Hauses zu haben.

Im Keller des Gebäudes befand sich ein Raum mit einer Tischtennisplatte. Allgemein galt er als Treffpunkt, auch wenn man selbst kein sonderliches Interesse daran hatte, mit einem Holzschläger einen kleinen Ball über ein flaches Netz zu prügeln. Eines Tages fragte mich Jürgen, ein sehr netter Bewohner des Wohnheims, ob ich nicht Lust hätte, ein paar Partien mit ihm zu spielen. Natürlich willigte ich ein, denn es war immer eine Freude, die Freizeit mit ihm zu verbringen. Diesmal fragte er mich, ob es in Ordnung wäre, wenn er seine Schwester mitbringen würde. Natürlich war es das.

Wie verabredet erschien Jürgen im Tischtennisraum, neben ihm eine ausgesprochen hübsche junge Dame. Wir stellten uns vor und es wurde schnell klar, dass sie ebenso schüchtern, wie ansehnlich war. Was außerdem ins Auge stach, war, dass sie im Gegensatz zu ihrem Bruder auffallend ärmlich gekleidet war. Bisher war ich immer davon ausgegangen, dass Jürgens Familie recht wohlhabend sein musste, denn er trug stets die neuesten Hemden, ohne dass er neben seinem Studium hätte dafür arbeiten müssen. Also kam das Geld von seiner Familie, war ich überzeugt.

Ganz anders seine Schwester Ingrid. Sie trug ein formloses Kleid mit verblassten Farben, wie es vielleicht vor zehn Jahren einmal modern gewesen war. Ihre Schuhe waren ausgetreten und kein Mädchen, was etwas auf sich hielt, hätte diese freiwillig angezogen. Der Gegensatz zwischen ihrer natürlichen Schönheit und ihrem unpassenden Outfit war nicht zu übersehen. Ich war mir sicher, dass es Gründe dafür geben musste. Und sei es nur, dass sie eine Wette verloren hatte.

Jürgen und ich hatten Spaß bei unseren Tischtennis-Spielen, die schweigend von Ingrid beobachtet wurden. Hin und wieder setzten wir uns zu ihr und ich versuchte, mich mit ihr zu unterhalten. Ein wirkliches Gespräch kam nicht zustande, denn ihre Schüchternheit und ihre Zurückhaltung vermieden es, dass sie viel über sich erzählte. Immer wieder blickte sie auf die Uhr und teilte uns irgendwann mit, dass sie jetzt gehen werde.

»Ich muss um sieben Uhr zu Hause sein«, erklärte sie und Jürgen nickte.

Nachdem sie verschwunden war, merkte mein Freund beiläufig an: »Sie muss immer um diese Zeit zu Hause sein.«

In den folgenden Wochen traf ich Jürgen und seine Schwester häufiger. Verliefen diese Verabredungen doch meist an verschiedenen Orten, so ähnelten sie sich auch immer auf gewisse Weise. Egal, ob wir in einem Café etwas trinken gingen, einen ausgedehnten Spaziergang unternahmen oder uns wieder an der Tischtennisplatte trafen – Ingrid sprach wenig, sah viel zu hübsch aus, um allein zu sein, und trug Kleider, die selbst meine Großmutter direkt in den Mülleimer geworfen hätte. Außerdem verließ sie unsere nette Dreier-Runde stets früh genug, um pünktlich um sieben Uhr zu Hause sein zu können. Ich hoffte, dass sie unter den vielen Männern, die im Kolping Haus wohnten, oder bei unseren Ausflügen einen Mann finden würde, der sie aus ihrem Dornröschenschlaf befreien würde.

Irgendwann erfuhr ich, was hinter ihrem ungewöhnlichen Verhalten steckte. Die Mutter des Mädchens bestand darauf, sich jeden Abend zu amüsieren. Meist ging sie zum Tanzen, mochte jedoch auch Bars, Cafés und Restaurants. Dolce Vita in Essen. Um sich keine Gedanken über ihren kranken Ehemann machen zu müssen, verpflichtete sie ihr Nesthäkchen, jeden Abend pünktlich zu Hause zu erscheinen, den Vater zu pflegen und so der Mutter ihren Freiraum sicherzustellen. Ingrid schlief zumeist schon, wenn ihre Mutter gut gelaunt und durch das eine oder andere Getränk beschwingt des Nachts in die Wohnung zurückkehrte. Ihre Mutter hatte scheinbar nicht verstanden, dass die Zeit ihrer regelmäßigen abendlichen Ausflüge so langsam gegen den Aufbau einer vertrauensvollen Beziehung zu ihrer Tochter ausgetauscht hätte werden sollen. Immerhin war diese inzwischen volljährig.

Ich verfolgte das familiäre Ungleichgewicht aus der Ferne, fragte immer wieder bei Jürgen nach, wie es seiner Schwester ginge. Er sagte meist wenig dazu, lüftete aber irgendwann das Geheimnis um die antiken Kleidungsstücke, in denen sich Ingrid in der Öffentlichkeit zeigen musste.

»Es ist meine Mutter. Sie ist eifersüchtig. Das war sie schon immer. Scheinbar hatte sie in früheren Jahren jede Menge Verehrer und kommt heutzutage nicht damit klar, dass ihr die Männer nicht mehr scharenweise hinterherrennen.«

»Ich verstehe nicht. Was hat das mit Ingrid zu tun?«

»Na ja, sie muss diese Marotte meiner Mutter ausbaden.«

»Und wie?«

»Während sich meine Mutter alles kauft, was sie gerade in dem einen oder anderen Modemagazin entdeckt hat, muss meine Schwester ihre ältesten Sachen auftragen. Neues gibt es für sie nicht. Meine Mutter hat Angst, dass ihre Tochter attraktiver sein könnte als sie selbst.«

»Aber sie ist doch trotzdem attraktiv.«

»Ja, das ist sie. Aber wie gesagt, meine Mutter arbeitet hart daran, dass das niemand bemerkt.«

Ich war schockiert. Wie konnte eine Mutter ihrem eigenen Kind nicht das Glück gönnen, dass sie selbst erlebt hatte? Aber bevor ich in meinen

Gedanken beginnen konnte, sie zu verurteilen, kam mir meine eigene Stiefmutter in den Sinn. Da wäre alte Kleidung das kleinste Problem gewesen ...

Nicht nur mir war die versteckte Attraktivität Ingrids aufgefallen. Einer meiner Bekannten hatte sie einige Male gesehen und entschloss sich, sie näher kennenzulernen. Die beiden sprachen einige Male miteinander, dann lud er sie zum Essen ein. Ganz Gentleman zog er sich seine besten Sachen an und holte sie von ihrem Zuhause ab. Er klingelte und die Mutter öffnete die Tür. Als sie ihn sah, huschte ein Lächeln über ihr Gesicht, stand doch da ein attraktiver Student in schicker Kleidung vor ihrem Haus. Sie lehnte sich an den Türrahmen und versuchte, ihn in ein Gespräch zu verwickeln, dass rein gar nichts mit seiner eigentlichen Verabredung zu tun hatte. Ingrid beobachtete die Szene aus dem Fenster ihres Zimmers.

Sie fasste sich ein Herz, ging die Treppe hinunter und verschwand mit dem jungen Mann zu ihrem Rendezvous. Natürlich wollte sich ihre Mutter das nicht bieten lassen, zumal ihr der junge Mann gefiel. Und so ging sie am folgenden Tag los, deckte sich mit allem ein, was die neueste Mode zu bieten hatte, und legte es darauf an, ihre Tochter bei ihrem neuen Bekannten an Attraktivität zu übertrumpfen. Pech nur, dass dieser trotz der hervorragenden Garderobe der Mutter keinerlei Interesse an ihr entwickelte. Trotzdem stoppte er seine Besuche nach kurzer Zeit und sowohl Mutter als auch Ingrid standen ohne ihren Herzensbrecher da. Die Mutter hatte es letztendlich nicht geschafft, die eigene Kerze heller scheinen zu lassen, indem sie die von Ingrid auszublasen versucht hatte. Das war das einzig Faire an der Geschichte.

Was hier passiert war, war ein etwas anderes Beispiel dafür, dass es wenig vorteilhaft ist, wenn Eltern – oder in diesem Fall die Mutter – sich zu viel um ihr Kind kümmert. Denn das hat sie getan, allerdings nicht im fürsorglichen Sinne, sondern in einem eingebildeten, andauernden Konkurrenzkampf. Es wäre sehr einfach gewesen, ihrer Tochter freie Möglichkeiten zur Entfaltung zu lassen. Denken wir nur an die

Löwenmutter, die in der Sonne liegt und nur einschreitet, wenn ihr Nachwuchs sich in Gefahr begibt. Aber genau das hat Ingrids Mutter nicht getan. Welche Vorteile sie aus ihrem Vorgehen gezogen hat, bleibt zweifelhaft. Ich persönlich kann jedenfalls nicht erkennen, dass sie oder ihre Tochter auch nur den geringsten Nutzen dadurch hatten.

Die ganze Geschichte um Ingrid, Jürgen und ihre Mutter hatte noch ein ganz besonderes Nachspiel. Nachdem ich die familiären Hintergründe kannte, beschloss ich, Ingrid ein wenig zu unterstützen. Ja, das geschah aus Mitleid, aber es war auch der tief in mir wohnende Wunsch, etwas im Leben von Ingrid geradezubiegen, wozu sie selbst nicht in der Lage war.

Als ich den Lohn meines Praktikums erhielt, kam mir die Idee, dass dieses Geld gewiss besser in Ingrids Garderobe investiert wäre, als in irgendwelche Kaufgelüste meinerseits. So beschloss ich, sie zu einer kleinen Einkaufstour einzuladen, bei der sie sich einige schicke und vor allem moderne Kleidungsstücke aussuchen sollte. Aber sie lehnte ab. Eigentlich war das nicht überraschend, war sie doch nicht der Typ, der sich von anderen aushalten lassen wollte.

Damit wollte ich mich nicht abfinden. Mir wurde bewusst, dass ich es einfach nur ungeschickt angestellt hatte. Also lud ich sie zu einem Spaziergang ein. Völlig unverfänglich. Schließlich war unser Verhältnis ebenso freundschaftlich wie vertrauensvoll. Zumindest schätzte ich das so ein. Und spazieren waren wir schon häufiger, sodass sie bestimmt keinen Verdacht schöpfen würde, wenn wir irgendwann in der Essener Innenstadt ankommen würden. Dass es dort viele Bekleidungsgeschäfte gab, war ja nicht meine Schuld.

Tags darauf flanierten wir erst durch einen Park, dann an den Schaufenstern einiger Geschäfte vorbei. Entdeckte ich etwas, was mir gefiel, so wies ich darauf und sagte so unauffällig, wie es mir möglich war:

»Das ist aber ein schönes Oberteil. Findest du nicht?«

»Ja, es ist hübsch.«

»Ich würde gerne in den Laden hineingehen. Komm!«

»Na gut.«

Wir schlenderten durch das Geschäft, schauten auf die Auslagen, in die Regale und die zahllosen Ständer mit schönen Kleidungsstücken. Entdeckte ich etwas, dass Ingrid stehen würde, sagte ich zu ihr:

»Schau dir dieses Kleid an. Ich würde gerne sehen, wie es aussieht, wenn es getragen wird. Würdest du es für mich anziehen?«

Sie stimmte zu. Und es sah großartig aus. Unauffällig übergab ich es der Verkäuferin mit der Bitte, es für mich zu hinterlegen. Das wiederholte sich noch einige Male und Ingrid fand Gefallen daran, das Modell für mich zu spielen. Als wir dann mit unserer privaten Modenschau fertig waren und Ingrid bereits zur Ladentür gegangen war, ging ich zurück zur Kasse, zahlte und kam mit einer prall gefüllten Einkaufstüte zu Ingrid.

»Für dich.«, sagte ich und drückte ihr die Einkäufe in die Hand.

Zuerst war Ingrid sprachlos, dann wollte sie das Geschenk nicht annehmen. Gut, ich hatte nichts anderes erwartet. Ein wenig ehrlich gemeinte Überzeugungsarbeit und dann hatte ich es geschafft, dass sie verlegen, aber glücklich die Tüte entgegennahm.

In den kommenden Tagen war es eine Freude, diese junge, attraktive und modisch gekleidete Frau zu sehen. Reihenweise drehten sich die Männer nach ihr um und Ingrid wusste kaum, wie sie mit diesem neuen Interesse der Herrenwelt umgehen sollte. Natürlich hatte auch ihre Mutter die Metamorphose ihrer Tochter mitbekommen und daraufhin beschlossen, ebenfalls in die Stadt zu fahren und sich neu einzukleiden – egal, wie hoch die Kosten dafür auch waren. Es konnte schließlich nicht angehen, dass der Nachwuchs besser aussah als sie selbst. Die Mutter wollte einfach nicht akzeptieren, dass ihre Tochter neben ihr glänzte. Das familiäre Attraktivitäts-Karussell drehte sich also weiter …

Das Verhältnis zwischen Ingrid und mir festigte sich über die Monate. Ich sah in ihr eine gute Freundin, zu der ich ein tiefgehendes Vertrauensverhältnis aufgebaut hatte. Nicht mehr. Ich gönnte ihr, endlich den richtigen Mann kennenzulernen oder zumindest einige Erfahrungen für ihr zukünftiges Leben zu sammeln. Und dann passierte das, was nicht hätte passieren dürfen: Am Ende eines ausgelassenen Abends schliefen wir miteinander. Es war falsch, denn ich war dafür nicht bereit. Aber ich tat es trotzdem. Zumindest hatte Ingrid versichert, dass sie die Pille genommen hätte.

Diese Information stellte sich als unwahr heraus, ebenso wie sie ein Beweis dafür war, dass ich doch recht leichtgläubig war. Ingrid war schwanger. Von mir, einem pakistanischen Studenten auf dem Weg zum Programmierer. Einem, der sich mit einer guten Freundin hatte zu einer unüberlegten Nacht hinreißen lassen. Ingrids Eltern bestanden darauf, dass das Kind nicht unehelich auf die Welt kommen dürfe. Also heirateten wir. Eher aus Pflichtbewusstsein als aus Überzeugung. Und weil es in der damaligen Gesellschaft eben das war, was man eben machte, wenn man eine Frau geschwängert hatte.

Ingrid und ich bekamen eine Tochter. So sehr wir sie auch liebten, so sehr brachen bei meiner Frau die falschen Glaubenssätze ihrer eigenen Jugend durch. Wir trennten uns und taten damit etwas, was in den früher 1960er-Jahren ebenso außergewöhnlich wie verpönt war.

Als ich das Studium abgeschlossen und keinen Sinn darin gesehen hatte, einen weiteren Anlauf zur Rettung meiner kleinen Familie zu unternehmen, stand mein Entschluss fest: Ich wollte zurück nach Pakistan gehen und dort als Programmierer arbeiten. Die Voraussetzungen dafür hatte ich während der letzten drei Semester geschaffen. Und so verließ ich das Land, dass mir so viele wunderbare Momente beschert hatte. Ich wusste nicht, ob ich jemals zurückkehren würde.

Das Leben schreibt die unglaublichsten Geschichten

Zurück in Pakistan fühlte ich mich gut gewappnet, die Kenntnisse meines Studiums in ein Unternehmen oder eine Institution einzubringen, die dieses außergewöhnliche Wissen auch würdigen konnte. Natürlich auch monetär, denn es war nach wie vor mein fester Wille, meine Familie zu unterstützen, für mein Kind zu zahlen und selbst nicht zu verhungern. Allerdings hatte ich eine Sache vergessen: Ich war Pakistani, und daran änderte auch meine Zeit in Deutschland nichts.

Wie ich das meine? Nachdem ich wieder in meinem Heimatland angekommen war, kontaktierte ich meinen Schwager und bat ihn, ein gutes Wort für mich einzulegen, damit ich an den brandneuen IBM-Computern am Flughafen arbeiten könne. Das tat er auch und ich erhielt postwendend die Möglichkeit, mir die Abteilung anzuschauen. Es war interessant, all diese (für die damalige Zeit) hoch entwickelten Geräte zu sehen, die Monitore, an denen gut gekleidete Spezialisten ihre Arbeit verrichteten, und die unzähligen Kabel, die die Computertürme miteinander verbanden. Was mir allerdings auch auffiel, war, dass alle hier perfektes Englisch sprachen und irgendwie ziemlich europäisch aussahen. Nun gut, das sollte kein Problem sein, waren meine Kenntnisse in dieser Sprache doch recht weit fortgeschritten und was noch fehlte, würde ich mir spätestens bei der täglichen Arbeit ganz von alleine aneignen. Das war also kein Grund, sich Bange machen zu lassen. Was die konnten, konnte ich schließlich auch.

Nach meinem Rundgang kam es zu folgendem Gespräch mit dem Leiter des Flughafens, dem Freund meines Schwagers:

»Nun, Aziz, wie gefällt es dir?«

»Es ist beeindruckend, mein Herr.«

»Könntest du dir denn vorstellen, hier zu arbeiten?«

»Ja, natürlich, es wäre eine große und interessante Aufgabe.«

»Das ist es. Und wie war dein Eindruck von den Kollegen?«

Ich dachte kurz nach. »Sie waren sehr in ihre Arbeit vertieft, schienen allerdings sehr nett zu sein. Und durchweg sprachbegabt, muss ich sagen.«

Irritiert sah mich mein Gegenüber an.

»Warum denkst du, dass sie sprachbegabt sind? Sie sprechen kein Wort Hindi. Oder Urdu. Und Punjabi schon gar nicht.«

»Aber ihr Englisch ist hervorragend.«

»Aziz, es sind Engländer. Wurden alle von IBM hierhergeschickt, um zu zeigen, was sie können. Dafür kriegen sie einen Haufen Geld, ein Haus mit Diener und so weiter.«

Ich kam mir etwas dumm vor, schließlich war es wirklich nicht so schwer, einen blassen Engländer von einem gutgebräunten Pakistani mit obligatorischem Schnauzbart zu unterscheiden. Ganz offensichtlich hatte meine Zeit in Europa dazu geführt, dass alle Menschen für mich »normal« aussahen (was in der eigentlichen Betrachtung der Sache ja auch stimmt).

»Heißt das, dass alle Stellen belegt sind? Mein Onkel hatte mir gesagt, dass ...«

»Keine Angst, wir haben noch freie Positionen in der Abteilung.«

»Perfekt, ich würde gerne meine Fähigkeiten unter Beweis stellen.«

Er wartete einen Moment und dachte darüber nach, wie er es mir am besten sagen sollte.

»Aziz, ich würde dich gerne bei uns begrüßen. Allerdings gibt es da eine kleine Sache, die du wissen musst.«

»Ja?«

»Du bist kein Engländer, deswegen gibt es für dich kein Haus.«

»Das ist okay. Ich finde immer ein Dach über dem Kopf.«

»Und keinen Diener.«

»Den brauche ich nicht.«

»Und nur knapp ein Zehntel des Gehaltes der Engländer.«

Jetzt musste ich schlucken. Nicht, dass ich diese Arbeit antreten wollte, um reich zu werden. So wichtig war mir Geld noch immer nicht. Aber ein Zehntel bedeutete, dass ich für die gleiche Arbeit nur so viele Rupien erhalten würde, dass ich mich mit Ach und Krach würde ernähren können.

»Wie ist es, wenn ich mein Können unter Beweis gestellt habe? Würde ich dann an die Konditionen der Engländer angepasst werden?«, fragte ich.

»Nein, das kannst du vergessen. Solange die hier sind, verdienen sie viel und du wenig. So ist es nun einmal.«

»Wie lange sind sie denn von IBM eingeplant?«

»Zehn Jahre. Wenn du so lange warten kannst, wirst du vielleicht auch mehr verdienen.«

Nein, konnte ich nicht. Zehn Jahre waren eine sehr lange Zeit, wenn man selbst erst in der Mitte seiner Zwanziger steckte. Er verstand, dass ich unter diesen Umständen ablehnen musste. Meine Hoffnung, in Pakistan mit meinen zu dieser Zeit noch recht ungewöhnlichen Kenntnissen eines Programmierers Fuß fassen zu können, hatten sich gerade in Luft aufgelöst. Aber so war nun einmal das Leben und wenn eine Tür sich schloss, dann öffnete sich auch immer eine Neue. Diesen Sinnspruch hatte ich in Deutschland gelernt und er sollte sich bewahrheiten.

Ich dachte darüber nach, was ich nun tun könnte. Am liebsten hätte ich mich wie in Kindheitstagen wieder an ein Wasserloch gesetzt und die Natur um mich herum betrachtet. Schließlich offenbarte die Energie dort die Lösungen für fast alles und half dabei, den Kopf für die wirklich wichtigen Dinge des Lebens freizubekommen. Aber es gab hier kein Wasserloch. Also musste ich eine Entscheidung ohne Hilfe von Tieren und den Gaben von Mutter Natur treffen. Hier, wo der Markt von Programmierern mehr als überschaubar war und dazu von Engländern besetzt wurde, gab es für mich keine Zukunft. Zumindest vorerst nicht. Vielleicht sollte ich zurück nach Deutschland gehen, dem Land, in dem man mich so offenherzig aufgenommen hatte. Das Problem war nur, dass ich kein gültiges Visum mehr besaß und die Aussicht darauf, erneut durch einen Glücksfall (oder den Fehler eines Botschaftsangestellten) wieder ein Arbeitsvisum zugeschickt zu bekommen, war so groß wie die, hinter der nächsten Straßenecke auf eine Gruppe Pinguine zu treffen.

Das Verhältnis zwischen meiner Noch-Ehefrau Ingrid und mir war nicht das Beste. Um ehrlich zu sein, war ich mir ziemlich sicher, dass sie es gar nicht so schlecht fand, dass ich mich über 5.000 Kilometer weit entfernt befand. Trotzdem hielten wir losen Kontakt, und sei es nur, damit unsere Tochter wusste, dass sie neben der Mutter auch noch einen Vater besaß – mich.

Ingrid arbeitete als Sekretärin bei »Ferrostaal« in Essen, einem großen Unternehmen, das sich auf Anlagenbau spezialisiert hatte. Das Verwaltungsgebäude von Ferrostaal befand sich inmitten eines gewaltigen Komplexes, in dem einige weitere große Unternehmen ihre administrativen Zentralen errichtet hatten.

»Ich kann mich ja mal umhören, aber versprechen kann ich nichts«, sagte Ingrid am Telefon und ihr Tonfall verriet, dass sie sich kein Bein für mich ausreißen würde. Kein Wunder, waren wir uns trotz unserer Eheschließung und dem gemeinsamen Kind doch immer auf eine gewisse Art fremd geblieben. Zwar hatte ich nicht viel Hoffnung, dass sich auf diesem Weg etwas für mich finden lassen würde und bereitete mich innerlich schon darauf vor, zukünftig nun doch bei irgendeinem Bekannten meines Vaters Esel über die Felder zu treiben oder Steine zu schleppen, da meldete sich Ingrid und teilte mir mit, dass sie mit einem Vorstandsmitglied aus dem benachbarten Karstadt-Verwaltungsgebäude telefoniert hätte, den sie flüchtig kannte.

»Er heißt Hochstätter.«, erklärte sie. »Er sagte, dass er dir bei einem Arbeitsvisum helfen und dir auch einen Aushilfsjob vermitteln könne. Aber das alles wird nur dann funktionieren, wenn du nachweist, dass du eine Wohnung hast.«

»Aber wie soll ich denn aus Pakistan eine Wohnung organisieren?

Ich bin Ausländer, ohne Arbeit und ohne Einkommen. Und ich habe ja nicht einmal ein Visum.«

»Das ist dein Problem, Aziz. Lass dir etwas einfallen.«

Sie hatte recht. Immerhin hatte sie mir eine Tür geöffnet, die ich nun alleine aufstoßen musste. Deshalb war ich ihr dankbar und besann mich der vielen netten Menschen, die ich in Deutschland in den letzten Jahren kennengelernt hatte. Ich kramte einige Rupien zusammen, nahm mein kleines Notizheft mit Telefonnummern, suchte eine Telefonzelle und legte los. Und siehe da, einer meiner Freunde versprach mir, mich in einem Essener Studentenwohnheim anzumelden, sodass ich zumindest eine deutsche Adresse angeben konnte, damit ich die Chance auf ein Visum erhielt.

Wieder schickte ich meinen Pass nach Karatschi und wartete ab. Diesmal dauerte es länger, bis ich eine Antwort erhielt. Später sollte ich erzählt bekommen, dass sich der angesprochene Herr Hochstätter ohne mein Wissen sehr für mich eingesetzt hatte. Keine Ahnung, ob er das für Ingrid getan hatte oder für mich. Oder vielleicht einfach deswegen, weil er ein gutes Herz hatte. Nach einigen Wochen erhielt ich ein Arbeitsvisum für Deutschland und spürte in diesem Moment, dass der Abschied von Pakistan diesmal länger sein würde.

Glücklicherweise hatte ich ein wenig Geld von meinem Lohn bei der Zeche Zollverein zurückbehalten, sodass ich diesmal das Ticket aus eigener Tasche bezahlen konnte. Und so wiederholte sich, was bereits einige Jahre zuvor geschehen war: Reisebüro alias Cannabishandel, der Verkäufer (er erkannte mich nicht wieder), der von blonden Frauen sprach, und ein One-Way-Ticket nach Köln. Diesmal allerdings war ich um einige Erfahrungen reicher, als ich wieder in Deutschland eintraf. Ich spürte, dass diese Rückkehr für einen Suchenden wie mich, einen Seeker, den Anfang eines neuen, wunderbaren Lebensabschnitts bedeutete.

Es läuft. Meistens jedenfalls.

Zurück in Deutschland bezog ich mein Quartier im Studentenwohnheim. Endlich ein eigenes Zimmer. Unglaublich! Zugegeben, es bot nur ein wenig mehr Platz als meine Gefängniszelle in Wah Cantt, aber für mich war es die schönste und komfortabelste Bleibe, die ich mir in einem fremden Land vorstellen konnte. Und Platz war ohnehin ein Luxusartikel, auf den ich keinen Wert legte.

Schnell lernte ich andere Bewohner des Studentenwohnheims kennen. Mit der entsprechenden Offenheit und dem echten Interesse daran, die Welt zu entdecken, war das auch überhaupt kein Problem. Ich trat jedem offen gegenüber, beantwortete gerne Fragen zu meiner Herkunft und meinem Land. Und dann stellte man schnell genug fest, dass Grenzen nur dann existierten, wenn man sie sich in seinem Kopf aufbaut. Unterschiedliche Kulturen, Ansichten, Erfahrungen waren doch eigentlich ein unendlicher Quell, um miteinander zu lernen und zu lachen. So zumindest betrachteten es meine neuen Freunde und ich.

Und dann war es an der Zeit, meinen ersten Arbeitstag zu beginnen. Herr Hofstätter hatte sein Versprechen nicht nur in Bezug auf das Visum gehalten, sondern mir auch eine Aushilfstätigkeit verschafft – natürlich bei Karstadt. Mit einem Zettel in der Hand, auf dem ich die Adresse notiert hatte, die mir Ingrid gegeben hatte, lief ich durch Essen und suchte meinen Arbeitsplatz. Zu meinem Erstaunen stand ich plötzlich vor einem riesigen Kaufhaus, nicht, wie ich erwartet hatte, vor einer heruntergekommenen Lagerhalle. Konnte das richtig sein? Wie auch immer, ich musste mich in der Lebensmittelabteilung melden, hatte mir Herr Hofstätter ausrichten lassen. Und die musste ich jetzt erst einmal finden.

Das Angebot des Warenhauses erschlug mich. Noch nie hatte ich so viel Hosen, Hemden, Jacken, Spielzeug, Schuhe, Töpfe, Pfannen,

Schminke, Radios, ... gesehen wie an diesem Ort. Um mich herum wuselten Unmengen von Menschen, manche trugen Einkaufsbeutel, andere betrachteten die Dinge in den Auslagen. Es roch nach Duftwasser. Irgendwie wie auf einem indischen Basar, aber viel kultivierter, leiser und eleganter.

Ich verirrte mich diverse Male, bis ich die Lebensmittelabteilung gefunden hatte. Dort fragte ich eine sehr nette (und blonde!) Dame mittleren Alters, wie ich denn zum Büro kommen könnte. Sie wies hinter ein Regal mit Chips, über dem ein großes Plakat »Weltneuheit! Einfach lecker« prangte.

»Links davon ist der Eingang zum Büro. Es ist bestimmt auch jemand da.«

Ich bedankte mich artig und ging in die angesprochene Richtung. Herr Hofstätter hatte Wort gehalten, die beiden Männer im Büro waren über mein Eintreffen informiert und der erste machte sich sofort daran, mir meine Aufgaben zu erklären. Komisch, bis zu diesem Augenblick hatte ich nicht eine Sekunde darüber nachgedacht, was ich hier eigentlich verdienen würde. Aber eigentlich war das auch egal, denn es war aufregend und spannend und Geld war ohnehin nicht so wichtig.

Es dauerte nicht lange, bis ich mich in der Lebensmittelabteilung und dem dahinter befindlichen Lager zurechtfand. Als hätte ich seit Monaten nichts anderes getan, trug ich die Körbe mit Früchten, deren Namen ich ebenso wenig kannte wie ihren Geschmack, durch die kauffreudige Kundschaft. Hauptsächlich aber sortierte ich Käse. Und immer waren jede Menge Kunden zugegen, die aus der Masse an Waren auswählen wollten.

Es waren die 60er-Jahre und dieses Kaufhaus erlebte einen regelrechten Boom. Jeder, der etwas auf sich hielt, kaufte nicht mehr beim Krämer um die Ecke, sondern bummelte genüsslich durch ein riesiges Kaufhaus wie dieses. Und ich war seit heute ein Teil davon, einer, der die Regale immer wieder auffüllte, wenn etwas aus dem überreichen Angebot vergriffen war. Meine Kollegen, zumeist auch Studenten oder

Schüler, die sich ein paar Mark zu ihrem Taschengeld dazuverdienen wollten, klopften mir auf die Schulter und wunderten sich zuweilen, dass ich gar nicht müde wurde, einen Karton nach dem anderen aus dem Lager zu schleppen und einzuräumen.

Der erste Tag neigte sich seinem Ende zu. Die Erlebnisse waren überwältigend für mich. Und das Beste war: Ich musste nur eine Nacht schlafen, dann würde ich das alles noch einmal erleben dürfen, denn die Männer aus dem Büro hatten mir zum Ende des Arbeitstages mitgeteilt, dass sie mich morgen gerne wieder sehen würden. Konnte es besser laufen?

Und so erschien ich bestens gelaunt zu meinem zweiten Arbeitstag. Ich meldete mich im Büro, um meine Aufgaben für meinen zweiten Einsatz in der Lebensmittelabteilung zu erhalten. Doch es sollte anders kommen. Bevor ich überhaupt nach den heutigen Tätigkeiten fragen konnte, sagte einer der beiden Abteilungsleiter zu mir:

»Aziz, du bist ab heute nicht mehr bei uns. Du wechselst in die Abteilung für Herrenausstattung. Dritter Stock, links der Rolltreppe findest du das Büro. Melde dich dort.«

»Und ich soll wirklich nicht ...«

»Nein, sollst du nicht. Du hast gestern gut gearbeitet, aber ab heute kannst du die Männer einkleiden.«

Gut, wenn meine Lebensmittel-Chefs sagen, dass ich mich in einer anderen Abteilung melden soll, dann tue ich das natürlich. Und siehe da, dass Büro im dritten Stock und links der Rolltreppe sah bereits von außen noch ein wenig einladender aus als sein Pendant hinter dem Chips-Regal. Auch hier wusste man schon Bescheid, dass ich vorstellig werden würde. Man führte mich herum, erklärte mir die Aufteilung im Verkaufsbereich sowie im Lager und schon konnte ich loslegen. Ich räumte ein, hing die Ware in das vorgesehene Regal, faltete Hemden und beriet Kunden, wenn sie mich ansprachen. Wie ein echter Verkäufer. Was für ein Traum! Vor nicht allzu langer Zeit schien vollkommen klar zu sein, dass ich Pakistan niemals verlassen würde und wahrscheinlich den Rest meines Lebens in Wah Cantt verbringen würde. Und jetzt fragten mich bereits Kunden aus Deutschland, ob der graue oder der blau-gemaserte Schlips besser zu ihrem Hemd passen würden.

Am Ende des Tages ging einer der Herren aus dem Büro an mir vorbei und nickte mir freundlich zu.

»Na, da hat der Hofstätter ja mal eine vernünftige Aushilfe geschickt.«

Hofstätter? War er es gewesen, der mich aus der Lebensmittelabteilung herausgeholt und einige Stockwerke höher befördert hatte? Warum? Vielleicht war er wirklich das kleine Männchen, das irgendwo darauf wartete, mit Glück um sich zu werfen. Egal, scheinbar hatte ich auch meine Arbeit in der Herrenabteilung gut gemacht und meine Vorgesetzten waren zufrieden mit mir. Der Tag war vorüber und ich entschied, wie am Tag zuvor die wenigen Stationen mit der Bahn zurückzufahren. Ein wenig Luxus musste nach den vielen Stunden im Kaufhaus einfach drin sein. Und damit näherte sich auch schon der Augenblick, in dem ich feststellen sollte, dass ich dieses Land wohl doch noch nicht so ganz verstanden hatte.

Die Straßenbahn holperte langsam auf den Gleisen entlang und bevor sie hielt, erklang aus dem Lautsprecher die Durchsage des Fahrers, welche Station denn nun folgen würde. Das glaubte ich zumindest, denn zu verstehen war die Ansage überhaupt nicht. Es war einfach nur ein blechernes Geräusch, das nur entfernt an eine menschliche Stimme erinnerte. Da ich jedoch am Vortrag bereits zwei Stationen zu weit gefahren war und mein Rückweg zum Studentenwohnheim beinahe so weit gewesen war, als wäre ich von Karstadt aus gelaufen, versuchte ich mich diesmal voll und ganz auf die Ansagen zu konzentrieren.

Es half nichts. Ich verstand nichts außer »Nächster Halt, Pksderek« oder »Station Kchchcosplatz«.

Ratlos sah ich mich um. Um mich herum waren viele Menschen, standen eng an eng, und in ihren Gesichtern konnte ich sehen, wie abgekämpft sie von ihrer Arbeit waren. Sie sprachen wenig, ganz anders als in den pakistanischen Zügen, wo es keine Sekunde gab, in der nicht irgendwer irgendwem etwas über das Leiden seiner Ziege oder das Alter seines Wasserbüffels erzählte.

Plötzlich entdeckte ich an der Decke des Zuges etwas, was Rettung versprach. Da hing ein Lautsprecher aus Metall, an den ein auffälliges Schild mit der Aufschrift »Neumann« geschraubt war. Das war also die Lösung. Die Deutschen dachten einfach an alles. Ich drängte mich durch die Menschen, um möglichst schnell unter diesen Lautsprecher zu gelangen. Einige beschwerten sich, aber ich erklärte ihnen so freundlich wie möglich:

»Ich bin Neumann.«

Wieder ein böser Blick (ich war der Dame versehentlich auf den Fuß getreten) und wieder erklärte ich:

»Bitte entschuldigen sie. Ich bin Neumann.«

Sie sah mich an, als ob ich vollkommen durchgedreht wäre, und schüttelte verständnislos den Kopf. Ich ging weiter und hatte es irgendwann wirklich geschafft, mich direkt unter dem Lautsprecher zu positionieren. Bestimmt würde gleich eine sauber gesprochene Durchsage erklingen, damit ich als Ausländer, also als »Neumann«, sie auch gut verstehen würde. Vielleicht würde sogar ein netter Schaffner erscheinen und mich fragen, wie er mir denn behilflich sein könne. Aber nichts geschah. Die Menschen drängten sich weiterhin und die neue Ansage »Station Ksrruhweg« war nicht besser als die vorangegangenen.

Ich, der Neumann, fuhr vier Stationen zu weit und warf dem Lautsprecher einen vernichtenden Blick zu, als ich die Bahn verließ. Und dann musste ich herzhaft lachen, denn so langsam dämmerte mir, dass nicht ich der Neumann war, sondern dass der Name der Firma gehörte, die den Lautsprecher hergestellt hatte. Wieder etwas Neues, das ich an diesem Tag gelernt hatte.

Es gibt keine Wunder? Von wegen!

Tag 3 meines neuen Lebens als Mitarbeiter von Karstadt. Ich lief zur Arbeit und verzichtete auf die Bahn. Warum? Ich wäre mir etwas dumm vorgekommen, wenn mein Blick auf den Neumann-Lautsprecher gefallen wäre. In dem Kaufhaus angekommen, meldete ich mich pflichtbewusst im Büro der Herrenausstattung, um meine heutigen Aufgaben zu erfahren. Zu meiner Überraschung wurde mir jedoch mitgeteilt, dass ich bitte Herrn Hofstätter aufsuchen sollte.

Hatte ich etwas falsch gemacht? Nein, zumindest nicht, dass ich etwas davon wüsste. Also begab ich mich direkt zu den nicht weit entfernten Karstadt-Verwaltungsgebäuden. Ich musste mich am Empfang melden und lächelte die etwas irritiert dreinschauende Dame an, die dort hinter einer Glasscheibe saß.

»Bitte, ich soll mich bei Herrn Hofstätter melden.«

»Bei Herrn Hofstätter?«, fragte sie.

»Ja, bei Herrn Hofstätter.«

Ungläubig zog sie die Augenbrauen zusammen, sah mich noch einmal prüfend an, und nahm den Telefonhörer zur Hand.

»Ja, guten Tag, Herr Hofstätter. Hier steht ein junger Mann, der angeblich zu ihnen will. ... Ja, ein Ausländer. ... Gut, wenn Sie das so wünschen. ... Ich richte es ihm aus.«

Dann legte sie auf und versuchte, sich so etwas wie einen freundlichen Ausdruck aufs Gesicht zu zaubern.

»Sie können zu ihm. Dort hinten ist der Fahrstuhl. Fahren sie in die 5. Etage und gehen rechts den Gang entlang. Die Büroräume sind mit Namensschildern versehen. Das Büro von Herrn Hofstätter liegt etwas weiter hinten.«

Im fünften Stock des Verwaltungsgebäudes herrschte Ruhe. Man hätte eine Stecknadel fallen hören können. Die Gänge waren mit dunkelgrauem Teppich ausgelegt, sehr sauber, und alle Türen zu den verschiedenen Büros waren geschlossen. Es herrschte eine Atmosphäre, in der man sich kaum traute, laut aufzutreten. Oder zu atmen. Es war klar, dass hier nur eine Personengruppe untergebracht sein konnte: die Ober-Oberchefs. Also nicht die Abteilungsleiter oder Kaufhausleiter, sondern die Denker und Lenker des Unternehmens. Ja, gut, dachte ich mir, es sind ja alles nur ganz normale Menschen. Sie sitzen eben einfach nur in einem Büro mit einem hübschen Teppich.

Ich entdeckte das Namensschild von Herrn Hofstätter und klopfte an. Es dauerte nicht lange, bis er die Tür öffnete. Er begrüßte mich mit freundlichem Handschlag und fragte, ob ich mich denn gut bei Karstadt eingelebt hätte. Was sollte ich sagen, war ich doch erst seit zwei Tagen hier.

»Alle sind sehr freundlich und die Arbeit macht Spaß«, antwortete ich wahrheitsgemäß.

»Sehr schön, sehr schön«, antwortete er. »Ich habe eine neue Aufgabe für dich. Das wird dir Spaß machen und vielleicht kannst du dort sogar etwas lernen.«

»Eine neue Aufgabe? Aber ich bin doch erst gestern in die Herrenausstatter-Abteilung gewechselt.«

»Das ist egal. Woanders wirst du dringender gebraucht.«

Und dann erklärte mir Herr Hofstätter, dass die Bauabteilung des Konzerns gerade dabei war, in ein anderes Gebäude umzuziehen. Dort würde ich sicherlich gut zur Hand gehen können, denn gerade das Falten oder Zusammenrollen der architektonischen Zeichnungen erfordere Zeit, Geduld und Manpower.

»Und wo finde ich die Bauabteilung?«, fragte ich.

»Ich bringe dich hin. Es ist nicht weit und ich muss sowieso dorthin.«

Ohne weitere Fragen zu stellen, folgte ich Herrn Hofstätter und war überrascht, wie ergeben er von allen Personen gegrüßt wurde, die wir unterwegs trafen. Er führte mich in ein benachbartes Gebäude und sofort erkannte ich, dass hier hart gearbeitet wurde. Es war ein heilloses Durcheinander, überall packten Leute Kisten zusammen, beschrifteten diese und stellten sie in den Fluren übereinander. Beim Blick in die verschiedenen Büros erkannte ich, dass hier in den letzten Tagen schon ganze Arbeit geleistet worden war. Der Umzug war also im vollen Gange.

Herr Hofstätter führte mich in einen großen Raum, die Einrichtungsabteilung. Er war voller Schreibtische, die mit Papierstapeln, Plänen und Zeichnungen vollgestopft waren. An jedem dieser Tische saß mindestens eine Person, die voll und ganz damit beschäftigt war, die Unterlagen in eine transportgerechte Form zu bringen. Ein paar sahen von ihrer Arbeit auf, als wir eintraten. Mir schenkte kaum jemand Beachtung, während das Erscheinen von Herrn Hofstätter doch recht schnell für eine Verringerung der Lautstärke sorgte.

Ich sah mich um und augenblicklich drängte sich mir eine Frage auf, die ich Herrn Hofstätter auch augenblicklich stellte:

»Entschuldigung, mein Herr, wo soll ich denn hier arbeiten?«

Er sah sich um und ging ein paar Schritte durch den Raum. Dann blieb er vor einem der Schreibtische stehen, auf dem zwar einige zusammengerollte Pläne lagen, aber an dem niemand saß.

»Wann ist der Abteilungsleiter Herr Amberger wieder da?«, fragte er laut.

»In zwei Wochen«, kam die Antwort aus einer Ecke des Raumes.

»Dann geh einfach an diesen Platz«, wies Hofstätter mich an, lächelte noch einmal und ließ mich an dem Platz eines Architekten zurück, der offensichtlich gerade an einem anderen Ort Umzugskisten packte. Nicht im Traum hätte ich ahnen können, dass ich mich gerade an meinen Arbeitsplatz für die nächsten 24 Jahre gesetzt hatte. Ja, wirklich, aber dazu bedurfte es noch einiger Ereignisse, die man mit dem Wort »unglaublich« wohl am besten zusammenfassen könnte.

Ein Mann am Nebentisch gab mir kurze Anweisungen, was ich zu tun hätte, für welche Pläne ich zuständig wäre und wie ich sie am effizientesten für den bevorstehenden Umzug vorbereiten könnte. Wie auch einige seiner Kollegen war er nicht so freundlich, wie ich die anderen Kollegen und Kolleginnen im Kaufhaus erlebt hatte. Wahrscheinlich hatten sie ihre Gründe dafür, sich mir gegenüber etwas distanziert zu verhalten. Das konnte ich ihnen nicht übel nehmen, sondern wollte stattdessen einfach weiterhin freundlich zu ihnen sein und sie unterstützen, wenn sie Hilfe brauchten.

In den darauffolgenden Tagen musste ich nicht die Abteilung wechseln. Lebensmittel und Herrenbekleidung lagen hinter mir und ich verdiente mein Geld nun damit, dass ich den Umzug der Bauabteilung vorbereitete. Wo ich landen würde, wenn der Umzug beendet wäre, würde das Schicksal entscheiden. Oder Herr Hofstätter.

Während meiner Tätigkeit musste ich häufig in andere Büros gehen, um von dort Pläne und Unterlagen zu holen, sodass ich sie transportfertig vorbereiten konnte. Dabei fand ich es spannend, zu beobachten, wie die dort beschäftigten 350 Architekten und Bauzeichner ihre Pläne anfertigten. An ihren Reißbrettern drehten sie ihre Lineale, stellten die Winkel ein, zeichneten und konstruierten. Es war faszinierend zu beobachten, wie aus einem Stück Papier nach und nach die Grundlage für den Bau eines neuen Kaufhauses entstand.

Zwei Wochen waren vergangen und meine Fähigkeiten im Rollen von Bauplänen hatten sich inzwischen auf beinahe weltmeisterliches Niveau begeben. Übung macht halt den Meister. Ein fülliger Mann mit einem Brustkorb, der mich augenblicklich an ein ausgewachsenes Panzernashorn erinnerte, betrat den Raum. Er baute sich direkt vor meinem Schreibtisch auf. Ohne Vorrede sagte er zu mir:

»Die Geschäftsführung wünscht ein neues Großraumbüro. Es müssen zweiundzwanzig Personen darin Platz finden. Aber es muss auch noch ein zusätzlicher Schreibtisch untergebracht werden, an dem zwei Sekretärinnen separat arbeiten können. Die übrigen Damen benötigen viel Tageslicht. Und dürfen nicht zu weit von der Tür entfernt sitzen. Und nicht zu nah bei den Sekretärinnen. Hier sind die Maße.«

Er reichte mir einen kleinen Zettel mit einigen Längenangaben.
»Entschuldigung, da muss ein Missverständnis vorliegen. Ich bin kein ...«

Weiter kam ich nicht, denn der Mann fiel mir ins Wort:
»In zwei Stunden will ich etwas Vernünftiges sehen. Ich gehe jetzt essen.«

Dann war er verschwunden. Überfordert sah ich in den Raum und konnte einige Kollegen sehen, die den Kopf schüttelten und sich dann wieder ihren Plänen widmeten. Was war gerade geschehen? Da hat mir so ein Kerl einen Arbeitsauftrag gegeben, weil er scheinbar gedacht hatte, dass ich ein Architekt sei. Aber wie kam er darauf? Natürlich, ich saß an dem Tisch irgendeines Architekten und deshalb dachte er wohl, ich sei einer der vielen Mitarbeiter der bautechnischen Einrichtung.

Aber warum konnte er hier einfach reinschneien und Aufträge verteilen? Das war doch eigentlich die Aufgabe von ... Oh nein, jetzt wurde es mir klar. Der Mann, der gerade so großspurig aufgetreten war, war niemand anderes als Abteilungsleiter Amberger. Und er hatte mich wirklich für einen Architekten gehalten. Dabei konnte ich nicht einmal ein vernünftiges Bild malen. Trotzdem kam mir der Gedanke, es einfach mal zu versuchen. Sollte ich, wie zu erwarten war, auf ganzer Linie versagen, so wäre es bestimmt kein Problem, wenn ich erklären würde, dass ich eigentlich nur ein ehemaliger pakistanischer Student bin, der aus Platzmangel an diesen Arbeitsplatz geschickt wurde. Er würde mir schon nicht den Kopf abreißen. Hoffte ich.

Ich nahm mir ein Stück Papier und einen Bleistift. Von beidem gab es hier mehr als genug. Zweiundzwanzig Personen mit eigenen Arbeitstischen, hatte er gesagt. Und zwei Sekretärinnen mit einem separaten Platz weiter davon entfernt. Tageslicht war wichtig. Und so weiter. Ich dachte nach und letztendlich gab es nach meinem Dafürhalten nur eine einzige Möglichkeit, wie alle genannten Kriterien vereint werden konnten. Diese Idee kritzelte ich auf das Blatt, ohne sonderlich auf die Erkennbarkeit von Details zu achten. Und zwei Eselsohren hatte das

Blatt an seinen Kanten obendrein. Dann rollte ich weiter Baupläne zusammen.

»Und?«

Das gesättigte Panzernashorn alias Abteilungsleiter Amberger stand vor meinem Tisch und sah mich herausfordernd an. Schnell kramte ich das Papier heraus, das inzwischen unter diversen Umzugs-Bauplänen verschwunden war. Ich reichte es ihm hinüber, überlegte kurz, ob ich die Situation nicht doch vorher noch einmal klarstellen sollte, blieb aber stumm. Amberger starrte auf das Blatt, mindestens 30 Sekunden lang, dann nickte er und drehte mir den Rücken zu, sodass er vollends den Architekten im Raum zugewandt war. Er hielt meine Skizze in die Höhe, was mir ausgesprochen peinlich war, und sagte mit kräftiger Stimme:

»Meine Herren, so sieht eine Lösung aus. Sie sollten sich ein Beispiel daran nehmen. Hier, bei diesem jungen Kollegen, da können sie alle noch etwas lernen.«

Dann schaute er wieder zu mir, lächelte zum ersten Mal, und sagte:

»Gut gemacht.«

Die Missgunst war einigen im Raum deutlich anzumerken, was verständlich war, arbeiteten sie doch zum Teil seit 25 Jahren in ihrem Job. Später erfuhr ich, dass Amberger gerne Entwürfe seiner Architekten einfach zerknüllte oder zerriss und in den nächstgelegenen Papierkorb beförderte, wenn diese ihm nicht gefielen. Außerdem ging er im Normalfall nie zu seinen Mitarbeitern, sondern ließ sie in seinem Büro antanzen. Unter den Architekten war er ebenso gefürchtet wie unbeliebt. Insofern konnte ich verstehen, dass die anderen nicht gerade Freudentänze aufführten, als die Amateur-Kritzelei eines Hilfsarbeiters als positives Beispiel genannt worden war.

In den folgenden Tagen kam der Abteilungsleiter immer wieder zu mir. Keine Ahnung, warum. Vielleicht, weil ich immer noch an diesem

Schreibtisch saß. Er unterhielt sich mit mir und ich merkte, wie er nach und nach immer weicher wurde. Ich erkannte seine väterliche Seite, die er scheinbar vor den anderen über Jahre versteckt gehalten hatte, denn unter den Architekten galt er als herrisch, ungerecht und aufbrausend. Ich dagegen begann Herrn Amberger zu mögen. Eines Abends nahm er mich aus dem Büro und sagte im Flur zu mir:

»Ich sehe ein Talent in dir. Ab morgen wirst du als Technischer Zeichner für uns tätig sein.«

»Das ist sehr großzügig, mein Herr. Aber eigentlich bin ich Programmierer und ...«

Amberger winkte ab. »Das kannst du gleich vergessen. Hat sowieso keine Zukunft. Wir finanzieren dir ein Studium der Architektur.«

»Wir?«

»Karstadt. Wir machen das schon. Du kannst jetzt noch in die VW-Hochschule für Architektur und Design in Essen einsteigen. Wenn es Probleme gibt, sag Bescheid.«

Ich öffnete den Mund, konnte ich doch gar nicht fassen, was ich gerade gehört hatte. Aber ebenso streng wie Amberger war, so schonungslos ehrlich war er auch. Ich vertraute ihm. Als ich mich zurück an meine Arbeit machen wollte, hielt er mich zurück.

»Du machst für heute Feierabend. Ab morgen wirst du als Bauzeichner bezahlt.«

Es war mir kaum möglich, einen klaren Gedanken zu fassen. Glücklich verließ ich das Gebäude, um mich auf den Weg zum Studentenwohnheim zu machen und meinen Freunden von der fabelhaften Entwicklung zu erzählen. Das alles war wie ein Traum, aus dem ich einfach nicht mehr erwachen sollte.

Fast Food auf Deutsch

Fassen wir noch einmal zusammen: Vor einigen Jahren kam ich mit sechs Pfund in der Tasche nach Deutschland. Was ich bei mir hatte, waren einige Bücher, die Kleidung, die ich am Leib trug plus etwas Wäsche zum Wechseln, ein Arbeitsvisum sowie die Zusage der Universität Essen, dass ich dort Bergbau studieren könne. Was ich außerdem hatte, war der feste Glaube und die Zuversicht darauf, dass alles funktionieren würde – obwohl ich bei meiner Ankunft nicht ein Wort Deutsch sprechen konnte. Nun war ich als Programmierer zurückgekehrt und war innerhalb kürzester Zeit vom Hilfsarbeiter zum technischen Zeichner und angehenden Studenten der Architektur aufgestiegen. Voll finanziert durch den Karstadt-Konzern. Und das, wo ich eigentlich aus einem Leben kam, in dem jeder immer sagte:

»Du kannst froh sein, wenn du überhaupt etwas zu essen bekommst.«

Ich kam im Karstadt-Verwaltungsgebäude an, so anständig gekleidet wie noch nie in meinem Leben. Das war etwas ungewohnt und am liebsten hätte ich meine Schuhe ausgezogen und wäre barfuß gegangen, aber das konnte ich auch später machen, wenn ich erst einmal im Job etabliert wäre. Wie gewohnt setzte ich mich an meinen Platz und begann, die Pläne für den Umzug vorzubereiten. Es dauerte nicht lange, bis Amberger, der inzwischen Teil meines persönlichen Wunders geworden war, erschien.

Er nickte und brummte leise, was wahrscheinlich seine Art war, »Guten Tag« zu sagen. Dann legte er mir einige Papiere vor.

»Hier, Dein Vertrag als Bauzeichner. Du erscheinst jeden Wochentag pünktlich um 9 Uhr in diesem Büro. So lange, bis wir umgezogen sind.«

»Äh, ja, vielen Dank. Darf ich fragen, wie es sich mit dem Architekturstudium verhält.«

»Abends wirst du die Bauingenieurschule in Bochum besuchen,

Junge. Dann kannst du tagsüber voll arbeiten. Den genauen Plan und die Adresse erhältst du im Laufe des Tages. Und jetzt mach weiter, der Umzug findet in wenigen Tagen statt.«

Punkt. Das war die kurze Anleitung für mein neues Leben. Nun ja, ich hatte im Laufe meines bisherigen Daseins schon schwierigere Situationen überstanden und freute mich einfach darüber, was in diesen Tagen mit mir passierte. Hatte sich meine Tätigkeit aufgrund des nahenden Umzugs eigentlich nicht verändert, so gab es doch eine Sache, die neu für mich war. Im Gegensatz zu meiner Aushilfstätigkeit hatte ich nun offiziell Anspruch darauf, mittags in die firmeneigene Kantine zu gehen und etwas zu essen. So zumindest erklärten es mir einige Kollegen (komisch, dass ich sie seit heute so bezeichnen durfte), mit denen ich im Büro saß. Sie betrachteten mich scheinbar nicht mehr ganz von oben herab und einige versuchten sogar, den Menschen Aziz kennenzulernen.

Glücklicherweise hatte Amberger mit dem Arbeitsvertrag auch einen kleinen Umschlag auf meinen Tisch gelegt, in dem sich etwas Geld befand, dass ich während meiner kurzen Aushilfstätigkeit verdient hatte. Also konnte ich mir den Gang in die Kantine leisten, etwas, was ebenfalls eine Premiere in meinem Leben darstellte.

Über der Karstadt-Werkskantine hing ein schwerer Geruch von gebratenem Fleisch, verschiedensten Beilagen und gemüseähnlichem Einerlei. Hier durfte man nur Essen gehen, wenn man Mitglied der Verwaltung war, wurde mir erklärt. Mitarbeiter aus dem Verkaufshaus hätten hier ebenso wenig verloren wie Menschen, die nicht für den Konzern tätig waren. Es war also ein Nahrungstempel für die Spitzen-Prädatoren, wobei die sich in einem abgegrenzten Bereich befanden, der ausschließlich der Geschäftsleitung vorbehalten war.

Es gab eine Auswahl von fünf Gerichten, etwas, was ich aus meiner Heimat nicht kannte. Was für ein Luxus, war mir bisher doch nur das Es-wird-gegessen,-was-auf-den-Tisch-kommt-Prinzip bekannt (was bisher auch vollkommen ausreichend war). Mir fiel die Entscheidung schwer, denn alle Gerichte interessierten mich. Eine nette Dame stellte mir freundlich einen Teller mit Braten und Kartoffelpüree auf die Auslage, wünschte mir »Guten Appetit«, und dann folgte ich meinen Kollegen an einen freien Tisch. Das war aufregend. Ich durfte während der Arbeit essen. Unglaublich.

Während ich gerade noch dabei war, den dampfenden Teller vor mir zu betrachten und den Geruch eines viel zu dicken Stückes Fleisch in mich aufzunehmen, waren die Bauzeichner und Architekten um mich herum bereits dabei, sich die Gabeln mit möglichst großen Portionen in den Mund zu schieben. Sie schwiegen und waren voll in ihre Mahlzeiten vertieft, während ich noch nicht einmal mein Besteck in der Hand hielt. Scheinbar stand man hier unter enormen Zeitdruck, vermutete ich. Aber wie sollte man dann vernünftig essen, ohne direkt von einem unangenehmen Völlegefühl heimgesucht zu werden?

»Keinen Hunger?«, fragte ein Kollege quer über den Tisch.

»Doch, doch«, antwortete ich. »Ich nehme mir nur etwas Zeit.«

Er schüttelte den Kopf und schob sich die nächste Fuhre in den Mund.

Über der Eingangstür der Kantine prangte eine riesige Uhr. So eine, wie man sie sonst nur auf Bahnhöfen sieht. Immer wieder sahen Mitarbeiter von anderen Tischen von ihrem Essen auf und kontrollierten, ob sie noch im erlaubten Rahmen der ihnen zustehenden Pausenzeiten waren. Warum, fragte ich mich. Würden sie nicht viel produktiver sein, wenn sie ohne jede Hast essen und ihre Mahlzeit wirklich genießen würden? Mit dieser Meinung schien ich allerdings allein zu stehen.

Der erste Biss in den Braten war eine Erfüllung, hatte ich doch noch nie erlebt, dass man Fleisch auf diese Art zubereiten konnte. Genüsslich kaute ich auf ihm herum und nahm seinen Geschmack in mich auf, so, wie es Essen nun einmal verdient hatte. Immerhin bot uns Mutter Natur so viele Möglichkeiten, die unterschiedlichsten Speisen zu uns nehmen zu können, dass man dies eben auch entsprechend würdigen und genießen sollte.

Gut gelaunt versuchte ich, ein Gespräch zu starten, gab es doch so viel Wissenswertes, was ich hätte von den Kollegen erfahren können. Immerhin verfügten sie über so viele Berufserfahrung in meinem zukünftigen Arbeitsbereich, dass sie ein Quell des Wissens für einen Neuling wie mich waren. Aber schnell musste ich feststellen, dass die Zufuhr von Nahrung scheinbar einen zu großen Stellenwert einnahm, als dass man sie durch solche Banalitäten hätte unterbrechen sollen. Okay, Lektion gelernt. Jetzt wollte ich ein wenig von meinem Püree probieren, dass ich zwar aus meiner Heimat kannte, allerdings nur mit Linsen oder Auberginen. Dass man Püree auch aus Kartoffeln herstellen konnte, fand ich ausgesprochen interessant.

Gerade, als ich die Gabel in meinen Mund führen wollte, ließ mein Sitznachbar sein Besteck geräuschvoll auf den Teller fallen, lehnte sich zurück und verschränkte die Arme hinter seinem Kopf.

»Aah, fertig«, sagte er und blickte zur großen Uhr über dem Eingang.

Ich sah auf seinen Teller und dort sah es aus, als wäre gerade ein mächtiger Tornado drüber gefegt und hätte alle Speisereste mit sich getragen. Er war wirklich vollkommen leer. Das musste Rekordzeit gewesen sein, hatten wir uns doch erst vor Kurzem hingesetzt.

»Ich auch«, schloss sich ein Bauzeichner an, der am hinteren Teil des Tisches saß.

Und mein Teller? Er war noch immer so gut wie voll. Während ich jetzt wirklich das Püree, das ebenfalls neuartig, dabei aber sehr lecker schmeckte, in meinen Mund schob, beobachtete ich die anderen Gäste der Kantine. Es hätte ja sein können, dass ich zufälligerweise den Tisch mit den Personen erwischt hatte, deren Gehalt in direktem Zusammenhang mit der Geschwindigkeit beim Essen stand. Aber so war es nicht. Außer mir stopften alle ihr Mittagessen in sich hinein, als wenn neben ihnen jemand mit einer Stoppuhr stehen würde. Manche steckten sich eine Zigarette an, die sie dann mit weit mehr Hingabe rauchten, als sie für das Essen aufgewendet hatten.

Es wirkte, als schaufelten die Menschen um mich herum das Essen einfach nur in einen menschlichen Abfalleimer. Nachdenklich verließ ich einige Zeit später die Kantine, weil meine Kollegen mich darauf hinwiesen, dass wir an unseren Arbeitsplatz zurückzukehren hätten.

»Auch, wenn ich noch nicht fertig bin?«, fragte ich.

»Natürlich, die Uhr bleibt ja nicht extra für dich stehen.«

Klar, das verstand ich, aber warum diktierte eine Uhr, die nicht mehr ist als ein mechanisches Gerät zur Messung der Tageszeit, wie schnell ich zu Essen habe? Wo lag der Sinn darin?

Ich setzte mich wieder an meinen Tisch, dachte an meinen nicht einmal zu einem Drittel gegessenen Teller mit Braten, da hörte ich den Kollegen mit dem Tornado auf seinem Teller laut in die Runde sagen:

»Oh Mann, ich habe ein Gefühl, als hätte ich Steine im Bauch. Hat jemand etwas gegen Magenschmerzen? Ein Abführmittel wäre auch okay.«

Spätestens jetzt verstand ich die Welt wirklich nicht mehr. So, wie ich diese ganzen gebildeten Personen eben am Tisch erlebt hatte, sah es aus, als würden sie sich Sorgen machen, dass sie nicht genug zu essen bekommen würden. Und dann, nachdem sie sich vollgestopft hatten, machten sie sich wieder Sorgen. Nämlich darum, wie sie das ganze Essen in ihrem Körper wieder loswerden könnten. Notfalls sogar mit Medikamenten. Selbst heutzutage esse ich immer noch langsam, wenn ich mich mit anderen vergleiche. Oder diese anderen essen schnell, ganz so, von welcher Seite aus man es betrachten will. Der Sinn des kulinarischen Reinschaufelns hat sich mir allerdings noch immer nicht erschlossen.

Einer der Kollegen, ein kleiner, rundlicher Kerl, der sich gerne im Hintergrund hielt, ging später als die anderen zur Kantine. Er erschien nach weniger als 20 Minuten wieder im Büro. Als er meinen Schreibtisch passierte, fragte ich ihn:

»Na, was hast du denn heute gegessen?«

Er dachte kurz nach, schüttelte dann den Kopf und antwortete:

»Weiß ich nicht.«

Dann setzte er sich an seinen Platz und arbeitete weiter.

Am Nachmittag dieses Tages kam eine Sekretärin vorbei und übergab mir die Bestätigung, dass ich ab der kommenden Woche in das bereits laufende erste Semester eines Architekturstudiums einsteigen dürfte, dessen Vorlesungszeiten immer erst nach meinem Dienstende lagen. Über dem Schreiben war unübersehbar das Karstadt-Logo eingestanzt. Herr Amberger hatte Wort gehalten. Aber das hatte ich ja schon vorher gewusst.

Der Karstadt-Typ

Ich hatte mich bei Karstadt eingearbeitet, sah viel bei anderen Bauzeichnern und Architekten zu, betrachtete genau ihre Vorgehensweisen und verglich sie miteinander. Was führte zu einem brauchbaren Resultat? Welche Arbeitsschritte waren dabei eigentlich überflüssig? Konnte man die jeweiligen Arbeitsaufträge auch anders bearbeiten? Und so weiter ...

Dabei fiel mir selbst auf, dass ich irgendwie anders als die anderen war. Nicht wegen meiner Hautfarbe und auch nicht, weil ich eine andere Muttersprache besaß. Es war nur so, dass die langjährigen Karstadt-Mitarbeiter eine Menge Gemeinsamkeiten hatten, die ich von Natur aus nicht besaß. Allerdings hatte ich nicht das Gefühl, dass deswegen bei mir etwas nicht stimmen würde. Im Gegenteil: Nach und nach stellte ich fest, dass ich scheinbar etwas besaß, was vielen anderen hier fehlte. Das hört sich ausgesprochen arrogant und überheblich an, und das ist mir bewusst. Dabei spiele ich nur darauf an, dass ich den nächsten Schritt eines Prozesses vollkommen natürlich voraussehen konnte, meine Kollegen konnten das nicht. Kein Wunder, waren sie doch wohl behütet in einem guten Elternhaus aufgewachsen und dadurch nie in die Verlegenheit gekommen, sich Situationen aussetzen zu müssen, in denen das Vorausschauen zur Vermeidung von brenzligen Situationen notwendig gewesen wäre.

Egal, was während eines Arbeitstages passierte, es konnte mich eigentlich nichts überraschen. Meine Kollegen dagegen schon. So, als würden sie als Horde folgsamer Schafe hinter dem Boss mit der Glocke um den Hals hinterhertrotten, so lange bis der frontal gegen eine Mauer lief. Ich bin sicher, sie wären gefolgt ohne nachzudenken, bis sie sich alle eine ordentliche Beule an dieser Wand geholt hätten. Oh, da hatte das Oberschaf wohl nicht aufgepasst. Mir half es, dass ich vorher den

Kopf gehoben und die Mauer gesehen hätte. So hatte ich bis heute überlebt. Und ich merkte, dass meine Sinne eine Art Waffe geworden waren.
Und das soll jetzt bitte nicht militärisch verstanden werden, sondern als
etwas, was sich in mir über die Jahre entwickelt hatte und was vielen
anderen Menschen augenscheinlich fehlte. Übrigens bin ich überzeugter
Pazifist und wollte damals wirklich nur Kampfpilot werden, weil ich die
Jacke toll fand.

Neben dieser Beobachtung war da aber noch etwas anderes, was die
Menschen um mich herum noch viel mehr einschränkte. Es war schwer
zu greifen, aber ihre Konformität und die damit einhergehende Begren-
zung war keine menschliche Schwäche, sondern ein offen zelebriertes
Karstadt-Kalkül. Sie wollten »Karstadt-Typen« schaffen. So beschrieben es die Verantwortlichen, und so stellten sie sich die perfekte Beleg-
schaft vor. Irgendwie gruselig, nicht wahr?

Innerhalb des Konzerns wurde ganz offen darüber gesprochen, dass
man erst im Unternehmen angekommen war, wenn man zu einem Karstadt-Typen geworden war. Das bedeutete, dass man seine Individualität
an der Garderobe abzugeben hatte, wenn man die Türen zu seiner
Arbeitsstätte betraf. Besser noch, wenn man das gar nicht mehr tun
musste, weil man inzwischen auch privat zu einem festen Zahnrad des
Unternehmens mutiert war. Wer dies verinnerlicht hatte, besaß die Möglichkeit auf eine Karriere im Konzern, wer sich nicht in die Schablone
einpassen wollte, der galt als Sonderling. Meist wurde einer solchen
Person ohnehin keine lange Aufenthaltsdauer bei Karstadt gewährt.

Positiv gesehen könnte man sagen, dass der Konzern bei seinen Einstellungen keinen sonderlichen Wert auf Abschlüsse, Titel oder Aus-
zeichnungen aus dem Leben vor Karstadt legte. Ein moderner Ansatz,
allerdings vollkommen falsch ausgeführt.

»Ja, wir wissen, dass sie mehrere Doktortitel besitzen und anderen
Unternehmen Millionen eingebracht haben. Aber das ist uns vollkommen egal. Die Hauptsache ist, sie passen sich an. Sie müssen Karstadt fühlen, denken und sprechen. Sie müssen für Karstadt sterben.

Dann wird es vielleicht auch etwas mit einer Karriere in unserem Haus.«

Jegliche Individualität musste auf einen großen Haufen geworfen und anschließend verbrannt werden. Das war eine erschreckende Erkenntnis für mich und meine Kollegen, die bereits die Karstadt-Konformitäts-Schablone durchlaufen hatten (und das war der überwiegende Teil von ihnen), taten mir leid. Dass sie in ihrem privaten Umfeld kaum noch existenzfähig waren, sollte ich später noch erleben.

Für mich war die Erkenntnis, dass ich mich inmitten einer großen Zahl von Karstadt-Typen behaupten musste, ziemlich erschreckend. Ebenso bewusst war mir auch, dass das mit mir nicht funktionieren konnte. Mein Leben lang habe ich so gedacht und gehandelt, wie es meiner Persönlichkeit entsprach. Und das würde ich auch nicht ändern, denn man verkauft schließlich nicht seine Individualität für eine Sprosse auf der Karriereleiter. Bisher hatte es ganz gut ohne das geklappt.

Jeder Mensch besitzt seine eigenen Fähigkeiten. Natürlich sind diese alle unterschiedlich, aber wenn man sie richtig erkennt und fördert, kann Großes daraus entstehen. Wir müssen verstehen, dass ein Torwart andere Befähigungen benötigt als es ein Stürmer. Also sollten wir uns diese beiden Spieler genau anschauen, versuchen, ihre Potenziale zu erkennen und sie dann entsprechend ihrer Fähigkeiten an der richtigen Position einsetzen. Jeder Mensch besitzt andere Fähigkeiten. Warum versuchen wir dann permanent, in der Schule und im Berufsleben – vor allem bei Karstadt – einen bestimmten Maßstab vorzugeben, der die Schüler oder die Mitarbeiter in »sehr gut«, »befriedigend« oder »mangelhaft« einstuft? Stellte sich jemand bei Karstadt vor, dessen Fähigkeiten in Physik herausragend waren, so schien dies niemanden zu interessieren. Entpuppte er sich jedoch nach kurzer Zeit als der perfekte Karstadt-Typ, dann lag eine große Karriere vor ihm. Ohne Physik, aber ein Vorbild an Angepasstheit. Eine Person, die mit Fug und Recht behaupten können würde:

»Ich mache in diesem Konzern Karriere. Und ich habe meine Intelligenz in den Abfalleimer geworfen.«

Ich erlebte Menschen, die bei unserem ersten Kontakt vollkommen normal waren. Sie besaßen ihre Erfahrungen, ihre persönlichen Ansichten, ihr eigenes Profil. Als ich ihnen dann ein Jahr später auf irgendeinem Flur des Verwaltungsgebäudes begegnete, hatten sie sich vollständig verändert. Nichts war von der Person geblieben, mit der ich vor einigen Monaten noch locker geplaudert hatte.

Sollte nun jemand sagen, dass die Identifikation mit dem Unternehmen, für das man arbeitet, etwas Positives sei, so stimme ich dem in gewissem Rahmen zu. Es ist gut, wenn man mag, was man täglich tut. Allerdings muss dies nicht gleich in einer völligen Identifikation ausarten. Ein Beispiel: Du magst die Autos von Mercedes. Verständlich, denn sie besitzen eine hohe Qualität und ihre Formen sind zuweilen der Gipfel der motorisierten Ästhetik. Du kannst dich daran förmlich berauschen und der ein bestimmtes Modell stundenlang und von allen Seiten betrachten und davon träumen, irgendwann einmal selbst in einem so tollen Flitzer durch die Straßen zu cruisen. Du bist wirklich mit deiner Seele dabei, wenn du den Wagen bestaunst. Aber, ganz ehrlich, musst du deswegen gleich ein Mercedes-Typ werden? Musst du deine gesamte Persönlichkeit beim Eintritt in das Autohaus abgeben, in dem dein Lieblings-Modell steht? Nein, musst du nicht. Bleib doch einfach, wer du bist, und finde trotzdem die Wagen von Mercedes toll. Das ist doch eigentlich die einfachste Sache der Welt.

Erst einmal auf dieses Vorgehen aufmerksam geworden, beobachtete ich immer öfter, wie bei meinem neuen Arbeitgeber intelligente Menschen in einem Raum saßen, deren einzige Aufgabe es war, anderen Menschen, die als interessierte, neue Mitarbeiter in den Betrieb gekommen waren, ihr Leben wegzunehmen. Personalarbeit nannte man das. Es war beschämend, denn dieses Vorgehen konnte Menschen nicht glücklich machen. Schließlich benötigen glückliche Menschen weder Gesetze noch Gefängnisse. Und auch keine Schablonen. Aber diese Erkenntnis war scheinbar noch nicht bis zu den Entscheidern des Konzerns vorgedrungen. Kein Wunder, waren doch auch sie waschechte

Karstadt-Typen.

Nach einigen Wochen, die ich für Karstadt arbeitete, hörte ich, dass Abteilungsleiter Amberger entlassen worden war, der Mann, dem ich so viel zu verdanken hatte.

»Was ist passiert?«, fragte ich.

»Der hat immer seinen eigenen Kopf gehabt. Passte hier irgendwie nie richtig rein«, bekam ich als Antwort.

»Tat er nicht?«, fragte ich, obwohl ich genau der gleichen Meinung war, denn er war nie ein Karstadt-Typ geworden.

»Nein, tat er überhaupt nicht.«

Und damit war Amberger bereits Geschichte.

Alles eine Frage des richtigen Outfits

Um es vorwegzunehmen – ich wurde nie zu einem Karstadt-Typen. Sonst würde ich heute auch nicht hier sitzen und ein Buch schreiben. Zumindest keins, was man bis zu dieser Stelle hätte lesen wollen. Ehrlich gesagt hätte es auch nie funktioniert, mich in so eine starre Menschen-Schablone zu pressen, denn ich war weder bereit noch empfänglich dafür. Da ich bereits damals davon überzeugt war, dass jedem menschlichen Wesen ein Genie innewohnt, verstand ich einfach nicht, warum dieses so krampfhaft unterdrückt werden musste. Dachten denn die Verantwortlichen, dass irgendwelche Karstadt-Vorstellungen richtiger und wichtiger wären, als die Menge an Genies zu nutzen, die ihre Inspiration und ihr Können in den Konzern einbringen wollten? Karstadt schuf konforme Typen am Fließband und dachte gar nicht daran, die vorhandenen Potenziale auszuschöpfen.

Nachdem ich mein Studium erfolgreich beendet hatte, ging ich direkt in eine Anstellung als Architekt über. Um ehrlich zu sein, hatte mich das Studium nicht sonderlich gefordert, denn alles hatte logisch aufeinander aufgebaut. Das, was man zusätzlich noch lernen musste, hatte ich nachts in meinem Zimmer nachgeholt, nach einem langen Tag bei Karstadt und den darauffolgenden Vorlesungen in der Hochschule. Der Studienort wurde von Essen nach Düsseldorf verlegt, ein Glücksfall für mich, denn so hatte sich meine Studienzeit um sechs Monate verkürzt, damit die Studenten des letzten Jahrgangs nicht extra umziehen mussten.

Zurück zu Karstadt: Meine Kollegen im Unternehmen zeichneten sich vor allem dadurch aus, dass sie neben einer auffälligen Konformität eins gemeinsam hatten: einen kaum zu beschreibenden Respekt vor ihren Vorgesetzten. Wobei Respekt den Sachverhalt nicht wirklich trifft. Es war Furcht.

Vielleicht basierte diese Angst ganz einfach auf dem Fakt, dass jeder von ihnen wusste, dass niemand in das Büro eines Vorgesetzten gerufen wurde, um dort zu erfahren, dass er oder sie etwas besonders gut gemacht hatte. Nein, so etwas passierte nicht. Wurde man zum Rapport gebeten, so gab es einen auf den Deckel. Zwar wusste man nicht, wie sehr einem der Kopf gewaschen werden würde, aber es ging immer um etwas, was man verbockt hatte. Oder auch nicht. Insofern zeigten sich die Vorgesetzten nicht als hilfreiche Partner auf dem Weg hin zu einem gemeinsamen Ziel, sondern als erbarmungslose Strafinstanz. Komplimente, Anerkennung oder zumindest ein Dankeschön – Fehlanzeige!

Persönlich war ich davon überzeugt, dass diese Führung durch Angst der falsche Weg sein musste. Aber was solls, die Kollegen waren während ihrer Karstadt-Gehirnwäsche auf dieses Vorgehen vorbereitet worden. Hast du etwas falsch gemacht, dann gibt es Ärger! So war es nun einmal.

Das Problem für einige Leute war, dass es niemand geschafft hatte, mich anzupassen. Niemand hatte Erfolg dabei gehabt, mich nach Karstadt-Vorstellungen zu erziehen. Aber trotz meiner Unerzogenheit waren meine Arbeiten von hoher Qualität, zumindest spiegelten dies die jeweiligen Bauleiter wider, nachdem sie die ersten Projekte mit mir durchgeführt hatten. Und so kam es, dass ich nach und nach verantwortungsvollere Aufgaben erhielt und mir immer anspruchsvollere Projekte übertragen wurden. Viele wunderte dies, denn, wie bereits angesprochen, war ich irgendwie anders als sie.

Einer der Punkte, die meine lieben Kollegen und Kolleginnen irritierte, war, dass ich überhaupt keine Angst hatte, wenn ich in die Etage der Geschäftsführung gerufen wurde. Wovor hätte ich mich denn auch fürchten sollen? Meine Überzeugungen, mein Wissen und mein Leben konnte mir niemand nehmen. Das alles gehörte mir. Und die Männer, die dort oben saßen (es waren ausschließlich Männer), waren doch auch nur ganz normale Menschen. In einem teuren Anzug. Mehr nicht. Also plauderte ich mit ihnen über deren Familie, über ihren Lieblingssport, das Wetter, manchmal auch über Pakistan. So, wie ich mit jedem anderen Mitarbeiter in diesem Haus geplaudert hätte. Und sie genossen offensichtlich, dass sie jemand als Mensch behandelte, nicht als Mitglied der erlesenen Karstadt-Götterfamilie.

Es gab sogar einen Vorstandsvorsitzenden, der mit mir über seine familiären Probleme sprach. Tochter im schwierigsten Pubertätsalter, Ehefrau mehr an seinem Einkommen interessiert als an ihm, Hund, der auch nach Jahren nicht verstanden hat, was »stubenrein« eigentlich bedeutet. Ganz nebenbei kamen wir dann auch auf das zu sprechen, was mit der eigentlichen Arbeit zu tun hatte. Meist war dies schnell abgehandelt und ich ging gut gelaunt zurück zu meinem Arbeitsplatz. Die Kollegen verstanden nicht, warum ich nie gebückt, mit schuldbewusster Miene und einen Kopf kleiner aus der Etage des Vorstands zurückkehrte. Der Grund war ganz einfach: Weil ich mich gerade offen und freundlich mit einem anderen Menschen unterhalten hatte. Egal, was für eine Position er in diesem Konzern innehatte.

Wie im vorangegangenen Kapitel angesprochen, konnte ich mich an die Situation in den Mittagspausen nicht gewöhnen. Schnelles Essen, unangebrachte Hektik und die Nichtwürdigung der Speisen gehörten einfach nicht in meine Natur. Also sprach ich es an. Bei einem Mitglied der Geschäftsführung. Verwundert sah er mich an.

»Ja, das machen doch aber alle so.«

»Deshalb muss es nicht richtig sein. Ich halte es für ungesund.«

»Ungesund?«

»Der Magen hat gar keine Zeit, die Speisen ordentlich zu verdauen. Und das führt nicht selten zu Problemen am Nachmittag, zu Schmerzen, und nach der Frage nach einem Medikament, das einem in dieser Situation hilft.«

Er dachte nach.

»Wir können doch jetzt nicht einfach die gesamte Pausenregelung kippen, nur weil sie ...«

»Nein, mein Herr, das will ich doch gar nicht. Ich kann hier auch nicht für alle Kollegen sprechen. Nur ich. Ich würde das gerne anders handhaben.«

»Was schwebt ihnen denn vor?«

»15 Minuten mehr Pause. Ich könnte in Ruhe essen, ohne jede Hektik, und danach einen kleinen Spaziergang machen. Natürlich würde ich diese Viertelstunde an meine Arbeitszeit anhängen.«

Er sagte – gar nichts. Ganz offensichtlich hatte ihn eine solch revolutionäre Idee vollkommen aus seiner Rolle geworfen. Wagte es da wirklich jemand, an dem festen, unumstößlichen Karstadt-System zu rütteln? Unerhört, das kam einer Revolution gleich! Auf der anderen Seite... Vielleicht war es sogar richtig, wenn man zufrieden und entspannt in den Nachmittag starten würde, anstatt sich irgendwelche Tabletten gegen Sodbrennen einzuwerfen. Und was konnte der Konzern schon verlieren, wenn er zustimmen würde? Gar nichts. Obwohl es so ganz und gar nicht in das Karstadt-Schema passte.

»Okay, von mir aus. Aber erzählen sie das nur nicht überall herum. Sonst haben wir hier Sodom und Gomorrha.«

»Was ist das?«

»Vergessen sie's. Und denken sie daran, die 15 Minuten an ihre Arbeitszeit anzuhängen.«

»Vielen Dank, ich werde daran denken. Geht es der Frau Gemahlin eigentlich besser?«

Ab diesem Tag betrug meine Mittagspause 45 Minuten und ich kehrte jeden Tag glücklich und zufrieden an meinen Arbeitsplatz zurück. Magenschmerzen hatte ich in all den Jahren bei Karstadt nicht ein einziges Mal.

Der Sommer war über Deutschland hereingebrochen und diese Formulierung nutze ich bewusst, denn die Temperaturen hatten beinahe pakistanische Ausmaße angenommen. Natürlich kannte ich das, aber wenn man in einer großen Stadt lebte, dann war es noch etwas anderes. Es gab kaum Wind, es war drückend und der durch die Zeche verteilte

Staub in der Luft nahm einem den Atem.

Es herrschten 35°C, das richtige Wetter, um mich in Sandalen, Shorts und ein extra-buntes Hawaiihemd zu werfen. So würde ich den Arbeitstag gut überstehen können, zumal die Räume in der Verwaltung des Karstadt-Konzerns über Klimaanlagen verfügten. Dass diese es bestenfalls schaffen würden, die Raumtemperatur auf 30°C herabzuregulieren, wusste ich.

Meine Kollegen betrachteten mich, als hätte ich mir gerade das Fell eines Auerochsen übergeworfen. Es dauerte nicht lange, bis mich der erste von ihnen ansprach:

»Mensch, Aziz, das geht doch nicht.«

»Was meinst du?«

»Deine Kleidung. Du bist hier nicht in einer Strandbar, sondern auf der Arbeit.«

»Ich weiß. Und es ist sehr warm heute.«

»Hast du denn vergessen, dass du gleich zu einer Sitzung musst?«

»Nein, das steht doch in meinem Kalender.«

Er wollte noch etwas sagen, schloss dann aber wieder seinen Mund, schüttelte den Kopf und ließ mich stehen.

Eine Stunde später machte ich mich auf in die Etage des Vorstandes. Dort sollte das Meeting stattfinden, was gut war, denn hier gab es die bequemsten Stühle. Als ich erschien, waren bereits alle anderen anwesend. Ausschließlich Mitglieder des Vorstands, Direktoren und ich, der Architekt in luftiger Kleidung. Sie starrten mich an. Es waren keine verstohlenen Blicke, die sie mir zuwarfen, stattdessen ruhte die gesamte Aufmerksamkeit auf mir. Ich grüßte freundlich und setzte mich. Kaum eine Antwort. Ich sah mich um und stellte fest, dass ausnahmslos jeder außer mir einen Anzug mit Krawatte trug. Darunter ein Hemd, fein gebügelt.

Nachdem der erste Schock abgeebbt war, begann die Sitzung. Ich sah den anderen am Tisch an, dass sie heute nicht so bei der Sache waren, vielleicht auch deshalb, weil sie immer wieder die Schweißperlen von ihrer Stirn tupfen mussten. Genauso schwer atmeten sie auch, je länger das Meeting dauerte. Ich lehnte mich zurück und genoss, dass ich offensichtlich genau die richtige Wahl für meine Kleidung an diesem Tag getroffen hatte. Irgendwann hob einer der Abteilungsleiter die Hand und ich sah, dass er heftig schwitzte.

»Dürfte ich darum bitten, die Krawatte etwas lockern zu dürfen? Es ist wirklich heiß hier.«

Nach kurzer Irritation (das Krawatten-lockern war ganz und gar nicht üblich) stimmten die anderen zu und machten sich ebenfalls daran, ihre Knoten aufzuziehen. Ich fragte mich, warum sie diese unnötigen Dinger nicht einfach über ihren Kopf zogen und aus dem nächstbesten Fenster warfen.

Es dauerte weitere zehn Minuten, bis ein anderer Teilnehmer der Sitzung aufzeigte und zur Diskussion stellte, ob man nicht auch die Jacketts ablegen könne, natürlich unter der Voraussetzung, dass keiner der werten Vorstandskollegen etwas dagegen hätte. Hatten sie nicht und folgten dem Beispiel. Ich musste grinsen, denn es war klar, dass sich jeder von ihnen am liebsten sämtliche Kleider vom Leib gerissen hätte, wenn dies nicht ungewöhnlich und gegen die Karstadt-Statuten gewesen wäre. Als das Meeting irgendwann zu Ende war, kam einer der Teilnehmer zu mir, legte die Hand auf meine Schulter und sagte:

»Mensch, Aziz, du hast alles richtig gemacht. Beim nächsten Mal sollten wir alle in lockerer Kleidung erscheinen wie du. Das wäre hundertmal produktiver.«

»Ja, ich weiß«, antwortete ich, denn Anzüge bei Hitze machen einfach keinen Sinn. Wie so vieles nicht in diesem Haus. Aber leider stand einem menschengerechteren Arbeitsverständnis eins im Weg: die Angst.

Ohne Angst bist du frei

Was haben diese kleinen oder größeren Erlebnisse denn nun wieder mit Angst zu tun? Nun, bei genauerer Betrachtung ist das recht einfach zu erkennen, wenn man einfach die Gegenfrage stellt: Wie kann man frei leben, wenn einem überall die eigene Angst enge Grenzen setzt? Die Angst, was wohl die anderen dazu sagen würden. Die Angst, einen vollkommen überhitzten Meetingraum in Shorts und Hawaiihemd zu betreten. Die Angst, jemand würde uns bestrafen, wenn wir nicht nach seinen Vorstellungen handeln. Die Angst, nicht in den Himmel zu kommen.

Betrachtet man die Welt um sich herum mit wohlwollendem Blick, so gibt es keinen Grund, Angst vor etwas zu haben. Die Welt ist nicht böse. Sie ist verdammt gut und bietet alle Voraussetzungen, dass es uns auch gut geht. So habe ich sie kennengelernt, weil ich keine andere Wahl hatte. Ich musste alles um mich herum beobachten und meine eigenen Schlüsse daraus ziehen, ohne dass sie mir jemand vorgab. Und dabei lernte ich, dass alles wunderbar ist. Weshalb davor Angst haben? Alles, was hierbei für ein Ungleichgewicht sorgen könnte, ist menschgemacht.

Das hauptsächliche Problem ist, dass die Furcht vor etwas, was eigentlich gar nicht furchteinflößend zu sein braucht, uns in unserer weiteren Entwicklung bremst. Schlimmer noch, wenn du erst einmal Angst hast, ist deine persönliche Entwicklung abgeschlossen. Du rennst gegen die selbst errichteten Mauern und es ist verdammt harte Arbeit, diese wieder einzureißen. Viel leichter dagegen ist es, sie erst gar nicht aufzubauen.

Denkst du jetzt vielleicht: »Der hat gut reden. Meine Ängste wurden schon im frühesten Kindesalter geprägt und alles hat sich später bestätigt.«

Dann muss ich dir zum Teil recht geben. Schon in deinen frühen Lebensjahren wurde dir eingebläut, dass du dich vor diesem oder jenem in acht nehmen musst oder erst gar nicht versuchst, dich damit auseinanderzusetzen. Elterliche Fürsorge eben. Aber wenn du dir einmal vorstellst, dass das nicht so gewesen wäre, dann besäßest du vielleicht heutzutage keine Angst vor Schlangen, denn sie sind nicht bösartig. Du würdest auch deine Vorgesetzten nicht als Halbgötter betrachten, sondern als Menschen wie dich selbst. Du hättest keine Angst vor Treppen, weil deine Eltern dich nicht unbedingt immer an die Hand nehmen und dir signalisieren wollten:

»Wenn wir das nicht tun, wirst du unter Garantie hinunterstürzen.«

Wie gesagt, hast du erst einmal Ängste in dein Denkschema übernommen, ist deine Entwicklung abgeschlossen. Empfindest du jedoch keine Angst und keinen Hass gegenüber anderen Menschen, steht dir dein Weg durch diese wunderbare Welt weiterhin offen und du wirst so vieles entdecken, was dir sonst verborgen geblieben wäre.

»Ich kann das nicht mehr ändern, das steckt zu tief in meinem Wesen.«

Vielleicht denkst du das und so ungern ich es sage, so kann es zum Teil sogar stimmen. Es ist schwer, mit einem Mal alles umzukrempeln und die Mauern einzureißen, die man über Jahrzehnte selbst aufgebaut hat. Das wird nicht jedem gelingen. Aber: Nutzt man dieses Wissen, um es an seine Kinder weiterzugeben oder besser noch, sie nach dieser Überzeugung aufwachsen zu lassen, so schafft man Menschen, die diese Welt verändern werden. Vergessen wir nicht, dass die Evolution des Menschen schon lange abgeschlossen ist. Sie hat dazu geführt, dass jeder von uns auf seine ganz persönliche Weise ein Genie ist. Wir Menschen sind die Krönung dieser Evolution, doch wir müssen es eben auch zulassen, nicht beschränken.

Wenn ich hier meine Überzeugungen preisgebe, so geschieht das nicht, weil ich mich auf die Stufe eines Propheten heben will. Nein, weiß Gott will ich das nicht. Ich bin kein Prophet, ich bin nur ein Beispiel. Und mir ist bewusst, dass es nicht zu viele dieser Beispiele gibt, denn die meisten Kinder wachsen eben nicht auf, wie ich es tat. Die Vorteile, das Schöne, was ich aus diesem Fakt ziehen durfte, zeigten sich in späteren Jahren. Ich erfuhr viele wunderbare Dinge, weil ich ohne Angst und ohne Hass lebte. Allerdings musste ich im gleichen Atemzug erleben, wie es anderen Menschen erging, die eben nicht das Glück hatten, so denken und fühlen zu können, wie ich es tat.

An dieser Stelle sei kurz noch ein weiterer Nebeneffekt angesprochen, den man erlebt, wenn man innerlich frei ist und sich als Teil dieses wunderbaren Kreislaufes der Natur versteht: Man ist niemals einsam! Wirklich nicht, denn man ist vollkommen glücklich mit sich selbst. Natürlich kennt man den Zustand, alleine zu sein, aber es schreckt einen nicht, denn eigentlich ist man immer mit vielem anderen zusammen. Mit sich selbst (was wirklich toll und ergiebig ist) und vor allem auch mit der Natur. Betrachtest du die Natur genauer, als du es bisher wahrscheinlich getan hast, so eröffnen sich fantastische, neue Einblicke. Beobachte die Tiere, vor allem auch die kleinsten, und du wirst so viel Schönes entdecken. Die intensive Betrachtung einer Ameisenstraße kann einen beispielsweise über Stunden hinweg faszinieren, wenn man darauf achtet, welchem Schema sie folgen, wie sie Hindernisse umgehen, wie sie gemeinschaftlich die schwersten Dinge transportieren, wie sie sich helfen, ... Und wie sie gar keine Notiz von dir nehmen.

Heute lebe ich in einem wunderschönen Haus in der Türkei und um mich herum blühen in einem traumhaften Garten die verschiedensten Pflanzen. Eigentlich bräuchte ich einen Gärtner, der sich um all die Bäume, Sträucher, Blumen, ... kümmert. Aber natürlich habe ich keinen. Es wäre traurig, wenn ich mir die Freude nehmen lassen würde, all diese heranwachsenden Leben selbst zu pflegen und zu beobachten, wie sie es mir danken. Ich gieße jede einzelne Pflanze, erfreue mich jeden Tag aufs Neue an ihrem Anblick und den kleinen Fortschritten ihres Wachstums. Und geht es einem meiner Lieblinge einmal nicht so gut, so tue ich mein Bestes, den Patienten wieder auf die Beine zu helfen. Umso schöner, wenn es mir dann auch gelingt.

Die Stärke, Alleinsein nicht in Einsamkeit abgleiten zu lassen, liegt in jedem selbst. Hast du Besuch von einem guten Freund oder einer guten Freundin, und diese Person geht irgendwann nach Hause, so solltest du problemlos damit umgehen können. Sag dir:

»Wenn dieser liebe Mensch aus meiner Wohnung geht, so bin ich nicht einsam. Im Gegenteil, jetzt habe ich die Zeit und die Ruhe, mich mit mir und den anderen Wundern um mich herum zu beschäftigen. Das ist ein großartiges Geschenk!«

Denke ich an die Beschränkungen, die wir Menschen uns selbst auferlegen, so fällt mir ein Beispiel ein, dass mich bis heute traurig stimmt: Nachdem ich mir meine ersten Sporen im Karstadt-Konzern verdient hatte, wurde ich häufiger in Norddeutschland eingesetzt. Der Grund dafür war nicht nur, dass man mich dort brauchte (gerade in Hamburg wurden zu dieser Zeit viele neue Kaufhäuser gebaut), sondern ich hatte mich freiwillig dafür gemeldet, weil ich so schnell in Dänemark sein konnte. Inzwischen hatte ich die Vorzüge lockerer dänischer Lebensweise und das hübsche Aussehen der weiblichen Bewohner dieses Landes kennenlernen dürfen, doch das ist eine andere Geschichte.

Gab es bei den Planungen in diesem Gebiet das Problem, dass das Projekt wesentlich teurer werden würde, als eigentlich veranschlagt, so musste ich mich mit dem zuständigen Baudirektor in Verbindung setzen und das weitere finanzielle Vorgehen besprechen. Unter dem Strich hatten wir deswegen häufig Kontakt.

Irgendwann fragte ich ihn, ob er sich schon einmal darüber Gedanken gemacht hätte, früher in Rente zu gehen und einfach das Leben zu genießen. Immerhin hatte er zeitlebens gut verdient und musste sich über seine finanzielle Zukunft keine Sorgen machen.

»Nein, das kommt für mich überhaupt nicht infrage«, antwortete er. »Ich bleibe Baudirektor. Schließlich liebe ich meine Arbeit.«

Gut, es war seine Überzeugung und die sollte man ihm lassen. Er lebte mit den anderen Mitgliedern der Karstadt-Führungsriege in einer eigenen Welt. Und wirtschaftlich gesehen war dies zumindest für ihn selbst nachvollziehbar, denn jedes Jahr stiegen die Umsätze wie eine Rakete. Niemand wollte es dem Umstand zuschreiben, dass das Bedürfnis der Menschen nach den schweren Nachkriegsjahren enorm gestiegen war, sich nun etwas für ihre harte Arbeit zu leisten: eine neue Nähmaschine, eine teure Vase, schöne Kleidung, ein kostspieliges Duftwasser, eine Waschmaschine, ... All das gab es in den Karstadt-Konsumtempeln und die Menschen liebten es. Die Vorstandsmitglieder klopften sich anerkennend auf die Schultern. Dass ihr Erfolg mehr auf den aktuellen Bedürfnissen der Menschen als auf der perfekten Arbeit der Chefetage basierte, wollte niemand sehen. Diese Einstellung sollte Karstadt Jahrzehnte später zum Einsturz bringen.

Zurück zum Bauleiter: Entgegen seinem Willen, immer für den Konzern zu arbeiten, ereilte ihn einige Jahre später doch das Schicksal, das Pensionsalter erreicht zu haben und er somit den Konzern verlassen musste. Nach etwas Dankeschön, Applaus und »Das haben sie gut gemacht«-Reden sollte er nun damit beginnen, seinen Rentenstatus in vollen Zügen zu genießen. Doch es sollte anders kommen.

Ich hatte gerade meine Mittagspause beendet und ließ wie immer einen Spaziergang im nahe gelegenen Wald folgen. In der Nähe dieses Waldes hatten viele der Direktoren und Vorstände ein Grundstück gekauft und ihr prachtvolles Haus darauf errichtet. Kein Wunder, betrug der Weg zur Arbeit so doch nur wenige Minuten und ohnehin war die Umgebung malerisch. Einer von ihnen war der vormalige Baudirektor. Auf meinem Spaziergang kam er mir entgegen, in der rechten Hand eine Leine, an der ein Schäferhund trottete. Ich freute mich aufrichtig, ihn zu sehen, und wir begannen zu plaudern.

Ich fragte: »Was machen sie den inzwischen, jetzt, wo sie so viel Zeit haben, um das Leben zu genießen? Haben sie neue Hobbys?«

Wenig euphorisch antwortete er: »Ich habe mir einen Hund zugelegt.«

»Wie schön.«

»Ich wollte nicht alleine spazieren gehen.«

Ich verstand nicht so ganz. Er hatte Familie, er hatte sich selbst. Was also war schlimm daran, alleine spazieren zu gehen? Egal, ein Hund war immer eine gute Sache und es war schön, die beiden gemeinsam zu sehen. In den kommenden Wochen trafen wir uns öfter, denn der ehemalige Baudirektor richtete seine Zeiten von nun an nach mir. Es freute mich, ihn regelmäßig zu treffen. Was weit weniger erfreulich war, war, dass er sich in seiner Zeit außerhalb seines Arbeitsplatzes verändert hatte. Er wirkte vollkommen verloren.

Eines Tages sagte er zu mir: »Aziz, so habe ich mir das nicht vorgestellt.«

»Was ist los?«

»Weißt du, meine Frau kommt zu mir und sagt: ‚Geh mal in den Garten.‘ «

»Ja und?«

»Ich hatte nie etwas mit dem Garten zu tun. Schließlich hatten wir schon immer einen Gärtner, der sich um alles kümmert. Ich weiß nicht einmal, was er in dem Garten alles gemacht hat.«

»Oh.«

»Und wenn ich nicht draußen bin, dann sitze ich halt im Haus. Dann fragt mich meine Frau, warum ich ständig in der Küche bei ihr herumlungere. Ich solle sie doch bitte arbeiten lassen.«

»Und was hast du daraufhin getan?«

»Ich ging in den Garten. Und dort habe ich zum ersten Mal gesehen, dass wir Rosen haben.«

Ist das nicht traurig? Da besitzt ein Mensch einen riesigen Garten, wohnt in der schönsten Umgebung weit und breit, und ist nicht fähig, die Schönheit dieses Gartens und dessen Umgebung zu erkennen. Es war ihm nicht einmal möglich, sich selbst zu sehen. Stattdessen war er vollkommen verschlossen durch sein Leben getaumelt und hatte gar nichts gesehen. Außer Karstadt.

Er hatte es nicht geschafft, einen Kontakt zu der Natur aufzubauen, die sich doch in schönsten Farben rund um ihn herum präsentierte. Auch war es ihm nicht gelungen, eine Verbindung zu anderen Menschen herzustellen. Zu sich selbst, so zumindest meine Einschätzung, hatte er nie über einen eingehenden Kontakt nachgedacht.

Was blieb ihm dann noch auf dieser Welt? Damals, ja, da war er ein anerkannter Direktor, einer, der für seinen Applaus gelebt hatte. Er liebte den Sessel, in dem er saß. Besser gesagt, in dem ihm Karstadt zu sitzen erlaubt hatte. In diesem Sessel war er der König, und dass über viele Jahre. Dann hatte man ihm diesen Sessel weggenommen und jetzt war er nur noch der (Entschuldigung) Arsch. Zumindest empfand er es selbst so, weil er nicht verstehen konnte, dass jeder neue Tag ein Geschenk war. Eine Einladung, das Leben zu genießen.

Bei einem späteren Treffen sagte mir der pensionierte Baudirektor: »Aziz, ich kann einfach nicht mehr. Mir ist jetzt klar geworden, dass ich einen Fehler gemacht habe.«

Ja, das hatte er – aber er hatte es so gewollt. Es war seine freie Wahl gewesen und er hatte sich für diesen Weg entschieden. Mit allen Konsequenzen. Das Unternehmen hatte ihn wie einen König behandelt und er hatte sich daraufhin wie einer gefühlt. Dabei hatte der Baudirektor nie verstanden, dass er kein König war, sondern dass es einfach nur ein Teil der Aufgabe war, die man ihm zugedacht hatte. Und dass die Leute nicht vor ihm persönlich Respekt (oder Angst) hatten, sondern vor dieser Aufgabe. Oder eben vor der damit verbundenen Position. Wenn der Baudirektor etwas nicht unterschrieb, dann bekamen die beteiligten Personen kein Geld. Das ist Macht, wenn auch nur geborgt und zeitlich begrenzt. Wenn dieser Mann Verträge unterschrieb, dann schwebte er im 7. Himmel. Und dann kam Karstadt (oder das 65. Lebensjahr) und nahm ihm seinen Thron (Sorry, Sessel) einfach weg.

Kurz darauf erzählte er mir, dass er vielleicht hätte früher etwas probieren sollen, Skifahren, Gärtnern oder was auch immer. Jetzt wäre er zu alt dafür, sagte er. Ich fragte:

»Wie ist es mit anderen Menschen? Hast du jetzt nicht genug Zeit, um Kontakte aufzubauen, die dein Leben bereichern.«

»Ach, Aziz,« er seufzte, »das habe ich versucht. Ich wusste, dass in den umliegenden Gaststätten häufiger Skat gespielt wird. Also bin ich dorthin gegangen, um Teil dieser Gemeinschaft zu werden.«

»Und, was ist passiert?«

»Nach den ersten Gesprächen mieden sie mich. Ich bin nicht mit ihnen klargekommen, sie noch viel weniger mit mir. Es passte einfach nicht. Scheinbar habe ich nie gelernt, mit Menschen richtig umzugehen.«

Stimmt, hatte er nicht. Aber das sagte ich ihm nicht, denn er würde kaum verstehen, dass er über Jahrzehnte nur aus seiner machtvollen Position heraus agiert hatte und nicht aus seiner eigenen Seele.«

Ich schluckte. Vor mir stand ein gebrochener Mann, der alles zu haben schien. Er hatte Ruhm, Geld und Macht und wurde nun sogar davon ausgeschlossen, mit anderen Skat zu spielen. Sie, die anderen, hatten gemerkt, dass er nicht gekommen war, um ihre Runde zu bereichern. Er wollte einfach sehen, was sie machten.

Ich beobachtete, wie die Hoffnungslosigkeit sein Leben nach und nach beendete. Nach seiner Pensionierung hatte er es immer wieder probiert, versagt, probiert und wieder versagt. Warum? Weil er es nie mit seiner Seele versucht hatte. Mit seinem Herzen. Er wurde von einem Karstadt-Believer zu einem Suchenden. Aber seine Energie war erschöpft. Und so war es nur noch ein frustriertes Warten auf den Tod. Und der kam, drei Jahre nachdem er in Rente gegangen war. Einsam, hoffnungslos und desillusioniert schied der Bauleiter dahin und nur wenig Menschen nahmen davon Notiz.

Gehen oder gefahren werden

Hat man sich, wie die meisten Menschen, erst einmal in irgendein System hineinbegeben, so geschehen seltsame Dinge. Und diese sieht man dann als normal an, weil sie in dem jeweiligen System eben so gehandhabt werden. Das hört sich ein wenig kompliziert an, wird aber anhand meines Karstadt-Werdegangs schnell verständlich.

Ich verdiente inzwischen gutes Geld, vor allem, weil ich eigentlich gewohnt war, wenig oder gar nichts zu besitzen. Für mich behielt ich das, was ich zum Leben benötigte. Das war nicht viel, denn Luxusgüter besaßen für mich keinen Wert und tun dies bis heute nicht. Ich kaufte mir auch kein Auto, obwohl sich meine Kollegen darin überboten, immer mit dem neuesten BMW, Mercedes, Audi, ... stolz vor der Arbeit vorzufahren. Ich dagegen schickte das meiste Geld zu meiner Familie, an meine Stiefgeschwister, damit sie von dem Geld studieren können. Und sich ein Auto kaufen. Ja, sogar meine Stiefmutter bedachte ich regelmäßig mit meinen Zuwendungen, obwohl sie mir wahrscheinlich noch immer den Tod wünschte. Ich sagte mir noch immer, dass sie es einfach schwer in ihrem Leben hatte. Deshalb war sie, wie sie war.

Nun hatte es die Natur meiner Arbeit in sich, dass ich viele Filialen besuchen musste, die nicht immer in direkter Nähe zueinander lagen. Für mich war das ein Glück, hatte ich doch so die Möglichkeit, diese Wege zu Fuß gehen zu können und diesen Spaziergang zu genießen. Allein die Strecke zwischen einem Kaufhaus und dem anderen war ein Erlebnis für mich. Und so kam es, dass ich als gut bezahlter Architekt 14 Jahre lang kein eigenes Auto kaufte.

Auch das sorgte bei den Konzern-Verantwortlichen für ungläubiges Kopfschütteln. Was war nur mit diesem Pakistani los? Scheinbar waren ihm die Gepflogenheiten des Unternehmens vollkommen egal und er machte einfach sein Ding, anstatt sich wie alle anderen anzupassen. So stellte man mir sogar einen Chauffeur zur Verfügung, der mich täglich zur Arbeit bringen sollte, damit ich standesgemäß vor dem Verwaltungsgebäude vorfahren konnte. Aber auch hier zog ich es vor, eine Stunde zu Fuß zu gehen, wobei mich ein Teil des Weges sogar über einen Friedhof führte.

Wer nun denkt, dass das alles doch etwas übertrieben wäre, dem muss ich an dieser Stelle widersprechen. Es geht schließlich einzig und allein darum, das zu tun, was man selbst für das Richtige hält. Und ich, einziger Bruder von fünf (Stief-)Geschwistern blickte auf eine Zeit zurück, als ich sie alle ernähren musste. Als mein Vater starb, waren meine Geschwister noch sehr jung. Da meine kranke Stiefmutter diese Aufgabe nicht übernehmen konnte, musste ich dafür aufkommen. Meine Geschwister besuchten nicht wie ich die Dorfschule, sondern ein Internat. Immerhin reichten meine regelmäßigen Zahlungen dafür, dass eine meiner Stiefschwestern ein Medizinstudium erfolgreich abschließen konnte. Da es ein großes Bedürfnis für mich ist, Menschen zu sehen, die glücklich sind, war die Freude meiner Geschwister über die Unterstützung ein großes Geschenk für mich. Wenn ich helfen konnte, dann half ich.

Zurück zu meinen täglichen Spaziergängen zur Arbeit. Manchmal wurden diese unterbrochen, wenn mich mein Nachbar in seinem Auto mitnahm. Das war schneller, aber der Weg war nicht so aufbauend, als wenn ich gelaufen wäre.

Es war irgendwann Mitte der 1970er-Jahre, da stand eine Dienstreise auf meinem Programm. Wie das Wort »Reise« schon sagt, handelte es sich um eine Strecke, die ich nicht hätte zu Fuß bewältigen können. Also war diesmal wirklich der Chauffeur gefragt. Er holte mich in einem nagelneuen Mercedes 280 ab und ich wusste nicht, wie ich reagieren sollte, als er mir unterwürfig die Tür öffnete. Während der Fahrt schlugen meine Gedanken die wildesten Kapriolen. Ich dachte an meinen Vater, der in seiner Zeit, in der er für die englische Armee kämpfen musste, selbst oft genug die hohen Herren aus dem Vereinigten

Königreich herumkutschieren musste. In ihren Augen war er nur ein kleiner austauschbarer Inder, der sie dorthin fuhr, wohin sie es ihm befahlen. Und nun saß ich, sein Sohn, in einer prachtvollen Karosse und wurde von einem hellhäutigen Chauffeur durch dieses reiche Land gefahren. Ich war in diesem Moment sein Boss, und allein das konnte und wollte ich nicht wahrhaben.

Besonders unangenehm war die Situation für mich, wenn wir eine Pause machten oder ich für irgendeinen Termin den Wagen verließ und wusste, dass ich erst nach längerer Zeit zurückkehren würde. Der Chauffeur blieb im Auto sitzen, um sofort bereit zu sein, wenn ich zurückkehren würde. Die Schuldgefühle in mir wuchsen immer weiter, denn man hatte ihn mit seiner Aufgabe in die Position eines Leibeigenen versetzt. Ein Sklave nur für mich.

Mehr als einmal sagte ich zu ihm:

»Bitte geh spazieren und einen Kaffee trinken. Du musst nicht immer auf mich warten. Wir machen eine Zeit aus, wann wir uns wieder treffen, okay?«

Er bedankte sich artig für mein Angebot, lehnte aber ab. Es wäre seine Pflicht, auf mich zu warten und deshalb kam es für ihn nicht in Frage, sich von dem Fahrzeug zu entfernen.

Diese Reaktion ließ mein Gedankenkarussell noch viel schneller drehen. Von außen betrachtet, besser gesagt im internen Karstadt-Kosmos, war ich inzwischen zu einer Art Supermann aufgestiegen. Man legte mir Dinge zu Füßen, auf dass ich bloß nicht auf die Idee käme, meine Fähigkeiten bei einem anderen Arbeitgeber, schlimmstenfalls sogar bei einem direkten Mitbewerber einzusetzen. Was aber niemand erkannt hatte, war, dass mein lieber Chauffeur, der seine Aufgabe so pflichtbewusst erledigte, ebenso ein Supermann war wie ich. Allerdings einer, bei dem seine besondere Gabe bis heute nicht zur Geltung gekommen war. Wir beide waren Menschen, in denen unendlich viele Fähigkeiten steckten. Ebenso, wie bei allen anderen. Der einzige Unterschied war, dass ich zufälligerweise irgendeinen Knopf gedrückt hatte, der mir erlaubte, dorthin zu kommen, wo ich jetzt war.

Es war also nur ein kleiner Zufall, der zu einem riesigen Unterschied im Berufsleben geführt hatte, zu einem riesigen Abstand in der internen Karstadt-Hierarchie. Reiner Zufall, was mir allerdings nicht erlaubte, ihn oder überhaupt einen anderen Menschen wie Dreck zu behandeln. Andere Architekten taten dies.

Denke ich heute, viele, viele Jahre später an meinen Chauffeur zurück, so fühle ich noch immer so etwas in Demut. Gerade dann, wenn ich aus meinem Fenster in meinen wunderbaren Garten blicke, während ein paar Handwerker gerade dabei sind, meine kaputte Steinmauer zu reparieren. Ich habe Respekt vor diesen Menschen, mehr noch, ich bewundere sie für ihre Fähigkeiten. Um nicht das Bild eines Auftraggebers abzugeben, der irgendwelche Lakaien einfach deswegen für sich arbeiten lässt, weil er über die entsprechenden finanziellen Mittel verfügt, würde ich zu gerne hinausgehen und den Männern helfen. Aber das wäre vollkommen kontraproduktiv, denn ich bin ein ausnehmend schlechter Handwerker und würde wahrscheinlich mit dem Hintern einreißen, was sie mit ihrer Fachkenntnis mühsam aufgebaut hatten. Ich besitze nun einmal nichts von ihrem Genie. Das ist okay, nein, das ist großartig. Ich sehe ihnen zu und freue mich darüber, dass diese Menschen etwas leisten können, was andere nicht schaffen. Allen voran ich nicht.

Manchmal war es mir so unangenehm, wenn ich sah, wie die Arbeiter schufteten und schwitzten, dass ich mich in meinem Haus versteckte. Ich war wirklich beschämt. Trotzdem: In diesem Leben werde ich gewiss kein Handwerkerkönig mehr und deshalb ist es wunderbar, dass es diese Genies gibt, die mit ihren Händen weit mehr schaffen können, als irgendwelche verkopften Firmenlenker in feinen Anzügen.

Irgendwann ist es zu spät

Inzwischen, so hoffe ich zumindest, hast du dir einige Gedanken darüber gemacht, ob du ein »Seeker«, ein Suchender bist, oder ein »Believer«, ein Glaubender. Ebenso sollte verständlich geworden sein, was den größten Unterschied zwischen mir und den Karstadt-Marionetten ausmachte. Sie waren Believer, wie sie im Buche stehen. Sie folgten blind dem System und den Vorgaben ihres Brötchengebers. Für mich hatten sie sich den Beinamen »Karstadt-Typen« redlich verdient. Seeker waren in diesem Konstrukt eigentlich nicht vorgesehen, doch dummerweise hatte ihnen irgendjemand (Herr Hofstätter) irgendwann (1969) einmal ein fremdes Ei ins Nest gelegt: mich.

Ich sage selbst von mir, dass ich in meinem Leben unendlich viel Glück hatte. Aber ich sage auch, dass dieses Glück kein Zufall war, sondern die Folge von Entscheidungen und einem tiefen Vertrauen gegenüber dem Leben und den Wundern der Natur und des Universums. Und die Entscheidungen, die man dann trifft, sind zumeist goldrichtig. Auch das durfte ich am eigenen Leibe erfahren.

Ich war inzwischen seit 18 Jahren bei Karstadt angestellt. Unglaublich, wenn man sich überlegt, wie alles begonnen hatte. Außerdem war ich das dritte Mal verheiratet. Sie hieß Karin und war eine wunderbare Frau. Kennengelernt hatte ich sie, als ich mir eine neue Sonnenbrille kaufen wollte. Ich besuchte einen Optiker und wurde von einer sehr netten, ausgesprochen attraktiven Dame bedient. Letztendlich wählte ich ein Modell, von dem die Optikerin mir später erzählte, dass sie genau dieses Modell auch vor einigen Monaten gekauft hatte. Geschmacklich lagen wir also schon einmal gleichauf. Zuerst war es »nur« eine Freundschaft, dann wurde Liebe daraus. Hierbei will ich noch erwähnen, wie offen und warmherzig mich Karins Eltern in ihre Familie aufnahmen –

trotzdem ich Ausländer und bereits zweimal geschieden war. In der damaligen Zeit alles andere als eine Selbstverständlichkeit, wobei ich jedoch anmerken will, dass mich durchweg alle Menschen in Deutschland offen, respektvoll und mit einer unbeschreiblichen Freundlichkeit aufgenommen haben.

Eigentlich schien also alles in Ordnung zu sein – ich hatte einen sicheren, gut bezahlbaren Arbeitsplatz, inzwischen sogar ein Auto (einen alten VW Käfer, mehr brauchte ich nicht) und gemeinsam mit Karin ein Haus, in dem wir glücklich lebten. Aber in meinem Inneren brodelte immer wieder die Frage, ob es das nun gewesen sei. Wollte ich wirklich bis zur Rente so weiterleben oder verpasste ich damit nicht die Jahre, in denen ich noch agil und tatendurstig war?

Ich traf die Entscheidung, mich auf Weltreise zu begeben, egal, was die Konsequenzen daraus sein würden. Immerhin hielt dieser Planet noch so viele wunderbare Dinge für uns Menschen bereit, die man einfach nicht unentdeckt lassen durfte. Gleichzeitig hatte sich in mir aber auch ein weiterer Gedanke festgesetzt:

»Wenn ich bis zur Rente bei Karstadt arbeiten würde, dann haben sie gewonnen. Ich muss noch so lange abhauen, solange ich wirklich etwas erleben kann. Mit 65 baut der Körper ab. Wenn ich dann versuche, wirklich mit meinem Leben zu beginnen, ist das ein ausgesprochen schlechter Zeitpunkt.«

Und so stand der Entschluss fest, dass ich mit 55 Jahren auf Weltreise gehen werde. Karin kannte meine Einstellung und wusste, dass sie mich nicht hätte davon abhalten können. Außerdem war auch sie ein freier Geist und konnte meinen Wunsch nur zu gut nachvollziehen, dass ich am Leben teilnehmen wollte, anstatt mich nur immer auf das nächste Wochenende zu freuen, bevor die Tretmühle wieder von vorne begann. Also beschloss sie, mich zu besuchen, wann immer es möglich war.

Natürlich musste ich meine Karstadt-Vorgesetzten über diesen Schritt in Kenntnis setzen, wohlwissend, dass ich sowohl auf Unverständnis als auch Verärgerung treffen würde. Und richtig, mein direkter Vorgesetzter starrte mich an, als ob ich ihm gerade von der Landung eines bemannten Ufos in meinem Garten berichtet hätte.

»Was wollen sie?«

»Ich werde eine Weltreise machen.«

»Wie lange?«

»12 Monate. Mindestens.«

»Das ist unmöglich!«, sagte er, drehte den Kopf zur Seite und schob einige Blätter übereinander.

»Ich werde diese Reise aber machen. Das steht felsenfest.«

Er atmete tief durch und es dauerte ein wenig, bis er sich von diesem Schock erholt hatte.

»In Ordnung«, sagte er, »ich bewillige Ihnen drei Monate. Mehr gibt das System beim besten Willen nicht her.«

»Ich werde zwölf Monate reisen. Mindestens.«, wiederholte ich und sah in seinem Blick, was gerade durch seinen Kopf ging.

»Du Arsch machst uns unsere Firmenpolitik nicht kaputt. 90.000 Mitarbeiter und dann kommt dieser Idiot aus Pakistan und versucht, diese Politik zu ändern.«

Anstatt mich an diesem Gedanken offiziell teilhaben zu lassen, sah er mich über den Rand seiner Brille an und merkte an:

»Sie werden kein Gehalt mehr erhalten, wenn sie erst einmal raus sind.«

»Das weiß ich.«

»Wir werden ihre Stelle neu besetzen und sie sind nicht mehr Teil der Karstadt-Familie.«

»Das ist mir bewusst.«

»Sie verlieren ihre Ansprüche auf die Firmenrente, wenn sie nicht vernünftig werden.«

»Das weiß ich.«

»Das sind erhebliche Einbußen.«

»Auch das weiß ich.«

Ich musste lächeln. All die von ihm vorgebrachten Argumente hatte ich natürlich im Vorfeld überdacht. Und sie hatten meiner Entscheidung nicht im Weg gestanden. Leben konnte man schließlich nicht nachholen. Wie sollte das mein Gegenüber verstehen? Er hatte es in die oberste Karstadt-Riege geschafft, weil er wusste, wie man ein Geschäft ohne moralische Grundsätze rein mit dem Blick auf den nackten Profit leitete. Eine Verantwortung für andere, vor allem für Mitarbeiter, die existierte für ihn nicht.

Irgendwann gab mein Vorgesetzter auf, mich von dem Wahnsinn meines Vorhabens überzeugen zu wollen. Er hatte keine Sekunde verstanden, wie ich meine Anstellung in diesem Konzern für ein unsicheres Abenteuer aufgeben konnte. Einen kurzen Moment tat er mir sogar leid, weil er selbst sein Leben an einem Schreibtisch vergeudete, während es da draußen so viel zu entdecken gab.

Ich spürte, wie er mir kopfschüttelnd hinterherblickte, als ich sein Büro verließ und in Gedanken bereits die Wunder der großen, weiten Welt entdeckte.

Die Welt ist schön

Meine Reise begann und damit auch ein nicht enden wollendes, wunderbares Abenteuer. Man stelle sich vor, dass man den gesamten Planeten vor sich hatte und ihn Stück für Stück erleben und kennenlernen durfte. Was für ein unglaubliches Gefühl für einen Menschen, der die entsprechende Offenheit besitzt. Ich nahm nicht viel mit, denn ich brauchte auch nicht viel. Ganz bewusst verzichtete ich auch darauf, eine Kamera mit auf diese Reise zu nehmen. Wozu auch, wollte ich doch alle Eindrücke, die ich sammeln würde, ausschließlich in meinem Kopf verewigen. Und ich packte auch keinen Reiseführer ein, denn ich wollte anderen später nicht erzählen, dass ich Dinge sah, über die ich zuvor gelesen hatte. Alle Bilder sollten sich ausschließlich in meinem Kopf verankern, dem besten aller Fotoalben.

Bei diesen Überlegungen fiel mir irgendwann auf, dass ein Reiseführer im weitesten Sinne Ähnlichkeit mit einem Leben besaß. Er zeigt dir, welchen Weg du gehen sollst. Jeder Believer wäre begeistert, kann er so doch seine Verantwortung getrost in die Hände des Verfassers des jeweiligen Reiseführers legen. Gefallen ihm dessen Vorschläge nicht, so kann man im Nachhinein ja immer sagen:

»Der Reiseführer ist schlecht. Die meisten darin aufgeführten Dinge haben mir nicht zugesagt.«

Und schon liegt die Schuld beim Reiseführer, nicht mehr bei einem selbst. Vielleicht liegt der Fehler auch darin, dass ein Reiseführer einfach nicht sagt:

»Führe dein eigenes Leben und entdecke die Welt auf eigene Faust.«

Zugegeben, das wäre schlecht fürs Geschäft, würde jedoch vollkommen neue Horizonte eröffnen. Also reisten wir los, im wahrsten Sinne ohne viel Ballast, der uns während der kommenden zwölf Monate hätte beeinflussen können. Wir mieteten uns Wohnmobile, wann immer uns der Sinn danach stand. Manchmal fanden Karin und ich keinen Grillplatz, wenn wir unser Gefährt abstellen wollten. Was so manchem eingefleischten Camper ein Graus wäre, bescherte mir einzigartige Glücksmomente. Wir hielten das Wohnmobil an einem Ort, der uns gefiel, einfach an und ich machte es mir auf einer Decke im Gras bequem, entspannt die Arme hinter dem Kopf verschränkt, und beobachtete die Sterne. Stundenlang. Karin saß im Camper und las. Auch sie genoss diese wunderbaren Augenblicke der Ruhe, allein mit sich selbst und der Natur. Es war ein perfektes Teamwork zwischen uns beiden, weil sie und ich das gleiche wollten und das Gleiche empfanden.

Je länger die Reise dauerte, umso mehr bestätigte sich, wie sehr es sich lohnte, unbekannte und ungewöhnliche Schritte zu gehen. Warum? Es sind deine eigenen Schritte, deine Entscheidungen, und deshalb wird alles, was du erlebst, dir entsprechen und einzigartig bleiben. Und das gilt nicht nur beim Reisen, sondern bei allem, was du tust. Dies zu lernen und zu erfahren ist ein wunderbares Erlebnis. Und eines davon geschah auf den Fidjis. Es war ein Ereignis, welches ich in keinem Reiseführer der Welt gefunden hätte.

Ich befand mich in Suva, der Hauptstadt der Fidjis. Zu dieser Zeit reiste ich allein, weil Karin in Deutschland zu tun hatte. Es war bereits abends und ich wollte die örtliche Jugendherberge aufsuchen. Ja, das geht auch noch mit 55 Jahren. Ein Einheimischer hatte mir erzählt, dass man dort für umgerechnet zehn Mark passabel übernachten könne und dass ich mit dem Bus gar nicht weit bis zu dieser Unterkunft fahren müsse.

Als ich auf die Haltestelle zukam, saß dort ein Mann und las in der Zeitung. Sonst war es menschenleer. Ich dachte mir, dass es doch unsinnig sei, wenn zwei Menschen vollkommen alleine nebeneinander auf der Bank sitzen und sich nicht miteinander unterhalten würden. Also sprach ich ihn an:

»Guten Abend. Ich bin Tourist und noch nicht lange in dieser Gegend. Kannst du so nett sein und mir ein wenig über diesen Ort erzählen?«

Er sah mich an, lächelte, und faltete die Zeitung zusammen. Wir plauderten ein wenig, nicht nur über das, was es in Suva zu sehen gäbe, sondern über alles, was uns in den Sinn kam. Irgendwann sagte mein neuer Bekannter:

»Ich fahre gleich drei Stationen mit dem Bus, dann werde ich von meinem Sohn abgeholt. Mit einem Boot.«

»Mit einem Boot?«

»Ja, mit einem Boot.«

»Also wohnst du gar nicht in Suva?«

»Gott bewahre, nein.« Er lachte. »Hier ist es viel zu laut und hektisch. Ich wohne mit meiner Familie auf einer Insel, auf der es nicht einmal Geschäfte gibt.«

Der Bus kam gerade um eine Ecke herumgefahren, als er mich ansah und fragte:

»Willst du mitkommen? Du darfst so lange bleiben, wie du willst.«

Was für ein Angebot! Natürlich war mein Plan ein anderer, aber man muss Chancen wie diese einfach nutzen. Es ist mein Leben und was ich entscheide, das bin ich. Und jetzt hatte ich gerade zugesagt, ihn auf diese Insel zu begleiten und nicht zu wissen, was mich dort erwarten würde. Das hätte ich bei der Jugendherberge übrigens auch nicht gewusst ...

Ein junger Mann stand am Ufer des Pazifiks und winkte kurz, als wir den Bus verließen. Ich dachte mir in diesem Moment, dass es ihn gewiss irritieren würde, wenn sein Vater neben sich einen fremdländisch aussehenden Mann mit zum Boot bringen würde, der ihn um mindestens zwei Köpfe überragte.

Die beiden unterhielten sich kurz in ihrer Landessprache und dann streckte mir der Sohn lachend die Hand entgegen, um mir beim Einstieg auf den kleinen Kutter behilflich zu sein. Wir legten ab und die Lichter Suvas wurden kleiner und kleiner, bis sie gar nicht mehr zu sehen waren. Eigentlich war sowieso nichts zu sehen, außer der antiken

Öllampe, die auf dem Boot fröhlich hin- und her schaukelte und kaum vermochte, mehr als sich selbst zu beleuchten.

Die Fahrt dauerte etwa 40 Minuten, genau konnte ich das nicht sagen, weil ich keine Uhr trug und es eigentlich auch vollkommen egal war.

Die Frau des Mannes, den ich vor zwei Stunden noch nicht gekannt hatte, begrüßte mich freudig und bot mir etwas zu essen an, bevor ich überhaupt meinen Rucksack abgelegt hatte. Außer ihr hieß mich ein weiterer Sohn willkommen, so, als ob ich jede Woche zu Besuch auf diese Insel käme. Da alle in der Familie mehr oder weniger passabel Englisch sprechen konnten, unterhielt ich mich bald mit jedem von ihnen. Ich hatte viele Fragen, sie noch mehr. Nach und nach hörte ich heraus, dass es auf dieser Insel nicht nur keine Geschäfte gab, sondern auch keine weiteren Bewohner. Wir, die gerade so angenehm plaudernd um einen selbstgezimmerten Holztisch herumsaßen, waren die einzigen hier. Was für eine wunderbare Vorstellung.

Stunden später führte mich der Mann von der Bushaltestelle zu meinem Quartier. Gut, dass ich hier keinen Luxus erwarten durfte, war mir spätestens in der Hütte der Familie klar geworden, aber wenn es etwas auf der Welt gab, womit ich mich auskannte, so waren es einfache Unterkünfte. Ich war glücklich, dass man sich so aufopferungsvoll um mich kümmerte.

Am nächsten Morgen erwachte ich mit dem Gefühl, mich im Paradies zu befinden. Ich schob die sperrige Tür auf und hielt die Hand vor meine Augen, denn die Sonne begrüßte mich mit ihren wärmenden Strahlen. Als ich mich an das Licht gewöhnt hatte, fiel mein Blick auf den weiten, tiefblauen Pazifik. Ein Bild, wie man es sich nicht schöner hätte vorstellen können. Und das alles lag nun vor mir, ohne dass ich nach diesem einzigartigen Ort gesucht hatte. Ich durfte das einfach deswegen erleben, weil ich keine Scheu gehabt hatte, einen wildfremden Mann an einer verlassenen Bushaltestelle anzusprechen.

Es dauerte nicht lange, da entdeckte mich die Dame des Hauses.

Fröhlich winkte sie mir zu und bat mich, vor ihrer Hütte Platz zu nehmen, damit sie mir einen frisch aufgesetzten Tee bringen konnte. Bald erschienen auch ihre Söhne, die scheinbar schon auf dem Boot gearbeitet hatten. Auch sie freuten sich über die Abwechslung, dass ein unbedarfter Pakistani auf Weltreise so glücklich war, sich auf ihrer Insel aufhalten zu dürfen.

Der Jüngere von ihnen sagte:

»Du kommst heute mit uns, Aziz. Wir fahren mit dem Boot und gehen Angeln.«

Eine Bootsfahrt in dieser herrlichen Gegend? Natürlich sagte ich sofort zu.

Es dauerte ein wenig, bis die beiden abfahrtsbereit waren (Fidjis leben in ihrer ganz eigenen Geschwindigkeit), aber dann tuckerten wir ganz gemächlich hinauf auf den Pazifik. Ich genoss diesen privaten Ausflug mit unendlich offenen und freundlichen Menschen, sah meter-tief in das Meer hinab und erfreute mich an der Vielfalt der Fische und deren Farben, die sich kein Maler hätte in dieser Perfektion einfallen lassen können.

Als wir an einer traumhaft schönen Bucht angekommen waren, stoppten die Männer das Boot. Aha, sicherlich wollten sie ihrem Gast diese besonders schöne Stelle zeigen und vielleicht sogar eine kleine Pause zum Baden einlegen, dachte ich bei mir. Aber weit gefehlt, sie hatten hier etwas zu erledigen und ich durfte sie dabei beobachten – was wesentlich lehrreicher und unterhaltsamer war, als selbst ein wenig herumzuplanschen.

»Look there.«, sagte der eine von ihnen und wies auf einen kleinen Felsen, der nicht weit von uns aus dem Wasser ragte. Unter der Ober-fläche erkannte ich eine gewaltige Muschel, so groß, wie ich zuvor noch keine gesehen hatte. Der Vater holte eine lange Eisenstange vom Bug des Schiffes und stellte sich neben mich. Dann schob er sie geschickt zu der Muschel hinab, setzte das abgeflachte Ende an deren Spalt und begann, die Stange vorsichtig nach links und rechts zu schieben, sodass sie einige Zentimeter in den Spalt eindringen konnte. Behutsam und unter erheblichem Kraftaufwand öffnete er sie. Der Anblick war so atemberaubend, dass es mich nicht überrascht hätte, wenn der Muschel die badende Venus entstiegen wäre.

Als sie sich vollends geöffnet hatte, fand sich in ihrem Inneren eine große Menge an Muschelfleisch, von dem er mit seiner Stange die Hälfte aufspießte und zu uns an Bord hievte. Kaum hatte das Fleisch die Muschel verlassen, schloss sie sich wieder und lag so schön und majestätisch im Wasser wie zuvor.

»Enough«, sagte der Mann und ich verstand. Die Muschel wollte nun in Ruhe gelassen werden.

Wir fuhren weiter, jetzt in tiefere Gewässer fernab der Insel. Vom Boot aus sah ich die vielen Mantas, wunderschöne und elegante Tiere, die durch das Wasser zu schweben schienen. Das Boot ankerte und die beiden jungen Männer bewaffneten sich mit Harpunen. Übermütig und lachend sprangen sie ins Wasser. Es war klar, was sie vorhatten, und ich blickte ihnen fasziniert hinterher. Ob ich es unfair fand, dass zwei Menschen mit Harpunen auf die Jagd nach diesen wunderbaren Tieren gingen? Nein, das war Teil des Kreislaufes der Natur der Fidjis. Außerdem besaßen die Mantas gefährliche Stachel, konnten sich also zur Wehr setzen, wenn sie sich bedroht fühlten.

Es war schwer, dem zu folgen, was da unter Wasser vor sich ging. Irgendwann erschienen die beiden und brachten einen ausgewachsenen Manta an Bord, in dem noch immer der Harpunenpfeil steckte. Beide waren unverletzt, was mir doch einen kleinen Seufzer der Erleichterung entlockte.

»Wir haben genug«, nickte der Vater und das Boot setzte sich in Bewegung, um uns zurück zur Insel zu bringen.

Dort angekommen war das Erste, was der Vater tat, den Manta zu wiegen: 35 Kilogramm. So ein Fang war gewiss auch für diese erfahrenen Fischer etwas ganz Besonderes. Er nickte mir zu:

»Den nehmen wir als Ostergeschenk mit zu unseren Verwandten.«

Stimmt, es war einen Tag vor Ostern und das hatte ich durch all die Erlebnisse vollkommen vergessen. Was nicht ganz einfach war, denn der Großteil der Fidjis ist christlich orientiert und befand sich schon seit einigen Tagen inmitten der Vorbereitungen auf das große Fest. Und dazu gehörte auch, dass die Dame des Hauses damit begann, sowohl Muschelfleisch als auch den Manta für einen Transport zu verpacken, damit beides frisch und gut verdaulich bei den Verwandten ankommen würde.

Meine Gastgeber boten mir an, sie bei ihrem Besuch zu begleiten, aber ich lehnte ab. Zum einen wollte ich die familiären Feierlichkeiten nicht stören, zum anderen wurde mir gerade die Möglichkeit offeriert, für einige Tage eine Insel ganz für mich allein zu haben. Diese Chance würde ich wahrscheinlich nie wieder in meinem Leben bekommen und dieses Geschenk konnte ich unmöglich liegenlassen.

Wir verabschiedeten uns herzlich, ich sah dem Boot nach, wie es am Horizont verschwand und dann war ich der einzige Mensch auf diesem Eiland. Wie Robinson Crusoe, nur eben freiwillig. Sechs ganze Tage lang.

Für mich war es ein Traum, für manch anderen vielleicht genau das Gegenteil. Tagelang ohne einen anderen Menschen? Ohne Schutz? Ohne die Annehmlichkeiten des modernen Lebens. Was wäre, wenn ...

Stopp! So sehr diese Einwände auch für manche verständlich sein dürften, so zeigen sie doch nur eins: Viele Menschen werden von Angst regiert, anstatt das Schöne zu sehen, dass sich ihnen offenbart.

Und letztendlich bin ich nicht nachts überfallen worden, keine Kannibalen sind auf der Insel gelandet und es befand auch kein Hai für notwendig, mich zu fressen, wenn ich im Meer schwamm. Nachgedacht hatte ich darüber nicht, denn der Genuss, diese Freiheit erleben zu dürfen, war viel zu überwältigend. In den Momenten, als ich den Blick über die Insel, über »meine« Insel, streifen ließ, wurde mir einmal mehr bewusst, wie unglaublich schön dieses Leben war. Und das nicht, weil ich mir für einen vollkommen überteuerten Preis eine Reise in eine luxuriöse Hotelanlage gegönnt hatte und dem Programm für fantasie-arme Touristen gefolgt war, sondern weil ich meinen Weg gegangen war und einfach nur lebte.

Die Familie kehrte nach sechs Tagen zurück. Dem Strahlen in ihren Gesichtern konnte ich ansehen, dass auch sie eine schöne Zeit gehabt hatten. Obwohl sie mir anboten, dass ich doch länger bleiben durfte, machte ich mich zwei Tage später an die Weiterreise. Nicht, dass ich es nicht noch lange auf dieser Insel ausgehalten hätte, aber zu viele Wunder erwarteten mich an anderen Plätzen dieses Planeten. Außerdem wusste ich, dass sich Karin auf dem Weg zu den Fidjis befand. Sie hatte einige Wochen Zeit und sich ein Ticket gebucht.

Ein Bett im Zuckerrohrfeld

Was meine Reise begleitete, war die wunderbare Erfahrung, dass man viele Menschen traf, über die man rein gar nichts wusste. Und plötzlich waren sie dann meine Freunde. So war es nicht nur mit der Familie auf der Insel passiert. Kaum hatten mich die beiden Söhne meines Gastgebers zurück ans Festland gebracht, machte ich mich auf den Weg zum internationalen Flughafen Nausouri. Eigentlich gefiel mir sein einheimischer Name besser: Luvuluvu. Wer immer sich das ausgedacht hatte, verdiente einen Orden.

Ich musste nicht lange warten, da landete Karin. Trotz der langen Anreise strahlte sie übers ganze Gesicht und fiel mir in die Arme. Ich küsste sie und freute mich aus tiefstem Herzen, sie in den kommenden Wochen an meiner Seite zu wissen. Der Flughafen befand sich außerhalb Suvas und wir beschlossen, nicht noch einmal in die Stadt zu reisen. Stattdessen fuhren wir einige Stationen mit dem Bus und stiegen dann aus, einfach deshalb, weil uns die Landschaft gefiel.

Wir liefen ein wenig und erzählten von unseren Erlebnissen. Karin vom Wetter in Deutschland, ihren Eltern (die ich über allen Maßen schätzte) und von dem, was in der Welt so vor sich ging. Ich berichtete hauptsächlich darüber, dass ich für sechs Tage König einer Insel gewesen war und wie unbeschreiblich offen und herzlich mir die Menschen begegneten, egal, wo ich auftauchte.

Wir merkten gar nicht, wie weit wir gegangen waren. Die Landschaft um uns herum hatte sich verändert und Felder säumten den Weg. Hier trafen wir einen Bauern, der uns zum Essen in seinem bescheidenen Haus einlud. Nur zu gerne nahmen wir an.

Der Mann wollte mehr über mich und meine Reise erfahren und staunte nicht schlecht, als ich erwähnte, dass ich aus Verhältnissen stammte, bei denen man nicht mit einem goldenen Löffel gefüttert worden war. Immerhin bereiste ich die ganze Welt, was für den Bauern gleichbedeutend damit war, dass mein kleiner Rucksack vollgestopft mit Dollarscheinen sein musste. Trotz dieser gravierenden Fehleinschätzung verstanden wir uns hervorragend.

Irgendwann fragte er:

»Aziz, wo schlaft ihr eigentlich?«

Ich lächelte und zuckte die Schultern.

»Keine Ahnung. Das entscheiden wir spontan, wenn es Abend wird.«

»Es ist Abend«, antwortete er und nickte in Richtung des kleinen, verdreckten Fensters hinter mir.

Er hatte recht. Die Dämmerung war längst hereingebrochen, aber es war viel zu gemütlich mit ihm und seiner kleinen Familie, als dass wir den Druck empfanden, jetzt in eine panische Suche nach einem Dach über dem Kopf verfallen zu müssen.

Da sprang er plötzlich auf.

»Unser Haus ist zu klein für zwei Gäste. Das tut mir leid, aber ich habe eine Idee.«, rief er und gab den Mitgliedern seiner Familie einige Anweisungen, die ich nicht verstand. Sie lachten und verließen dann die Hütte. Etwa 30 Minuten später kehrten sie zurück und deuteten uns, mit ihnen zu kommen. Die kleine Tochter des Bauern, sie war vielleicht acht Jahre alt, nahm wie selbstverständlich meine Hand und zog mich in Richtung eines nahe gelegenen Zuckerrohrfelds.

Karin und ich sahen uns an und mussten lachen. Wir wussten nicht, was uns erwartete, aber der Familie war anzusehen, dass sie sichtlich Freude daran hatte, uns ihre Überraschung zu präsentieren. Sie führten uns durch das Feld, bis sich plötzlich das Meer vor uns ausbreitete. Der Vater deutete auf ein Gebilde aus Strohballen. Dort hatte seine Familie in Windeseile ein provisorisches Bett errichtet – für Karin und mich. Und nicht nur das, sie hatten sogar ein Moskitonetz darüber gehangen, damit wir in Ruhe Schlaf finden konnten. Es war ein unbeschreiblicher Beweis menschlicher Gastfreundlichkeit. Ich hatte noch kein Wort gesagt, da zog mich das kleine Mädchen zur Seite und zeigte stolz einen in die Jahre gekommenen Pott aus Eisen, den sie inmitten hoher Sträucher platziert hatte. Sie wies auf Karin und machte mir mit kindlichen Gesten klar, dass dies die provisorische Toilette für meine Ehefrau war. Einfach rührend.

Wir bedankten uns überschwänglich und dann verließ uns die Familie. Der Mond stand bereits am Himmel, sodass wir dieses wunderbare Idyll ganz für uns alleine genießen konnten. Vor uns das Meer, im Rücken ein schier undurchdringliches Zuckerrohrfeld. Wir blieben zwei Nächte, eine Zeit, die weder Karin noch ich jemals vergessen werden. Ja, es waren kleine Erlebnisse, aber eben auch so groß, dass sie den eigenen Kopf niemals verlassen werden. Und genau diese kleinen Ereignisse sind das, was man Leben nennt.

Meine Reise führte mich weiter rund um den Erdball. Und immer wieder bestätigte es sich, dass meine Überzeugung, alle Entscheidungen eigenständig zu treffen, goldrichtig war. Niemand sollte mir vorgeben, was ich wann am besten zu machen habe, welche Orte ich unbedingt sehen müsse, welche Route die aufregendste wäre, welche Richtung ich einschlagen sollte. Nein, mir war es wichtig, die Freiheit zu besitzen, um zu sagen:

»Ich bleibe jetzt einfach hier und trinke ein Bier.«

Und doch muss ich zugeben, dass ich mich in einigen Fällen doch habe von Personen beeinflussen lassen. Ja, ich würde sie sogar als meine wirklichen Reiseführer bezeichnen. Es waren die, die gesagt haben:

»Komm, Aziz, ich kenne einen schönen Ort. Lass uns doch dorthin gehen und die Vögel beobachten.«

Genau sie waren diejenigen Menschen, die mit ihren eigenen Augen beobachtet und sich nach niemandem gerichtet hatten.

In diesem Zusammenhang zeigte sich vor allem Thailand als krasses Gegenbeispiel. Dort traf man viele Reisende, sehr viele. Und was hatte der überwiegende Teil von ihnen gemeinsam? Sie reisten mit einem überdimensionalen Rucksack und hielten einen alternativen Reiseführer in ihrer Hand. Die Bibel für Rucksacktouristen. Mir war dieses widersprüchliche Verhalten unerklärlich. Da machten sich Menschen auf den Weg in ein fernes Land und gaben sich selbst den Anspruch, die wirklich außergewöhnlichen Plätze zu entdecken, die nicht von jedermann aufgesucht wurden. Da sie aber alle demselben Buch folgten, trafen sie einander in kurzen Abständen an den dort aufgeführten Orten wieder. Verstehe jemand den Sinn dahinter...

Fuhr ich mit einigen dieser alternativen Reisenden in einem Bus (was oft geschah, denn man konnte ihnen nicht entgehen), so stiegen sie gemeinsam an einer Bushaltestelle aus. Wahrscheinlich lag in der Nähe der auf Seite 74 ihres Reiseführers angepriesene besondere Ort, den laut Beschreibung nur die wenigsten Touristen besuchten. Ich war der einzige Doofe, der sitzen blieb. Anders ausgedrückt war ich ganz offensichtlich der einzige Seeker unter lauter Believern mit Rucksack. Diese Believer dachten, sie wären etwas Außergewöhnliches. Aber das waren sie nicht. Die Menschen, die ihr Gehirn benutzten und ihm vertrauten, ja, die waren wirklich besonders.

Wohltuend anders zeigte sich Bali. Manchen galt die Insel seit jeher als zu esoterisch. Nun, das mag jeder halten, wie er will. Ich liebte Bali und tue dies bis heute. Spricht man von natürlicher Schönheit einer Landschaft, so bildet Bali dafür das Paradebeispiel. Die Insel ist ein unbeschreibliches Zusammenspiel von Natur und Mensch. Und die Einwohner haben diese Atmosphäre in sich aufgenommen, leben in aller Ruhe und ohne Missgunst ihre friedlichen Leben und heißen ihre Gäste aus tiefstem Herzen willkommen. Sie verstehen es, jeden Tag zu genießen und das Beste daraus zu machen. Bis heute bereise ich Bali, wann immer es mir möglich ist. Und bis heute treffe ich dort die inspirierendsten Menschen, von denen viele zu meinen Freunden geworden sind.

Während ich jetzt jegliche Erinnerung an mein Leben bei Karstadt und seine in Form gepressten Mitarbeiter hinter mir gelassen hatte, bereitete ich mich (und natürlich auch meine liebe Frau Karin) auf das nächste Ziel vor, ein Kontinent, der mein Leben für immer verändern sollte: Australien.

Die Magie Australiens

Australien ist ein traumhaftes Land voll von imposanten, regionalen Gegensätzen. Darüber könnte ich jetzt begeistert stundenlang philosophieren, aber das würde den eigentlichen Zweck dieses Buches verfehlen. Trotzdem denke ich, dass jeder, der die Möglichkeit hatte, Australien einmal zu besuchen, mir diesbezüglich beipflichten wird. Außerdem ist Australien auch aus einem anderen Grund einzigartig: wegen seiner ganz besonderen Menschen.

Schnell stellte ich fest, dass Australier ein angenehm kommunikatives Volk sind. Sie stehen fremden Menschen offen gegenüber, haben keine Scheu, sich mit jedem zu unterhalten und scheinen so etwas wie Kontaktschwierigkeiten überhaupt nicht zu kennen. Sie begegnen einem sehr freundlich, was angenehm ist, wenn man selbst zu der Spezies kommunikativer Personen zählt. Am liebsten reden Australier über Sport (am zweitliebsten wahrscheinlich auch). Was sie nach meinen Erfahrungen dagegen gar nicht mögen, sind Unterhaltungen über Religion oder Politik. Für mich war dies sehr aussagekräftig, denn Australier sind ein sehr glückliches Volk und ein Schlüssel dafür scheint zu sein, dass sie sich mit den Themen, die die Menschen in ihrer persönlichen Entfaltung einschränken, gar nicht erst befassen wollen.

Was mir außerdem bei den Australiern auffiel, war, dass sie recht angstfrei durch ihr Leben schritten. Natürlich war mir dies auf Anhieb sympathisch, denn so kannten sie kaum Einschränkungen oder auferlegte Konventionen. Ebenso wenig wie ich. Dabei war ich es durch meine Zeit in Europa gewohnt, dass die Menschen zwar die Schönheit von Dingen erkannten, aber sogleich auch wieder zögerten, sich dieser einfach zu bedienen. Irgendwie hatte ich immer den Eindruck, dass ihnen ein Automatismus innewohnte, der bei der Möglichkeit, etwas Besonderes erhalten zu dürfen, sofort in Alarmbereitschaft schaltete und sagte:

»Sei vorsichtig! Dieses Ding ist viel zu außergewöhnlich, als dass es nicht einen Haken hat. Lass lieber deine Finger davon, sonst verbrennst du dich.«

Eine hervorragende Anleitung, um nicht glücklich zu werden. Denn irgendwann kommt der Moment, wo man sich selbst sagt:

»Ach, hätte ich doch zugegriffen.«

Abstrakte Gedanken, die jedoch durch das normale Leben immer wieder Realität wurden. So erging es auch mir, als ich mir mit Karin ein Grundstück ansah. Mit von der Partie war auch meine Schwiegermutter, die sich die Chance nicht entgehen lassen wollte, uns einige Tage in Australien zu besuchen. Außerdem wurden wir von einem einheimischen Freund begleitet, Morris, der nicht so recht zu glauben schien, dass wir wirklich überlegten, uns in diesen verlassenen Landstrich einzukaufen.

Die Gegend, in der sich das Grundstück befand, war außerordentlich reizvoll, wunderschön anzusehen und voller exotischer Pflanzen, die dem Areal seinen ganz eigenen Reiz verliehen. Mich wunderte, dass sich hier so wenig Menschen angesiedelt hatten, denn zumindest in meiner Vorstellung konnte sich Mutter Natur kaum von einer schöneren Seite zeigen. Dabei sei noch kurz erwähnt, dass wir ja eigentlich ein hübsches Haus in Deutschland besaßen und nicht mit dem Plan hierhergekommen waren, uns hier ein Haus zu kaufen, geschweige denn, uns in Australien niederzulassen.

Zufälligerweise wanderte mein Blick einen nicht weit entfernten Hügel hinauf.

»Schaut mal, wie schön es dort aussieht«, sagte ich zu den dreien und deutete auf die Kuppe des Hügels.

Die Damen sahen sich verständnislos an, dachten sie doch unisono, dass ich wahrscheinlich gerade wieder irgendeine Schnapsidee ausbrütete.

»Nein, Aziz, nein!« Karin warf mir diesen speziellen Blick zu, der etwas aussagte wie: *,Denk gar nicht erst darüber nach, Freundchen.'*

»Willst du es dir ansehen?«, schaltete sich Morris ein.

Wieder traf mich Karins Blick wie ein strafender Peitschenschlag.

»Ja, das will ich gerne.«, antwortete ich. »Lasst uns doch hinaufgehen.«

Letztendlich gaben sogar die Damen nach und begleiteten Morris und mich. Und so sahen wir uns von Nahem an, was mich von Weitem so fasziniert hatte. Wir standen dort, inmitten wilder Pflanzen und einer atemberaubenden Aussicht in die wunderbare australische Weite. Sofort wusste ich, dass es das Grundstück war, das ich haben wollte. Allerdings hatte ich dabei die Rechnung ohne meine bessere Hälfte gemacht, die ohnehin rationaler entscheiden konnte, als ich es imstande war.

»Nein, Aziz. Du lässt dich wieder einmal von deinen Gefühlen leiten. Wir sollten weitersuchen.«

»Aber von was soll ich mich denn sonst leiten lassen? Gerade bei einer solchen Überlegung gibt es doch gar keinen anderen Entscheidungsgrund.«, argumentierte ich und fand, dass ich vollkommen recht hatte.

»Aziz, lass uns noch weitersuchen. Wir müssen nicht das Erstbeste nehmen, was wir sehen. Vielleicht gibt es woanders noch etwas Passenderes.«

Meine Schwiegermutter pflichtete ihr eifrig bei und warf zu allem Überfluss noch ein, dass es fast zu schön sei, als dass da nicht irgendwo ein Haken sein müsse. Na prima, da hatten wir es wieder ...

Trotz der Einwände fragte ich Morris, ob er wisse, ob dieses Grundstück zum Verkauf stände.

»Ich weiß es nicht. Aber vielleicht kann ich es herausfinden. Bestimmt wird es nicht billig sein.«

»Siehst du, Aziz? Lass uns einfach noch etwas weitersuchen.«, ergriff Karin noch einmal das Wort.

»Warum willst du weitersuchen? Dieses Stück Land ist unser Schicksal.«

Die beiden Frauen sahen sich an, als hätte ich gerade ein pakistanisches Kuchenrezept vorgelesen. Wir gingen zurück und ich flüsterte Morris zu, dass er sich bitte darüber informieren solle, ob das Grundstück zu kaufen wäre und wie die Konditionen aussehen.

Am darauffolgenden Tag geschah nichts. Am Tag darauf ebenso wenig. Aber am dritten Tag, pünktlich um neun Uhr, klingelte mein Telefon. Es war Morris, der mir mitteilte, dass der jetzige Besitzer sich wirklich von dem Grundstück trennen wolle. Und war dies nicht schon für sich genommen eine fantastische Nachricht, so folgte eine Information, die meine Theorie unterstrich, dass man zuschlagen müsse, wenn man etwas Schönes bekommen könne. Morris erzählte mir, dass der Besitzer das Grundstück für einen Preis von 120.000 Dollar angeboten hatte. Aus welchen Gründen auch immer hatte er sich nun entschlossen, es für 85.000 Dollar zu veräußern. Eine Eingebung, die ihn scheinbar in der letzten Nacht heimgesucht hatte. Und nicht nur das. Als ich Karin von meiner Entscheidung unterrichtet hatte, das Grundstück zu kaufen, fiel der Wert des australischen Dollars kurzzeitig auf ein neues Rekordtief. Für mich bedeutete das, dass ich weitere 15.000 Dollar einsparte und so ein Grundstück, was eigentlich hätte umgerechnet 135.000 D-Mark kosten sollen, nun für 70.000 kaufen konnte. Natürlich sagte ich sofort zu. Nie wieder sollte der Kurs so niedrig stehen, wie an diesem Tag.

Was nun begann, war eine unbeschreiblich glückliche Zeit. Andere würden sagen, dass die Tage von Anfang bis Ende aus Arbeit bestanden, aber genau das war es eben nicht. Alles diente dem Zweck, hier eine Oase des Glücklichseins zu errichten, einen Tempel der Zufriedenheit und der Natur. Was nicht ganz einfach war, denn die Bulldozer hatten den gesamten Garten bis auf den letzten Grashalm ruiniert. Sie hatten so sauber gearbeitet, dass es nicht einmal mehr Wurzeln gab. Ich investierte noch einmal einen Betrag von 35.000 Dollar, um wieder aufzuforsten, was einmal da gewesen war. Immerhin ging es darum, zerstörte Natur zurückzugewinnen.

Die 800 Quadratmeter Gartenfläche waren sehr steinig, sodass im ersten Schritt jede Menge Sand aufgefüllt werden musste, der dann mit riesigen Matten abgedeckt wurde. Auf diese schüttete ich Mutterboden. Viel Mutterboden. Freunde halfen mir und wir waren von morgens bis abends damit beschäftigt, Löcher zu bohren und Pflanzen einzusetzen. Und bald begann das Wunder: Jede Woche sah der Garten anders aus, das Leben wuchs und dieser Anblick war traumhaft. Ich hatte bewusst darauf verzichtet, eine Bewässerungsanlage installieren zu lassen, denn ich wollte jede einzelne Pflanze selbst gießen, was täglich zwischen zwei und drei Stunden in Anspruch nahm. So konnte ich sehen, wie sie wirklich zu leben begannen. Dieses Gefühl war eine unbeschreibliche Freude für mich. Und als die Pflanzen groß wurden und wunderschön blühten, da wusste ich, dass es ihre Art war, Dankeschön zu sagen. All das war keine Arbeit für mich, es war einfach ein schönes Hobby. Und irgendwann stand ich dann inmitten des paradiesischsten Gartens, den man sich vorstellen kann.

Ich hatte nichts weiter gemacht, als zuzugreifen, als ich etwas Schönes gesehen hatte. Und versprochen, den oftmals beschworenen Haken gab es auch im Nachhinein nicht.

Leben und sterben lassen

Ich genoss das Leben und vor allem mein Grundstück, wo ich nach einer Zeit der Eingewöhnung immer wieder gute alte Bekannte antraf: Schlangen. Sie hatten mich seit meiner Kindheit fasziniert und oft saß ich auf meiner Veranda und las Bücher über diese beeindruckenden Tiere, die es um mich herum zu Genüge gab. Die Lektüren bestätigten meine Erfahrungen, dass Schlangen niemals aus reiner Lust angriffen. Deshalb bissen sie auch nicht, wenn sie jemanden nicht als Gefahr empfanden. Als hätte ich es nicht schon immer gewusst ...

Zwischen unserer Garage und unserem Haus hatte ich einen Fischteich angelegt. Er war umrankt von diversen Sträuchern, so vielen, dass ich sie irgendwann ausdünnen musste, um überhaupt noch Zugang zu dem Gewässer haben zu können. Ich nahm eine der Pflanzen, hob sie an und – hatte den Kopf einer Schlange in der Hand. Es war nicht irgendein kleines Reptil, sondern ein 2,50 Meter langes Prachtexemplar. Sofort spürte ich, wie unglaublich schwer sie war und wie viel Kraft ihr innewohnte. Natürlich setzte ich sie vorsichtig wieder ab, nur um in diesem Moment zwischen den Sträuchern noch viel mehr ihrer Artgenossen zu entdecken. Okay, die anderen waren kleiner, konnten aber in Gefahrensituation genauso gefährlich werden. Glücklicherweise schienen sie alle zu spüren, dass ich ihnen nichts antun wollte. Und so attackierten sie mich auch nicht, obwohl ich einigen von ihnen bedrohlich nahegekommen war.

Auch das hatte Mutter Natur wieder einmal hervorragend eingerichtet. Ist jemand für dich keine Gefahr, so lass ihn einfach weiterleben. Das einzige Lebewesen, dass dieses Naturgesetz immer wieder mit Füßen tritt, ist der Mensch.

Ich begann, »meinen« Schlangen regelmäßig Nahrung zu geben. Dass dies eigentlich gar nicht notwendig war, stellte ich bei genauerer

Beobachtung der natürlichen Kreisläufe um mich herum fest. Abends, wenn ich auf der Veranda saß und das Licht anknipste, kamen die Motten angeflogen. Und zwar nicht nur einige, sondern ganze Schwärme. Diese Motten waren die Hauptnahrungsquelle der kleinen, grünen Korallenfinger-Laubfrösche, die inzwischen meinen Garten als hervorragendes Jagd- und Lebensrevier ausgeguckt hatten. Die Frösche fraßen also die Motten, und das Nahrungsangebot reichte für Dutzende von ihnen.

Dummerweise dienten die gut genährten Korallenfinger-Laubfrösche den ansässigen Schlangen als willkommene Mahlzeit, sodass diese gar nicht lange suchen mussten, bis sich ihr leuchtend-grünes Abendessen näherte. Wie bereits in meiner Kindheit beobachtete ich, wie sich der Kreislauf Abend für Abend wiederholte. Es schien nie einen Mangel an Motten, Fröschen oder Schlangen zu geben, sodass ich mir auf meinem Beobachtungsplatz genüsslich ein Glas Wein einschenkte und das Gefühl hatte, dass alle in diesem Garten das bekamen, was sie sich ersehnten. Die Schlangen hatten ihre Frösche, die Frösche ihre Motten und die Motten hatten ihr Licht. Und ich – ich hatte meinen Wein.

Dass sich der natürliche Verlauf des Lebens nicht nur im Tierreich zeigte, sondern mich auch ganz persönlich betraf, sollte ich bald erfahren. Hierbei muss ich vorwegschicken, dass schon zu dieser Zeit eine große Anzahl deutscher Auswanderer in Australien lebte. Sie zeichneten sich vor allem dadurch aus, dass sie gerne unter sich blieben. Australier waren ihnen zu lebhaft, zu kommunikativ und gedanklich zu offen. Da bevorzugte man doch die eigenen Landsleute, denn bei denen wusste man, woran man war. So kam es, dass zu den Bekanntenkreisen der Deutschen meist nur 10% Australier zählten und 90% deutschstämmiger Immigranten.

Bei mir war es genau umgekehrt. Ich genoss die Gesellschaft der Australier, redete, trank und lachte mit ihnen. Mein Bekanntenkreis aus deutschen Auswanderern hielt sich in überschaubaren Grenzen. Einer von ihnen war Helmut. Helmut kam ursprünglich aus Darmstadt und hatte gemeinsam mit seiner Frau Milla und seinen beiden Söhnen eine deutsche Bäckerei eröffnet. Eine gute Idee, denn nun konnten sich die Deutschen ein Stück Heimat auf den Frühstückstisch holen. Das Geschäft lief ausnehmend gut.

Auch ich kaufte häufiger bei ihm ein, hatte ich mich doch in all den Jahren an den Genuss von Grau- und Schwarzbrot gewöhnt und auch die frisch gebackenen Brötchen brachte ich häufig nach Hause. Hin und wieder unterhielt ich mich mit Helmut, nicht über die Ladentheke, sondern bei einer Tasse Kaffee vor seiner Bäckerei. Eines Tages lud er Karin und mich zu sich ein und wir verbrachten einen netten Abend. Dabei erfuhr ich auch, dass er unter Herzproblemen litt und die australischen Temperaturen ihm des Öfteren Probleme bereiteten.

Wir ließen es uns nicht nehmen, ihn und Milla einige Wochen später zu einem Gegenbesuch einzuladen. Es war Helmuts Geburtstag und damit ein guter Grund, dass Karin mal wieder einen ihrer hervorragenden Käsekuchen backen konnte. Und das ist ja immer eine besondere Herausforderung, wenn die eingeladenen Gäste selbst vom Fach sind. Aber ich wusste, dass Karins Kuchen jeglichen kritischen Überprüfungen standhalten würde.

Der große Tag war gekommen und wir hatten alles für das nette, nachmittägliche Zusammentreffen vorbereitet. Aber mir kamen Zweifel. Es herrschten 45°C im Schatten und das war selbst für australische Verhältnisse ein verdammt heißer Tag. Also rief ich ihn an.

»Happy Birthday, mein lieber Helmut. Alles Gute zu Deinem neuen Lebensjahr.«

»Vielen Dank, Aziz. Das wäre doch nicht nötig gewesen. Wir sehen uns doch ohnehin in zwei Stunden.«

»Genau deswegen rufe ich dich an. Draußen herrscht eine Gluthitze. Das ist bestimmt nicht gut für dein Herz. Vielleicht sollten wir ...«

»Kommt gar nicht infrage. Heute ist mein Geburtstag und heute will ich ihn feiern. Mit euch.«

»Bitte, Helmut, denk noch einmal darüber nach. Wir können dieses Treffen doch nachholen, wenn es wieder etwas kühler ist.«

»Wenn ich auf etwas Rücksicht nehmen würde, dann dürfte ich gar nicht mehr vor die Tür gehen.«

Eine kurze Pause trat ein, dann sprach er etwas leiser weiter. Ich konnte hören, dass er ein spitzbübisches Lächeln auf seinem Gesicht haben musste.

»Weißt du, was ich gestern gemacht habe?«

»Nein, das weiß ich nicht.«

»Ich habe heimlich ein Steak gegessen. Es war fantastisch, kaum zu beschreiben.«

»Und dir ist bewusst, dass das für dein Herz nicht gesund ist? Was hat Milla dazu gesagt?«

»Gott bewahre«, er lachte, »sie weiß davon nichts. Und du darfst es auch nicht erwähnen. Sonst hält sie mir wieder einen Vortrag. Also, Aziz, wir sehen uns gleich und ich freue mich auf euch.«

Helmut hatte aufgelegt und etwas nachdenklich ging ich zurück auf die Veranda, um einen weiteren Ventilator dort zu platzieren. Eigentlich hatte Helmut recht. Was würde es ihm helfen, wenn er alle ärztlichen Vorgaben befolgen würde und gleichzeitig das Gefühl hätte, dass er die schönsten Sachen im Leben verpassen würde? Ich konnte ihn verstehen.

Es wurde noch heißer, bis er und seine Milla eintrafen. Wir begrüßten uns ausgelassen und ich entdeckte einige vereinzelte Schweißtropfen auf seiner Stirn. Wir setzten uns, während Karin den Kuchen aus der Küche holte. Wir plauderten und lachten und als endlich alle beieinandersaßen, wurde der Kuchen angeschnitten. Helmut nahm sich ein großes Stück und quittierte das leichte Kopfschütteln und Millas Bemerkungen darüber, was passieren könne, wenn er den Kuchen essen würde, mit einem charmanten Lächeln.

Sie sagte nichts mehr, wusste sie doch, dass er an seinem Geburtstag etwas Milde verdient hatte. Helmut, der links von mir saß, gab mehrere »Mmmmh« und »Wie lecker!« von sich, während er Karins Käsekuchen genoss.

Als wir alle fertig gegessen hatten, sah ich zu ihm, denn Helmut setzte wieder einmal an, um einen Witz zu erzählen. Das war ein untrügliches Zeichen dafür, dass er bester Laune war. In diesem Moment sah ich einen seltenen Adler am Himmel fliegen. Ich folgte seiner Flugbahn für einen Augenblick, als Helmut mitten im Witz abbrach. Verwundert sah ich ihn an. Er hatte sich aufgerichtet, sein Finger wies Richtung Himmel, direkt zu dem Adler. Er sagte kein weiteres Wort und sackte einfach in sich zusammen. Für einen kurzen Moment sahen wir uns wortlos an, dann sprang ich auf und versuchte, ihm zu helfen. Doch sein Körper gab kein Lebenszeichen mehr von sich. Was sollten wir jetzt tun? Karin rannte ins Haus und rief die Ambulanz. Ich begann mit einer Mund-zu-Mund-Beatmung, ohne genau zu wissen, ob das in einem solchen Fall wirklich hilfreich wäre.

Einige Zeit später traf der Krankenwagen ein. Die Sanitäter ergriffen ebenfalls erste Hilfe-Maßnahmen, bevor sie Helmut erst auf eine Bahre und dann in ihren Wagen luden. Aber es war zu spät. Bevor sie das Krankenhaus erreichten, wurde bereits sein Tod festgestellt. Es hätte nichts gegeben, was dies hätte verhindern können, teilte mir einige Zeit später ein Arzt mit. Helmut hatte bereits einige Jahre zuvor einen Herzinfarkt erlitten und diesen überlebt. Der zweite Infarkt suchte ihn heim, als er gerade bei bester Laune einen Witz erzählt hatte. An einem Tag, als er sich bewusst dafür entschieden hatte, trotz der Gluthitze Freunde zu treffen und zu feiern.

Trotz des tragischen Endes dieser Geschichte gab es für mich einige Punkte, die den schmerzlichen Verlust erleichterten. Ich war überzeugt, dass mein deutscher Freund glücklich starb. Noch nie hatte ich ihn bei so guter Laune erlebt wie an diesem Tag. Er hatte so viel gelacht und hatte seine Freude daran, endlich einmal das zu tun, was er so schmerzhaft vermisst hatte: Steak und Kuchen essen – ohne Reue, sondern nur mit reinem Genuss. Helmut wollte sündigen, vollkommen bewusst. Und ich glaube sogar, dass er an diesem Tag sterben wollte. Mit vollem Magen und einem glücklichen Gefühl. Wenn ich so darüber nachdenke, dann war es ein sehr schöner Tod.

Nach diesem Unglück und einer angemessenen Trauerzeit vertiefte sich das Verhältnis zwischen den Hinterbliebenen und mir. Helmuts Söhne ließen es sich nicht nehmen, mich immer wieder zu besuchen. Meist brachten sie leckeres deutsches Gebäck als Gastgeschenk. Auch sie waren überzeugt, dass der Tod ihres Vaters eine bewusste, glückliche Entscheidung seiner selbst gewesen war. Und ich habe bis heute ein Lächeln auf dem Gesicht, wenn ich an Helmut denke. Wie gesagt, er war eben ein kleines Schlitzohr.

Einige Monate später fand ich das verwaiste Junge eines Adlers. Es war genau die seltene Spezies, die ich kurz vor Helmuts Tod am Himmel bewundert hatte. Ich habe ihn zu mir genommen, gesund gepflegt und großgezogen.

Unser Kopf – bester Freund und größter Feind

Schlägt man einem Menschen den Kopf ab, dann ist er unweigerlich tot. Das ist mal wieder ein unumstößliches Naturgesetz. Und wer es nicht glauben will, der sollte mal die Franzosen fragen. Die haben Unmengen diesbezüglicher Experimente durchgeführt, mit immer dem gleichen Ergebnis: Ohne einen einsatzbereiten Kopf funktioniert gar nichts. Kein Körper, keine Seele, das Individuum ist eigentlich tot, obwohl es sich noch durch sein Dasein bewegt.

Derlei Gedanken geisterten mir durch den Kopf, als ich den Blick durch meinen Garten schweifen ließ und ausgiebig die Zeit genoss, die ich mir gönnte. In diesen Momenten war Karstadt für mich ungefähr so weit entfernt wie der Gewinn der Weltmeisterschaft für die Fußball-Nationalmannschaft der Weihnachtsinseln. Ich musste lächeln, wenn ich daran dachte, dass dieser Garten mein ganz persönlicher Doktor war. Wenn ich darin arbeiten durfte, war ich von allen Belastungen und körperlichen Beschwerden geheilt. Das Glück, dass ich dabei empfand, ließ einfach jeglichen Ballast von mir abfallen. Es war, als wenn ich einige Stunden Cricket, Tennis oder Golf gespielt hätte. Zwar war der Körper müde, aber er war geheilt. Die wundersame Wirkung der Glückshormone ...

Mir fielen Menschen ein, die ich in den letzten Jahren und auch während dieser Reise getroffen hatte. Es war bedauerlich zu beobachten, wie viele von ihnen nach und nach immer tiefer in ihren eigenen Sumpf gesunken waren, obwohl sie hilfesuchend ihre Hände ausgestreckt hatten. Mit vielen von ihnen habe ich stundenlang gesprochen und ihnen von meinen Erfahrungen aus diesem Leben berichtet. Sie nickten, nahmen auf, was ich ihnen mitzuteilen versuchte. Und der Großteil von ihnen sagte:

»Ja, Aziz, ich verstehe. Und ich will auch so denken, wie du es tust.«

Meist antwortete ich nicht, denn so zu denken wie ich war ja das Leichteste der Welt. Man durfte sich nur einfach nicht zu sehr von den Überzeugungen anderer beeinflussen lassen, der Natur ihren Lauf nehmen lassen, und dann passierte alles Wunderbare von ganz allein. Hörten die Menschen mir zu, so schwand ihr Glaube an die Kirche, an die Politiker, die Ärzte und an die Rechtsanwälte. Ein Moment der Hoffnung für mich. Aber ich musste feststellen, dass genau diese Menschen keine fünf Minuten später ihren gerade gefassten Entschluss bereits wieder einschränkten.

»Auch wenn ich die Welt so sehen will, so habe ich doch Angst davor, es nicht zu schaffen.«

Angst, da war wieder dieses Wort, das jegliche persönliche Freiheit sofort im Keim erstickte. Diese Menschen waren viel zu tief in ihrem selbst gegrabenen Sumpf versunken, als dass sie sich hätten daraus befreien können. Ich merkte, wie Panik in ihnen aufstieg, bei dem Gedanken frei zu sein. Sie hatten Angst davor, dass die Wirtschaft kaputtgehen könnte und der Strudel sie hinabreißen würde. Und wenn nicht die Wirtschaft, dann eben irgendetwas anderes, das von außen ihr Leben ruinieren würde. Wenn sie versuchten, sich ihre Ängste logisch zu erklären und Klarheit in ihren Köpfen zu schaffen, bekamen sie noch mehr Angst.

Für mich war und ist eine solche Denkweise reiner Selbstmord. Mir ist bewusst, dass dies eine anklagende Aussage ist und die Betroffenen in ein Licht rückt, das ihnen nicht gefallen würde. Trotzdem, wenn ein Mensch in seinen Gedanken nicht frei ist, dann lebt er auch nicht. Er existiert bestenfalls in den engen Grenzen seiner Ängste. Dass diese meist fremdgemacht sind, spielt dabei keine Rolle. Den mächtigsten Führern dieses Planeten ist gemein, dass sie ausgesprochen gut darin sind, Ängste in anderen Menschen zu schüren. Das durchzieht die Geschichte wie ein roter Faden. Haben Menschen erst einmal vor etwas oder jemandem Angst, so sind sie leicht von einem angeblichen Heilsbringer zu führen. So, wie eben ein Hirte seine Schafe führt.

Gedanken sind frei. Deshalb sind Gedanken die besten Dinge, die uns Menschen innewohnen. Aber Gedanken können einen auch umbringen, und zwar dann, wenn wir zulassen, dass sie ausschließlich von Ängsten dominiert werden. Vielleicht fragst du dich, wie man ein solches Dilemma vermeiden kann. Ganz einfach, das Wichtigste ist, dass du die Richtung deiner Gedanken selbst steuerst. Und zwar genau dorthin, wo du sie haben willst. Sage dir:

»Ich will ein glücklicher Mensch sein.«

Höchstwahrscheinlich wird dich dein Kopf fragen:

»Bist du denn glücklich durch das, was du bisher gesehen und getan hast?«

Du denkst kurz nach und beschließt, ehrlich zu dir zu sein.

»Eigentlich nicht.«

»Warum hast du dich und mich denn überhaupt mit deinen bisherigen Gedanken infiziert? Nimm doch Abstand!«

Ganz schön klug, dieser Kopf, bemerkst du. Und richtig, eigentlich wohnt deinem Kopf schon immer eine Anleitung zum Glücklichsein inne. Du hast es nur jahrelang bekämpft. Ziemlich erfolgreich sogar, wie dir gerade klar wird. Also beschließt du, deinem schlauen Kopf endlich Folge zu leisten und dich selbst glücklich werden zu lassen. Aber halt, da ist noch ein Problem! Dir wird nämlich gerade bewusst, dass auch du eine Rolle in diesem Prozess zu spielen hast. Eine ziemlich gewichtige Rolle sogar. Du musst nämlich ab sofort bewusst filtern, was du in deinen Kopf hineinlassen willst und was eben nicht. Und dazu ist es wichtig, alles, was du erlebst, lernst, vorgesetzt bekommst erst einmal genau zu analysieren und dann zu der Entscheidung kommen, ob und was du in deinen Kopf einspeisen willst.

Puh, das hört sich nach einer Menge Arbeit an. Und das ist es auch, schließlich hast du dein ganzes Leben anders gelebt und anders gedacht. Deshalb fühlt sich so plötzliches Umdenken an, als würdest du einen riesigen Müllberg abtransportieren und eine Fülle aus guten Erkenntnissen an seine Stelle setzen. Die meisten werden diesen Prozess nur schwer oder gar nicht umsetzen können. Aber sie sollten mit dem Blick auf eine bessere Welt, in der alle Probleme nach und nach verschwinden werden, etwas anderes tun: Kinder davor bewahren, dass sich in ihren Köpfen Grenzen und Ängste aufbauen, die sie ihr Leben lang nicht mehr verlieren werden. Und wieder erinnere ich an das Beispiel der Löwenmutter. Oder an meine eigene Kindheit, die zwar recht außergewöhnlich verlief, mir jedoch zeigte, wie wunderbar das Leben ist, wenn in den eigenen Kopf nur die Dinge zum Verarbeiten durchgelassen werden, die man selbst als richtig eingestuft hat.

Kommen wir noch einmal zurück zum Dialog, den wir selbst mit unserem Kopf führen. Fühlst du dich unwohl, so kann es passieren, dass du deinen Kopf vorwurfsvoll fragst:

»Hör mal, mein lieber Freund, ich habe scheinbar in meinem Leben jede Menge Ängste in dich eingepflanzt und viel von dem verankert, was eigentlich gar nicht mein Weg sein soll. Warum hast du dich nie darüber beschwert?«

Unser Gehirn würde wahrscheinlich in diesem Moment die Augenbrauen genervt in die Höhe ziehen, wenn es denn welche besitzen würde. Und es würde antworten:

»Ich habe dich gefragt. Immerzu. Aber du warst einfach zu bequem, um zu antworten.«

»Ach ja? Und was hast du mich gefragt?«

»Ich habe dich gefragt: Wo ist dein Weg? Wo ist dein Leben?«

Schließlich gestehst du dir ein, dass das sogar die Wahrheit sein kann. Immerhin lügt so ein Kopf nicht einfach. Du hast ihm jahrelang nicht zugehört – und trotzdem hat es funktioniert. Irgendwie. Du hast deine Arbeit, deine Familie, ausreichend Geld und bist eigentlich gar nicht so unglücklich. Allerdings, und das musst du dir eingestehen, fällt es dir inzwischen immer schwerer, die Leistungen auf der Arbeit zu erbringen, die von dir gefordert werden. Überhaupt scheint dein Körper in den letzten Jahren viel von seiner einstigen Belastungsfähigkeit verloren zu haben. Kann das denn auch mit der Vergiftung des eigenen

Kopfes zu tun haben?

Die Antwort ist einfach: Ja, denn Kopf und Körper gehören untrennbar zusammen (jetzt verbietet sich ein rückbezüglicher Hinweis auf die Französische Revolution). Auch hier zeigt sich jedoch, dass wir, die wir die angeblichen Vorzüge der modernen Welt in Anspruch nehmen, auf einem Holzweg sind. Denn unser (physikalischer) Körper ist dafür ausgelegt, belastet zu werden. Das zeigt sich unter anderem an dem Rundum-Wohlfühlerlebnis, das man empfindet, wenn man sich sportlich verausgabt hat. Was aber tun wir? Wir stöhnen auf, wenn wir nur an das Tragen der vollen Einkaufstüten denken.

Setzen wir uns auf einen ergonomischen Stuhl, dessen Anschaffung den Geldbeutel ziemlich geschröpft hat, so denken wir, dass wir unserem Körper etwas Gutes getan haben. Aber genau das Gegenteil ist der Fall. Wir haben ein Unternehmen glücklich gemacht, dass uns überzeugt hat, dass dieser Sitz genau das sei, was unser Körper benötige. Letztendlich sorgt die neue Sitzgelegenheit im Laufe der Zeit jedoch dafür, dass sich unser Rückgrat darauf einstellt, keine Belastungen mehr hinnehmen zu müssen. Wofür auch, der neue Sitz hat jegliche Form der Sitzanstrengungen von uns genommen und unseren Körper in eine andauernde Ruhe- und Erholungsphase versetzt.

Wem dieser Gedankengang etwas zu abstrakt erscheint, der rufe sich einen der Yogis in den Kopf, der fünf Stunden, Tage oder Wochen auf einem Stein sitzt. Was macht der Yogi, wenn er die Zeit für reif hält? Richtig, er steht einfach auf und alles ist in bester Ordnung. Keine Rückenschmerzen, kein ausgedehntes Gliederstrecken. Und das alles ohne ergonomischen Stuhl. Wie macht er das?

Der Yogi weiß, dass die Menschen seit mehr als 2 Millionen Jahren so gesessen haben. Dadurch haben sich in unsere Evolution weder Rückenschmerzen noch Haltungsprobleme eingeschlichen. Heutzutage bewundern wir diese Yogis, weil sie etwas tun, was wir alle verlernt haben. Sie steuern ihr Innerstes, sie beeinflussen, wie viel Sauerstoff sie aufnehmen. Sie können über Wochen einfach dasitzen und ihre Augen geschlossen halten, wissen aber trotzdem, was um sie herum geschieht. Bis heute zeigen sie den Menschen, was möglich ist. Das macht sie ganz bestimmt nicht zu Göttern, trotzdem verehrt man sie wie diese aufgrund ihrer Fähigkeiten, die wir Menschen in früheren Jahren als ganz natürlich angesehen haben. Warum sind wir heutzutage dazu nicht mehr fähig und müssen uns sogar medizinisch behandeln lassen? Ganz klar, wegen des Profites, den einige Menschen daraus schlagen können.

Stell dir einmal vor, du suchst einen Orthopäden auf, weil du Schmerzen empfindest, wenn du gehst. Was wird der Orthopäde tun? Richtig, er verschreibt dir Schuhe, damit die Schmerzen gelindert werden. Und damit er Geld verdient. Aber er wird dir nicht erklären, wie man richtig läuft. Und diese Dinge sind es, die uns auf die Dauer wirklich krank machen. Falsch laufen, falsch essen, falsch leben, ...

Abschließend will ich noch einmal zu dem Zusammenhang von Kopf und Körper zurückkommen. Hier gibt es ein Wort, das in unserer modernen Welt eine überaus große Rolle spielt: Stress. Wir machen uns durch Stress kaputt, und wenn wir es nicht tun, so kennen wir zumindest Menschen, bei denen dies unverkennbar der Fall ist. Sie arbeiten, bis sie diesen Stress fühlen. Sonst denken sie, dass sie unproduktiv sind oder die erhoffte Beförderung nie erreichen werden. Kommt dann endlich der langersehnte Urlaub, dann legen sie bereits Tage vorher ihr Sightseeing-Programm zurecht, welches sie auch in ihrer Ruhepause unter Stress setzen wird. Ich muss dies sehen, ich muss das sehen. So lange, bis meine Maschine endgültig kaputt ist. Etwas, was ich auf meiner Weltreise bewusst vermieden habe und weshalb diese Reise durchweg entspannend war.

Der einfache Weg, dem allem zu entgehen, ist, mit Spaß zu arbeiten. Du wirst niemals das Problem eines Burn-outs haben. Dieses Wort würde nicht einmal existieren, wenn alle Menschen all das mit Freude tun würden, dass sie tagsüber beschäftigt. Wenn du glücklich bist, so bist du auch wesentlich leistungsfähiger. Nicht aber diejenigen, die tagein tagaus in ihrem Hamsterrad herumrennen. Sie fühlen sich nicht wohl, sind unglücklich und rennen vielleicht noch ein wenig schneller. Sie sind in einem negativen Kreislauf gefangen und jeder sollte sich in einer ruhigen Minute fragen, ob auch er dazugehört. Wenn die Antwort »ja« lautet, dann sind der eigene Kopf und der eigene Körper gerade auf dem besten Weg, innerlich zu sterben. Und dabei könnte doch alles so perfekt sein, wenn man die Schönheit des Daseins einfach nur erkennen und zulassen würde.

Von der Welt zurück nach Deutschland

Es mag der Eindruck entstehen, dass ich meine Zeit in Australien lediglich damit verbrachte, mich mit Freunden zu treffen und entspannt auf der Veranda zu sitzen, um mir Gedanken über das Leben zu machen. Mag dies auch in Teilen stimmen, so holte mich doch nach und nach der Gedanke ein, dass ich seit vielen Monaten die Welt bereist, ein Grundstück erworben und zu einem kleinen Paradies gemacht hatte. Das hatte Zeit gekostet und die anberaumten 12 Monate meiner »Auszeit« neigten sich dem Ende zu. Die finanziellen Reserven ließen es leider noch nicht zu, dass ich mich schon jetzt zur Ruhe setzen und von meiner Rente leben konnte. Außerdem hatte sich der Gesundheitszustand meiner Schwiegermutter erheblich verschlechtert. Sie war zu einem Pflegefall geworden und ich entschied mich, diese arme Frau, die immer so gut zu mir gewesen war, unter keinen Umständen in ein Pflegeheim abzuschieben. Egal, was es für mich persönlich bedeuten würde, ich würde ihr helfen, dass sie in ihrem Haus bleiben konnte, bis sie sterben würde.

Also packte ich schweren Herzens meine Sachen und trat die Heimreise an. Ja, diesmal war es eine Heimreise, wobei ich wie schon vor vielen Jahren wieder in Köln landete. Es war unvermeidlich, dass mir die sechs Pfund wieder in den Kopf kamen, mit denen mein ganzes Abenteuer in diesem Land begonnen hatte und die alles waren, was ich als angehender Student aus Pakistan zur Verfügung hatte.

Nachdem ich den ersten klimatischen und kulturellen Schock der Heimkehr aus Australien nach Deutschland überwunden hatte, machte ich mich zum Karstadt-Verwaltungsgebäude auf, um zu sehen, wie sich die Dinge entwickelt hatten. Im Hinterkopf noch die mahnenden Worte meines Vorgesetzten, der mir diese Reise unter allen Umständen hatte verbieten wollen. Mal sehen, wie er mir gegenübertreten würde. Immerhin hatte ich in mir die unumstößliche Überzeugung, alles richtig gemacht zu haben.

An seinem ebenso überraschten wie ungläubigen Gesichtsausdruck konnte ich erkennen, dass mein ehemaliger Vorgesetzter sich doch freute, dass ich so unvermittelt bei ihm aufgetaucht war. Ja, er stellte mir sogar viele Fragen über meine Reise und welche Länder ich besucht hätte. Ich versuchte, die grundlegenden Fakten schnell abzuhandeln und verzichtete darauf, ihm von den vielen kleinen Begegnungen zu berichten, die sich in dem zurückliegenden Jahr ereignet hatte. Er hätte den Wert dieser Erlebnisse sowieso nicht verstanden.

Es dauerte nicht lange, bis er mir offen und ehrlich gestand, dass ihm ein mittelgroßer Stein von Herzen fiel, dass ich ihn aufgesucht hätte. Das war schon interessant, denn ich hatte keinerlei Ansprüche darauf, meine alte Tätigkeit wieder aufnehmen zu dürfen. Das hatte ich in vollem Bewusstsein in Kauf genommen. Ebenso war es meine Entscheidung gewesen, dass ich die betriebliche Rente durch meine Weltreise erheblich verringert hatte, denn das Karstadt-System hatte einen solchen Fall nie in Erwägung gezogen und deshalb auch keine Regelung dafür getroffen.

Da saß ich also wieder genau dort, wo ich vor 13 Monaten schon einmal gesessen hatte, und sah mein Gegenüber an.

»Offen gestanden bin ich heilfroh, dass sie wieder zurückgekehrt sind.«, begann er den offiziellen Teil des Gespräches.

»Ich hatte doch gesagt, dass ich wiederkehren werde.«

»Man weiß ja nie«, antwortete er. »Würden sie denn wieder ihre alte Position annehmen?«

Oha, da fiel er ja gleich mit der gesamten Tür ins Haus. Eigentlich war ich hierhergekommen, um meine Chancen auszuloten, irgendwann einmal vielleicht die Möglichkeit zu bekommen, eine Anstellung zu erhalten. Immerhin hatte man mich inzwischen durch einen anderen Architekten ersetzt, weshalb meine eigentliche Stelle nicht mehr zur Verfügung stand.

Überrascht sagte ich:

»Ja, das könnte ich mir schon vorstellen.«

Irgendwie schien meine Antwort nicht wirklich überzeugt geklungen zu haben, weshalb mein Vorgesetzter offensichtlich der Meinung war, mir eine Rückkehr schmackhaft machen zu müssen.

»Selbstverständlich können sie wieder genau dort einsteigen, wo sie damals aufgehört haben. Auch ihren alten Arbeitsplatz bekommen sie selbstverständlich wieder. Ist ja gar keine Frage. Sie könnten bereits in der kommenden Woche beginnen, wenn wir die Formalitäten geklärt haben.«

Ich schwieg, denn ich fühlte mich ein wenig überrumpelt – im positivsten aller Sinne. Ich hatte vor diesem Gespräch mit allem gerechnet, denn ich wusste, dass ich das Karstadt-System mit meiner Weltreise vollkommen unvorbereitet getroffen hatte. Und so etwas mögen Vorstandsmitglieder naturgemäß nicht. Und jetzt rollte man mir den roten Teppich aus, damit ich meine verbleibenden fünf Arbeitsjahre bei dem Arbeitgeber verbringen konnte, mit dem mich eine ausgeprägte Hassliebe verband.

Mein Gesprächspartner hatte mein Schweigen offensichtlich so aufgenommen, dass ich nicht sicher wäre, ob ich eine Rückkehr überhaupt in Erwägung ziehen würde. Deshalb setzte er noch einen drauf:

»Wir kriegen das mit ihrer betrieblichen Rente schon irgendwie geradegebogen. Natürlich, und darauf hatte ich sie hingewiesen, würde ihnen ein erheblicher Betrag durch ihre Weltreise entgangen sein, aber ich werde dafür sorgen, dass wir einen Weg finden, um das zu umgehen. So, als wären sie nie weggewesen.«

Ich hob die Augenbrauen. Was war passiert? Hatte mein Ersatz denn wirklich so unbefriedigende Erlebnisse geliefert, dass man mich nun so hofierte? Das würde mir sehr leid für ihn tun, denn ich war froh, dass sie ihn schnell gefunden hatten, um meine laufenden Projekte zu übernehmen. Egal, wie man es drehte und wendete, meine Situation schien ausgesprochen komfortabel zu sein und Karstadt offerierte mir alles, was ich nicht einmal zu träumen gewagt hätte.

Ich sagte zu und mein Vorgesetzter hielt Wort. Als ich am folgenden Montag in mein Büro zurückkehrte, fand ich meinen Schreibtisch fein säuberlich vorbereitet und unterschrieb einige Formulare der Personalabteilung, die ausgelegt waren, als wäre ich nicht dreizehn, sondern nur drei Monate unterwegs gewesen. Damit war meine betriebliche Rente in vollem Umfang gerettet und ich musste mir keine Sorgen um meine Zukunft machen. Etwas, was ich ohnehin nie tat.

Während ich also in mein altes berufliches Leben zurückgekehrt war, änderten sich privat einige Dinge. Karins Mutter war inzwischen zu einem schweren Pflegefall geworden, der aus eigener Kraft weder vom Krankenbett aufstehen noch selbstständig die Toilette aufsuchen konnte. Es war dramatisch zu sehen, wie Menschen innerhalb kürzester Zeit die Fähigkeit verlieren konnten, eigenständig zu leben. Wie ich bereits vorher zugesichert hatte, pflegte ich sie in jeder freien Minute, die mir zur Verfügung stand. Sie war Teil meiner Familie und insofern war es für mich selbstverständlich, alles zu tun, damit sie in kein unpersönliches Pflegeheim ziehen musste. Ich tat es mit all der Liebe, die in mir wohnte. Und das ließ die Anstrengungen und Entbehrungen vergessen, die eine solche Aufgabe mit sich bringt. Stattdessen freute ich mich über jedes Lächeln, das sie mir schenkte. Bis zu ihrem Tod.

Mein altes Leben war zurückgekehrt und die Reise um die Welt zu einer wunderbaren Erinnerung geworden. Und gleichfalls zu einer wertvollen Erfahrung aus Hunderten kleiner Erlebnisse. Außerdem besaßen wir neben unserem Haus in Deutschland nun auch eine Immobilie in Australien, was einem die innere Gewissheit gab, dass sich die eigene Welt nicht nur auf einigen Quadratmetern im Ruhrpott'schen Zuhause abspielen würde.

Dass ich über das große Glück berichten kann, mehrere Orte als meine Heimat bezeichnen zu dürfen, ließ mich mehr als nur einmal den Kopf schütteln. Und zwar genau in den Momenten, in denen mir meine

Kindheit in den Sinn kam. Obwohl ich die Entwicklung meines Lebens als logisch und folgerichtig betrachtete, war mir ebenso bewusst, dass es vielen Kindern nicht vergönnt war, sich aus einer ähnlich ihrer misslichen Lebenssituation herauszukämpfen. Wenn ich daran dachte, gelangte ich mehr und mehr zu der Überzeugung, dass ich in gewissen Situationen das kleine Quäntchen Glück gehabt hatte, dass anderen nicht zuteilwurde. Und dieses Glück wollte mich irgendwann einfach nicht mehr verlassen.

Tausche Traum gegen Traum

Einige Jahre waren vergangen und so langsam näherte ich mich dem Alter, in dem man sein Arbeitsleben hinter sich lassen und sich voll und ganz auf seine Familie, seine Freunde und seine Hobbys konzentrieren konnte. Da näherte sich auch schon einer dieser Zufälle, den man getrost auch als Wink des Schicksals bezeichnen konnte. Während ich nichts ahnend meinen Projekten für neue Karstadt-Kaufhäuser nachging, entschied das australische Fernsehen, einen Wettbewerb ins Leben zu rufen, bei dem die schönste Straße des ganzen Landes gekürt werden sollte. Und was passierte? Man wählte genau die Straße, an der unser Grundstück lag, auf den ersten Platz. Durch die Fernsehbilder wurden viele Menschen auf diese Gegend aufmerksam. Der mir gegenüber lebende Anwohner hatte sein Grundstück vor einigen Jahren für 60.000 Dollar erworben. Nach dem Boom, den der Wettbewerb ausgelöst hatte, stieg der Wert auf 700.000 Dollar. Als ich mein Stück Land das erste Mal gesehen hatte, lebten im mittleren Umkreis 6.000 Menschen. Als ich Australien verließ, besaß die Gegend 26.000 Einwohner.

Nun mag es überraschen, dass dieses Ereignis bei mir einen Denkprozess in Gang setzte, den ich nur wenige Tage zuvor für vollkommen undenkbar gehalten hätte. Sollten wir das australische Anwesen vielleicht verkaufen? Karin hatte bereits einige Male diesen Gedanken geäußert, denn wir beide wurden älter und schnell mal einen Abstecher nach Australien zu unternehmen war eben nicht so schnell möglich. Und überhaupt, so sehr das Grundstück auch ein Teil von uns geworden war, so sehr hatte ich auch das Gefühl, dass mir diese Entwicklung etwas sagen wollte: Aziz, ergreif die Chance und du wirst es zukünftig nicht bereuen. Sammle einmal mehr die Geschenke ein, die das Leben für dich bereithält.

Ich teilte meine Gedanken mit Karin. Es war ihr anzumerken, dass auch ihr ein Stück ihres Herzens genommen werden würde, wenn wir uns wirklich zu einem Verkauf entschließen sollten. Sie, die ja eigentlich dagegen gewesen war, so kurz entschlossen »Ja« zu dem Grundstück auf dem Hügel zu sagen. Aber Karin war eine starke Frau und sie besann sich schnell darauf, dass sie selbst einen solchen Schritt ins Gespräch gebracht hatte.

Die Voraussetzungen, nach dem Fernsehbericht und der Wahl zur schönsten Straße Australiens, waren ideal. Und das ohne eigenes Dazutun, denn das Schicksal hatte sich wieder einmal von seiner gütigsten Seite gezeigt. Natürlich hing auch mein Herz noch immer an unserem australischen Grundstück, denn sowohl dieses Haus als auch den Garten hatte ich mit so viel Liebe errichtet, dass viel von mir selbst darin steckte. Aber wie gesagt, es machte keinen Sinn, wehmütig zurückzublicken, denn in dem Vertrauen darauf, dass das Leben noch viel mehr Schönes zu bieten hätte, war der Verkauf lediglich ein logischer Schritt, um sich ein neues Paradies zu schaffen. Ich freute mich auf das, was kommen würde. Was immer das auch sein möge.

Die Entscheidung für den Ort, an dem wir unser zukünftiges Leben verbringen wollten, wenn wir Deutschland für einige Wochen oder Monate verließen, machte ich von einigen für mich existenziellen Faktoren abhängig: Unser zukünftiges Haus sollte nicht weit von einer Tennisanlage entfernt liegen, denn ich schwang noch immer leidenschaftlich gerne mein Racket. Außerdem musste es in erreichbarer Nähe einer Golfanlage angesiedelt sein, was in Kombination schon schwerer zu finden war. Karin und ich sehnten uns nach angenehmem Klima und wir wollten nicht allzu weit entfernt vom Meer entfernt sein. Und ja, mir ist bewusst, dass sich diese Vorstellungen eines in Armut aufgewachsenen Pakistanis ziemlich ungewöhnlich anhören, aber es war mir wichtig, weiter meinen Leidenschaften nachgehen zu können. Schließlich entscheidet jeder über sein eigenes Leben und den Weg, den er zum Glücklichsein einschlägt.

Wir fanden einige Areale, die alle unsere Wünsche erfüllten. Aber es war nicht das Haus dabei, dass unsere Herzen ansprach. Ohnehin war klar, dass auch diese Suche eine Entscheidung werden müsste, die aus dem Bauch heraus getroffen wird. Und ich war sicher, dass es auch diesmal funktionieren würde. Weil es das immer tut, wenn man darauf vertraut. Und genauso sollte es letztendlich auch kommen.

Wir besuchten mehrere Orte in der Türkei, denn hier hatte ich einige Plätze entdeckt, die meine Tennis-/Golf-/Klima- und Meeresvorstellungen erfüllten. Aber so sehr wir auch durch die Gegend fuhren, um ein passendes Haus zu finden, so war doch nicht die eine Unterkunft dabei, die sofort unsere Herzen berührte. Also suchten wir weiter.

Eines Tages befanden wir uns in der Nähe von Dalaman. Dort hatten wir uns in ein Ferienhaus eingebucht, mit dessen Schweizer Besitzerin Barbara wir uns auf Anhieb verstanden. Barbara war nicht nur unsere Vermieterin, sie wurde schnell eine gute Freundin. Barbara kannte die Gegend und wurde nicht müde, uns die vielen schönen Orte im Umkreis ans Herz zu legen. So erzählte sie auch von einem Restaurant, bei dem man in den Bäumen sitzen würde. In »Vogelnestern«, unter denen ein kleiner Bach plätschern würde. Es hörte sich wunderbar an und so beschlossen Karin und ich, diesen besonderen Ort zu besuchen und dort zu Abend zu essen.

Wir setzten uns in unseren Mietwagen und fuhren ein wenig herum. Dalaman war gepflastert mit raumgreifenden Reklamewänden, die auf diverse Bauprojekte rund um die Stadt verwiesen, für die man möglichst vermögende ausländische Investoren suchte. Kein Wunder, die Inflation hatte das Land fest im Griff und wenn die Regierung etwas dringend benötigte, so waren es ausländische Devisen.

Die kleine Anlage, in der sich Barbaras Ferienhaus befand, verschwand in meinem Rückspiegel und die gut geteerten Straßen wurden von sandigen Pisten abgelöst, die durch kleine Dörfer hinein in die Berge führten. Die Landschaft war wunderschön, überall sattes Grün und Natur pur. Trotz meines Vorhabens fuhr ich recht ziellos in der

Gegend herum, bog mal links ab, wenn mir mein Gefühl das sagte, oder nahm den Weg zur rechten, auf dem gerade einige Hunde gelangweilt herumlagen und sich nicht gemüßigt sahen, die Straße zu verlassen, wenn diese von einem Auto beansprucht wurde. Ich hielt an, beobachtete die Tiere eine Weile, bis sie sich dann doch irgendwann bequemten, mich passieren zu lassen.

Nachdem wir eine Zeit lang bergauf gefahren waren, und beeindruckt die Ebene vor uns bestaunten, die zu drei Seiten von stattlichen Bergkämmen begrenzt wurde, trafen wir auf eine kleine Ansiedlung, auf der sich vier Häuser befanden. Es war friedlich hier, richtig idyllisch, und man hörte nichts von den belebten Straßen Dalamans. Hin und wieder bellte ein Hund. Dann herrschte wieder Stille.

Ich sagte zu Karin:

»Lass uns ein paar Fotos machen. Findest du nicht auch, dass es hier wunderschön ist?«

Nachdem ich einige Schritte gegangen und ein paar Fotos gemacht hatte, kam eine Dame mittleren Alters zu uns herauf.

»Braucht ihr Hilfe?«, fragte sie freundlich.

»Nein, vielen Dank. Wir machen nur ein paar Bilder. Dein Haus gefällt uns.«

»Dann kommt doch einfach herein. Wir trinken einen Kaffee und ihr könnt es euch genauer anschauen.«

Das ließen wir uns natürlich nicht zweimal sagen. Einen näheren Blick auf dieses fantastische Grundstück zu werfen war es allemal wert, unser Abendessen in den Baumwipfeln ein wenig zu verschieben. Kaum waren wir durch das gusseiserne Gartentor getreten, breitete sich vor uns der weite Garten aus, der so liebevoll angelegt war, dass er mich sofort an unser Biotop in Australien erinnerte. Einige Pflanzen wuchsen wild und trotzdem sah es aus, als könne es von keinem Landschaftsgärtner perfekter organisiert werden.

Als wir weiter über das Anwesen Garten spazierten, stellten wir fest, wie überaus geräumig dieses Grundstück angelegt worden war. Außerdem erkannten wir mehr und mehr von dem eigentlichen Gebäude. Es war wunderschön, sehr geschmackvoll aufgebaut und mit jeder Menge Liebe für Details errichtet worden. Es entpuppte sich nicht als einfaches Haus, sondern als eine wunderschöne Villa. Eigentlich zu groß und zu prächtig für einen Menschen wie mich, der sich nichts aus Luxus machte und dem Statussymbole ein Graus waren. Aber hier war es anders. Es war nicht die Größe des Hauses, es war auch nicht der Fakt, dass es danach aussah, dass der Besitzer über eine Menge Geld verfügen musste. Es war einzig und allein das Gefühl, welches der Anblick der Villa in mir auslöste. Alle anderen Häuser, die wir inzwischen besichtigt hatte, konnten gemeinsam meine Gefühlswelt nicht so durcheinanderbringen, wie es dieses Anwesen gerade tat.

Zu unserer Überraschung entdeckten wir im hinteren Teil des Gartens ein zweites Gebäude, ganz offensichtlich ein Gästehaus, dass sich sehr geschmackvoll in den Garten einfügte. Dass davor ein wunderschöner Swimmingpool lag, konnte mir nur noch ein amüsiertes Das-ist-zu-perfekt-um-wahr-zu-sein-Kopfschütteln   entlocken. Überraschenderweise war ich bereits in diesem Moment überzeugt, dass ich mein Traumhaus gerade gefunden hatte. Natürlich wusste ich nichts über die jetzigen Besitzer, lediglich dass sie Engländer und ausgesprochen freundlich waren. Noch nicht, denn einige Minuten später saßen sie mir an einem gemütlichen Tisch auf der Veranda gegenüber und wir unterhielten uns wie alte Freunde, die sich nach Jahren wiedergesehen hatten.

Das Paar, das das Haus bewohnte, erwähnte während unseres Gespräches, dass sie beabsichtigten, noch zwei bis drei Monate hier zu leben, bevor sie in ihre Heimat zurückkehren würden. Später im Jahr wollten sie noch einmal wiederkehren, über Weihnachten bleiben und dann endgültig in England bleiben.

Wir sprachen nicht über einen Preis, der im Falle einer Veräußerung aufgerufen werden würde. Wohl aber darüber, dass es einige Dinge gäbe, die einen Verkauf schwierig gestalten würden. Allen voran der

Grundbucheintrag, der nach sechs Jahren wohl noch immer nicht ordnungsgemäß durchgeführt worden wäre.

»Warum seid ihr denn nicht dort verzeichnet?«, fragte ich.

»Das ist kompliziert«, antwortete der Mann, der mir mit einer Sonnenbrille auf der Nase gegenübersaß, die er wahrscheinlich in den frühen 50er-Jahren erworben hatte und seither auch nicht gegen ein moderneres Modell austauschen wollte. Er fuhr fort:

»Der ursprüngliche Besitzer war gleichzeitig auch der Erbauer dieser Villa. Er hatte große Pläne mit diesem Anwesen und drei anderen Gebäuden, die er erworben hatte. Na ja, zumindest verwickelte er sich in einige dubiose Geschäfte, die seine Pläne scheitern ließen. Er musste recht überstürzt das Land verlassen.«

»Und das bedeutet?«

»Das bedeutet, dass der Eintrag ins Grundbuch nie wirklich verfolgt wurde. Und deshalb müssten Sie sich an ihn wenden, um nachzufragen, ob das Haus gegebenenfalls zum Verkauf steht.«

»Aber sie wollen doch bestimmt nicht, ...«

»Wir haben die Jahre hier mehr als genossen. Aber für uns ist es an der Zeit, endgültig in unsere Heimat zurückzukehren.«

Wieder einmal passte alles zusammen, einmal abgesehen davon, dass der offizielle Hausbesitzer nicht anzutreffen war und ganz offensichtlich inzwischen irgendwo in London lebte. Wir einigten uns mit unseren netten Gastgebern darauf, in Kontakt zu bleiben und uns bei ihrem nächsten Besuch wiederzusehen. Immerhin hatten wir keine Eile, das Haus in Australien war noch nicht verkauft und insofern besaßen wir gar nicht die finanziellen Mittel, eine neue Unterkunft zu bezahlen. Außerdem wussten wir gar nicht, ob der dubiose Besitzer überhaupt an einen Verkauf dachte. Trotzdem sagte mir mein Gefühl, dass wir gerade unser zukünftiges Zuhause gefunden hatten. Warum? Weil das Leben wieder einmal ein kleines Wunder präsentierte, dass einfach darauf wartete, angenommen zu werden. Wir tauschten Adressen und verabredeten, in Kontakt zu bleiben.

Nach unserer Rückkehr nach Deutschland kreisten unsere Gedanken um das wunderschöne Anwesen – und hin und wieder auch um den anschließenden Besuch in dem Restaurant, in dem man in malerischer Umgebung wirklich in den Baumwipfeln hatte speisen können. An diesem Tag hatten wir gleich zwei unvergessliche Erlebnisse genießen dürfen.

Es dauerte nicht lange, da riefen unsere neuen Freunde aus der Türkei an. Sie hätten Herrn Grünberg, den Erbauer des Hauses, telefonisch erreicht. Und der hatte ihnen mitgeteilt, dass das Anwesen für einen Preis von 300.000 Euro zu verkaufen wäre. 300.000? Für das, was wir gesehen hatten, war dies spottbillig (trotzdem es natürlich eine Menge Geld war). Ich dachte kurz nach. Das australische Haus war noch immer auf dem Markt, es gab Interessenten, aber keine Zusage. Also tat ich – nichts. Einfach abwarten, was noch passieren würde.

Drei Tage später erhielt ich den nächsten Anruf. Der Preis wäre über Nacht um 50.000 Euro gesunken. Warum? Keine Ahnung, aber vielleicht benötigte Herr Grünberg dringend Geld. Ich dachte kurz nach, wobei mir vollkommen klar war, dass das Haus bald Karin und mir gehören würde. Und das Vertrauen darauf, dass dieses Wunder noch nicht seinen Höhepunkt erreicht hatte, war unumstößlich. Wir buchten Flüge, um zur Weihnachtszeit noch einmal mit den jetzigen Bewohnern zusammenzutreffen. Natürlich mieteten wir uns in Barbaras Gästehaus ein. Dort, wo alles begonnen hatte.

Wieder trafen wir uns, wieder waren wir vollkommen begeistert von Haus, Garten und Umgebung, wieder saßen wir bei milden Temperaturen auf der Terrasse.

»Das Grundstück hatte vormals 300.000 Euro gekostet. Es ist inzwischen günstiger geworden.«, erklärten unsere Gastgeber.

»Ich weiß«, antwortete ich. »Ihr hattet einen Verkaufspreis von 250.000 Euro erwähnt.«

»Ja, das war vor einigen Monaten. Inzwischen veranschlagt Herr Grünberg nur noch 160.000 Euro, weil der Grundbucheintrag nicht vorhanden ist. Verrückt, oder?«

Ja, das war verrückt. Und doch wieder einmal der Beweis, dass irgendwer oder irgendetwas nur darauf wartet, uns Menschen Gutes zu tun. Ich kann nur immer wiederholen, dass man einfach die Offenheit dafür besitzen muss.

»Allerdings solltet ihr schnell zuschlagen, denn das Haus ist jetzt offiziell auf dem Markt. Da gibt es gewiss auch andere Interessenten.«

»Das ist nur zu verständlich. Kann ich mit Herrn Grünberg telefonieren?«

»Natürlich. Wir haben schon angekündigt, dass ihr euch bei ihm melden werdet.«

Ich lachte.

»Warum wart ihr euch da so sicher.«

»Weil ihr zu diesem Haus gehört.«

So gut sich all die neuen Entwicklungen auch zeigten, so schien jetzt doch der Zeitpunkt gekommen, schnell zu handeln, zumal unsere Gastgeber bereits an diesem Abend zurück nach England fliegen mussten. Danach würde das Haus leer stehen, bis seine neuen Besitzer einziehen würden. Ich rief Herrn Grünwald an. Es meldete sich ein älterer Herr, sehr sachlich, aber nicht unfreundlich. Er erzählte in knappen Worten, wie er das Haus aufgebaut hatte, bevor wir zu den Formalitäten übergingen. Wir einigten uns, dass alles seinen juristischen Gang gehen würde, nachdem ich eine Anzahlung von 20.000 Euro geleistet hätte. Und das bereits am nächsten Tag.

»Sie könnten den Schlüssel direkt übernehmen, wenn sie das Geld an einen ansässigen Makler übergeben haben. Die Ausstellung des Kaufvertrages, die notarielle Beglaubigung und der Grundbucheintrag werden einige Monate benötigen, aber sie können das Haus ab sofort nutzen.«

Okay, das hörte sich doch gut an, auch wenn der gesamte Ablauf doch etwas ungewöhnlich erschien. Letztendlich hatte ich jedoch ein gutes Gefühl und stimmte zu. Wahrscheinlich würde Karin mich für das, was ich nun vorhatte, für vollkommen wahnsinnig halten.

Am nächsten Morgen saß ich dem Kundenberater einer Bank gegenüber und versuchte ihm zu erklären, dass ich 20.000 Euro benötigen würde, die schnellstmöglich auf das Konto des Hausbesitzers Herrn Grünberg überwiesen werden müssten. Und das innerhalb einer Stunde. Als Pakistani, der eigentlich in Deutschland lebte, kein Türkisch sprach und der seine Bermudas vor allem aufgrund der gerade herrschenden milden Temperaturen trug, war ich wohl nicht gerade der überzeugendste Kreditnehmer. Ich konnte die Skepsis des Bankangestellten nur zu gut verstehen.

Er tätigte einige Anrufe, sprach mit seinen Vorgesetzten und erhielt von meiner Bank in Deutschland die Auskunft, dass wir das australische Grundstück zu einem sehr guten Preis verkauft hatten und dadurch die finanziellen Mittel für den Kauf eines neuen Hauses besitzen würden. Zumindest in naher Zukunft, da es noch ein wenig dauern würde, bis das Geld wirklich auf meinem Konto eingegangen wäre. Schließlich mahlten die Mühlen der Bürokratie auch Down Under zuweilen sehr langsam.

Es funktionierte und so fuhr ich schnurstracks zu der von Herr Grünberg angegebenen Adresse. Dort angekommen überprüfte ich noch einmal, ob ich richtig sei. War ich, und die Anschrift war wirklich – ein kleiner Laden, der Döner Kebap verkaufte. In meiner Hand hielt ich den Überweisungsbeleg, gegen dessen Vorlage ich die Schlüssel für unser neues Haus erhalten sollte.

Klingeln jetzt bei dir alle Alarmglocken? Fragst du dich vielleicht, ob der Verfasser dieses Buches inzwischen vollkommen durchgedreht war? Vertrauen gegenüber anderen Menschen ist ja schön und gut, aber hatte ich wirklich gerade eine große Menge Geld an jemanden überwiesen, mit dem ich nur einmal telefoniert hatte und den ich eigentlich gar nicht kannte?

»Guten Tag? Ich suche einen Herren, der mir die Schlüssel für ein Haus übergeben soll. Wir waren verabredet.«

Ein unrasierter Mann mit weißem Papierschiffchen auf dem Kopf drehte sich zu mir und nickte dann zu einem Tisch in der Ecke, an dem ein gut gekleideter Mann mit einer Aktentasche saß. Der Makler. Er lächelte und winkte mich zu sich. Seine Fremdsprachenkenntnisse waren ausgezeichnet und er erzählte von diversen Abenden, die er mit Herrn Grünberg beim Kartenspielen verbracht hatte. Mein Bauchgefühl sagte mir, dass ich diesem Mann, den ich nie zuvor gesehen hatte, vertrauen konnte. Und so übergab ich ihm den Überweisungsbeleg und erhielt im Gegenzug einen dicken Schlüsselbund. Noch ein vertrauensvoller Händeschlag. Das wars, Karin und ich konnten nun in unser Traumhaus. Und mit etwas Glück würde nun alles weitere ebenfalls funktionieren.

Woher ich dieses Vertrauen genommen hatte? Ganz einfach, es musste funktionieren, weil ich erkannt hatte, dass sich gerade eine einmalige Chance bot, die verpuffen würde, wenn ich zögerte. Also hatte ich zugeschlagen – und wenn man das macht, dann klappt es. Und selbst, wenn die Anzahlung mitsamt Herrn Grünberg einfach verschwunden wäre, so hätte ein einziges Jahr in diesem Haus ausgereicht, um die gezahlte Summe zu rechtfertigen.

Nachdem mir die Anzahlung durch den Verkäufer bestätigt worden war, funktionierte auch der Rest wie erhofft. Sechs Monate später waren alle juristischen Notwendigkeiten geklärt, ich hatte die vollständige Kaufsumme für das Haus überwiesen und vor mir lag die notariell beglaubigte Urkunde, dass das Anwesen mit allem, was dazugehörte, nun unser Eigentum war. Selbst den Grundbucheintrag erhielt ich ohne weitere Probleme. In dem Imbiss aß ich gerne einen Snack, wenn ich in Dalaman unterwegs war.

Die Frau auf dem Hügel

Ich benötigte keine Eingewöhnungszeit, denn es fühlte sich an, als würde ich dort leben, seit ich denken konnten. Das war kein Wunder, hatte ich es doch bereits bei der ersten Besichtigung alles in meinem Kopf eingerichtet. Also stürzte ich mich auf den Garten, meinen Seelen-Doktor. Ebenso wie in Australien kümmerte ich mich jeden Tag ausgiebig um die Pflanzen, betrachtete ihren Wuchs, versuchte einzuschätzen, ob es ihnen gut ginge oder an etwas mangeln würde. Die Freude, die mir die Pflanzen umgekehrt zurückgaben, war ein Vielfaches der Mühen wert, die ich in den Garten investierte.

Eines Tages sah ich im Schein der nachmittäglichen Sonne eine Gestalt etwa 200 Meter von meinem Grundstück entfernt stehen. Es war eine Frau, von der ich durch den langen Schattenwurf der Bäume das Gesicht nicht zu erkennen vermochte. Sie stand einfach dort und schaute herüber. Minutenlang. Ich legte meine Handschaufel beiseite und ging auf sie zu.

»Guten Tag«, grüßte ich freundlich auf Englisch, denn ganz offensichtlich handelte es sich bei ihr um eine Dame nordeuropäischer Abstammung. Und richtig, sie grüßte freundlich zurück und stellte sich vor. Die Frau kam aus Schweden, ich schätzte sie auf Mitte 50 und ihre auffällig gepflegte Erscheinung ließ darauf schließen, dass sie wohlhabend sein musste. Nach einem kurzen Small Talk über das Wetter und die Schönheit der Umgebung lud ich sie ein, doch mit mir einen Tee auf meiner Terrasse zu trinken. Etwas zögerlich willigte sie ein.

Als wir uns in den Schatten gesetzt hatten und ich ihr einen Tee servierte, kam meine Besucherin schnell auf den Punkt.

»Sie haben dieses Haus gekauft?«

»Ja, das habe ich. Für mich ist es einfach wunderschön.«

Vorsichtig nahm sie einen Schluck, setzte die Tasse wieder ab, und nickte nachdenklich.

»Ja, dieses Haus ist wirklich ein Traum. Ich war vor drei Monaten schon einmal hier.«

»Waren sie? Kannten sie den vorherigen Besitzer?«

»Nein, ich habe ihn nie getroffen. Ich habe dieses Haus zufällig entdeckt, als ich die Straße auf dem Hügel entlangfuhr. Es hat mich sofort verzaubert. Deshalb habe ich versucht herauszubekommen, ob man es vielleicht kaufen könne.«

Überrascht sah ich sie an. Diese nette Dame aus Schweden hätte das Anwesen also fast erworben, bevor ich es überhaupt das erste Mal gesehen hatte.

»Warum haben sie es nicht gekauft?«, fragte ich.

»Ich war einfach zu zögerlich. Zuerst wollte ich den Verkauf meines Hauses auf Mallorca abwarten, um ganz auf Nummer Sicher zu gehen. Außerdem war in diesem Haus hier alles zu perfekt, weshalb ich dachte, dass die Sache einen Haken haben muss.«

Soll ich dazu jetzt etwas sagen? Nein, ich verzichte darauf, denn jeder weiß, was es wäre.

»Es gab keinen Haken«, merkte ich an und verzichtete bewusst darauf, mehr zu sagen.

Ich sah, wie ihre Augen feucht wurden. Beinahe ängstlich starrte sie in den Garten und ich hatte das Gefühl, dass sie sich nicht erlaubte, noch mehr herumzugucken, um nicht noch mehr von der Schönheit dieses Ortes eingefangen zu werden. Es würde ihr zu weh tun, jetzt, wo sie wusste, dass sie eine Riesenchance auf dem Silbertablett präsentiert bekommen hatte und einfach zu ängstlich gewesen war, diese zu ergreifen. Das hatte sie spätestens in diesem Moment verstanden. Dann setzte sie sich aufrecht, holte tief Luft und sah mich an.

»Ich mache ihnen einen Vorschlag: Egal, was sie dieses Haus gekostet hat, ich kaufe es ihnen für den doppelten Preis ab.«

Ich brauchte nicht darüber nachzudenken. Meine Antwort lautete

»Nein« und würde auch dann »Nein« bleiben, wenn sie ihr Angebot verzehnfachen würde. Und das hatte einige leicht verständliche Gründe. Ich hatte nach einem Haus gesucht, dass mir gefällt und das zu mir passt. Das hatte ich gefunden und das war fantastisch. Aber ich hatte die Immobilie nie erworben, um damit Profit zu machen. Es war alles perfekt, genauso wie es war. Und das Anwesen war ja auch gar nicht mehr auf dem Markt, um potenzielle Käufer anzusprechen. Ein Preis, sei er nun das Doppelte, Dreifache oder Hundertfache von dem, was ich gezahlt hatte, galt nur für Dinge, die veräußert werden sollten. Für dieses Haus, mein Haus, gab es in diesem Moment keinen Preis.

So klar und unumstößlich auch meine Einstellung bezüglich eines Nicht-Verkaufs war, musste ich mir doch eingestehen, dass mir diese Frau leidtat. Ich war sicher, dass sie sich etwas Adäquates hätte problemlos leisten können, zumindest was Größe und Lage betraf. Aber scheinbar hatte sie ein sehr ähnliches Gefühl ergriffen wie mich, als sie dieses Areal zum ersten Mal betreten hatte. Und dann war ihr alles zu perfekt erschienen, als dass sie schnell zugesagt hätte. Sie hatte Wochen verstreichen lassen und stellte dann fest, dass jemand anderes nicht gezögert und stattdessen direkt zugeschlagen hatte: ich.

Wir tranken in Ruhe unseren Tee, aber meiner Besucherin war anzumerken, dass sie abgrundtief enttäuscht war. Ich glaube sogar, dass wir uns ausgesprochen gut miteinander verstanden hätten, wenn wir uns unter anderen Umständen kennengelernt hätten. Aber es war nun einmal, wie es war. Und so verließ sie mich eine Stunde später und stolzierte aufrecht den Hügel zu ihrem Wagen hinauf, ohne sich noch einmal umzudrehen. Ich habe diese Frau niemals wiedergesehen. Aber ich wünsche ihr, dass sie ein traumhaftes Heim gefunden hat und die Erinnerung an mein Zuhause sie nicht zu lange bedrückt hat. Vielleicht hat sie aus dieser kleinen Geschichte auch wirklich etwas gelernt, nämlich das, dass man die besten Gelegenheiten nie zu lange abwägen darf. Denn dann wird es immer jemanden geben, der schneller ist.

Trotz all der positiven Entwicklungen ging es in der Beziehung zwischen Karin und mir bergab. Ich liebte sie noch immer aus ganzem Herzen, spürte aber auch, dass sie eine Veränderung benötigte. Eines Abends sagte sie zu mir:

»Aziz, es geht einfach nicht mehr. Ich liebe dich mehr als alles andere, aber ich kann einfach nicht mit dir und deiner Energie Schritt halten.« Sie schluckte und fügte leise an: »Niemand könnte das.«

Natürlich war das bitter, denn ich wusste, was sie meinte, und erwartete rein gar nichts von ihr. Sie war ein eigenständiges und sehr starkes Individuum und wenn sie eine Entscheidung traf, so galt es, diese zu akzeptieren. Da ich nie versucht habe, einen Menschen zu verändern, wollte ich gerade bei Karin nicht damit beginnen.

Ohnehin verstehe ich Beziehungen, und da fallen auch Ehen darunter, als gemeinsame Zeit, die so lange gelebt und genossen werden sollten, wie es für beide passt. Da sich Menschen jedoch verändern, wirkt sich dies oft genug auf die Partnerschaft aus. Man kann noch näher zusammenrücken oder man entwickelt sich in verschiedene Richtungen. Reiner Zufall, aber die Konsequenzen sollte man gemeinsam tragen und entsprechend reagieren. Lieber auf eine wunderschöne Zeit zurückblicken als sich dem Horror auszusetzen, sich immer weiter voneinander zu entfernen und die Liebe nach und nach abzuschlachten. Und das passiert nach meiner Meinung in der Mehrzahl der Fälle.

Karin und ich waren beinahe 40 Jahre zusammen gewesen. Länger, als ich es eigentlich vorgehabt hatte. Sicherlich reibt sich bei diesem Satz so mancher verwundert die Augen. Hat er das gerade wirklich gesagt? Ja, hat er. Ich hatte schon sehr früh Karin darüber informiert, dass ich mich nach 30 Jahren trennen will. Und da wir damit offen umgingen, wussten all unsere Freunde, dass so meine Planung aussah. Wie bereits mehrfach erwähnt, sollte man Dinge betrachten, analysieren und seine persönlichen Schlüsse daraus ziehen. Meiner war es eben, nicht länger als 30 Jahre mit der gleichen Frau zu verbringen. Und das war weder böse oder abwertend gemeint. Im Gegenteil, jede meiner bisherigen Ehen war eine Bereicherung für mein Leben. Warum also hätte ich dann nicht noch den Plan haben sollen, auch noch ein viertes Mal zu heiraten?

Für mich waren Änderungen immer ein schönes Schicksal. Etwas sehr, sehr Spannendes und Aufregendes. Dabei habe ich natürlich durchweg darauf geachtet, dass sich die Betroffenen immer wohlgefühlt haben, und so haben Karin und ich bis heute ein ausgesprochen gutes Verhältnis. Mir ist bewusst, dass diese Einstellung nicht der Norm entspricht, aber das muss sie ja auch gar nicht. Es ist eben eine Variation des Gängigen, eine Spielart des Verständnisses von Ehen und Beziehungen. Und es freute mich aus tiefstem Herzen, als ich hörte, dass sie sich in einen anderen Mann verliebt hatte und mit diesem glücklich war.

Karin blieb in unserem gemeinsamen Haus, was auch voll und ganz meinen Wünschen entsprach. Schließlich lebten ihre Verwandten noch immer in der Nähe und es war einfacher für mich als für sie, in das neue Haus nahe Dalaman umzusiedeln. Karin nutzte das Anwesen in der Türkei von nun an jedes Jahr für drei Monate, um dort mit ihrem neuen Partner eine schöne Zeit zu verbringen. Und ich? Ich verbrachte diese Zeit auf Bali, um den beiden genau das zu ermöglichen.

Und dann war ich plötzlich tot

Ich hatte das Gefühl, dass ich an dem Punkt meines Lebens angelangt war, zu dem ich immer gestrebt hatte. Hier, im milden Klima der Türkei, mit allem um mich herum, was mich glücklich machte, ließ es sich wirklich aushalten. Natürlich blieb ich aktiv, stand früh auf und trieb Sport, bevor ich mir den ersten Kaffee gönnte. Trotz aller guten Vorsätze benötigt ein Körper nun einmal sein Bewegungspensum, um fit zu bleiben. Außerdem sorgte der Sport nach wie vor dafür, dass ich mich glücklich fühlte. Deshalb besuchte ich auch gerne in der Früh einen wunderschönen Strandabschnitt, an dem ich einige hundert Golfbälle entlangschlug. Dabei achtete ich noch immer darauf, einen guten Schlag nicht nachzuahmen, sondern immer wieder neue Varianten zu probieren. Was passiert, wenn ich die Fußstellung noch ein wenig ändere? Oder wenn ich meinen rechten Daumen etwas tiefer halte. Einmal Forscher, immer Forscher. Oder sollte es nicht besser heißen: Einmal Seeker, immer Seeker.

Inzwischen wohnte ich nicht mehr alleine, sondern teilte mir Haus und Garten mit zwei Hunden und zwei Katzen, wobei deren Zahl immer variierte, denn so mancher Streuner ließ sich gelegentlich blicken, um von mir gefüttert zu werden. Katzen halt. Ich tat es gerne, denn diese schlauen Kreaturen hatten mich in ihrem persönlichen Kreislauf der Natur aufgenommen, so wie einen Obstbaum oder irgendein anderes Etwas, was ihnen half, ihren Hunger zu stillen.

Alles war also im besten Einklang und ich verbrachte die Tage mit der Pflege meines Gartens, dem einen oder anderen Tennismatch oder einem Nachmittag auf dem Golfplatz. War mir danach, einfach die Schönheit der Natur zu betrachten, so setzte ich mich mit einem Glas Wein in meinen Garten und ließ die Wunder um mich herum auf mich wirken. Ein herrlicher Zeitvertreib!

Eines Tages sollte dann etwas geschehen, was mein Leben und vor allem mein Denken vollständig veränderte. Es war ein lauer Frühlingstag und ich legte mich auf meine Couch, um ein kleines Mittagsschläfchen zu machen. Das tat ich oft, denn traditionsgemäß war dies ohnehin die Zeit, in der in südlichen Ländern eine ausgiebige Pause eingelegt wurde.

Ich schloss meine Augen und war kurz davor einzuschlafen, als etwas Seltsames geschah. Mein Körper fühlte sich anders an, als er es sonst tat. Es war beinahe so, als wäre er gelähmt, vollkommen gefühllos. Der Zustand machte mir keine Angst, nein, es war eher eine neue Erfahrung, die mich da gerade heimsuchte. Trotzdem, seltsam war das schon, denn ohne jeden Zweifel war da gerade etwas anders, als ich es seit über 80 Jahren gewohnt war.

Ich versuchte, mich zu bewegen, aber mit Ausnahme von zwei Fingern meiner rechten Hand interessierte es meinen Körper nicht, was ich ihm für Befehle gab. Also tasteten meine beiden Finger, die letzten Gliedmaßen, die ich noch bewegen konnte, langsam in Richtung meines Rückens, um zu sehen, ob dieser eine Berührung wahrnehmen würde. Als ich ihn jedoch erreicht hatte, musste ich feststellen, dass dieser sich nicht schwer auf dem Sofa liegend befand. In einem Zustand zwischen Wachsein und Schlaf spürte ich deutlich den Stoff meiner Ruhestätte, über der sich jedoch eine Lücke auftat. Dann ertastete ich meinen Rücken, der einige Zentimeter über dem Sofa schwebte. Ja, mir ist vollkommen bewusst, dass sich dies wie ein seltsamer Tagtraum anhören muss. Aber das war es nicht, denn mein Geist war hellwach. Anstatt mich ausgiebig über das zu wundern, was da gerade mit mir passierte, breitete sich ein einziger Gedanke in meinem Kopf aus, der bald den ganzen Raum füllte:

»Ist die Tür zum Garten offen? Ich darf doch hier nicht einfach sterben, wenn die Tür geschlossen ist. Dann können die Hunde nicht in den Garten. Ich muss die Tür öffnen!«

Seltsam, nicht wahr? Da hört man immer von den Bildern des eigenen Lebens, die an einem vorbeilaufen, wenn man seine letzten Atemzüge tätigt. Ich jedoch schwebte über meinem Sofa und dachte ausschließlich an meine Hunde. Aber es sollte noch viel sonderlicher werden. Nachdem ich mir die eine Frage immer und immer wieder gestellt hatte, sprach plötzlich eine Stimme zu mir.

»Mach dir keine Sorgen. Die Tür ist offen.«

Okay, dann ist ja gut. Auch wenn ich keine Ahnung hatte, wer mir das eigentlich mitgeteilt hatte. Ich konnte meine Augen nicht öffnen, nahm aber diese ruhige, männliche Stimme klar und deutlich wahr. Und dann spürte ich, wie Anschlüsse in meinem Gehirn stillgelegt wurden. Es war, als stelle man in einem gigantischen Gerät eine Funktion nach der anderen aus. Das war nicht unangenehm, eher interessant, wenn man das alles live miterleben darf. Wieder sprach die Stimme zu mir.

»Wir sind gerade dabei, etwas herunterzuladen. Ob du wieder wach wirst, wissen wir nicht. Wir kontrollieren andere Anschlüsse.«

Es mag überraschen, dass mich die gesamte Situation in keiner Weise beunruhigte. Im Gegenteil, es war alles richtig so, wie es war. Und dass hier gerade mein Gehirn wie eine menschliche Festplatte beschrieben wurde, war ebenfalls in Ordnung. So konnte ich verstehen, was da gerade passierte. Im Nachhinein betrachtet hätten sich natürlich jede Menge Fragen aufdrängen müssen. Was geschah da gerade? Wer sprach da überhaupt mit mir? Warum erlaubte sich jemand, einfach in meinem Gehirn herumzupfuschen? Und wer war überhaupt »wir«? Na, ich hoffe, dass »ihr« wisst, was ihr da tut.

Und dann konnte ich plötzlich in meinen eigenen Kopf hineinsehen. Mit dem inneren Auge oder wie man das auch immer nennen will. Und wirklich, das, was die Stimme zu mir gesagt hatte, schien zu stimmen. Ich sah, wie mein Gehirn vollkommen stillgelegt war, gleichzeitig jedoch ein Download stattfand. Fehlte nur die kleine Sanduhr, die man in Computern in solchen Momenten sieht und die einen darauf hinweist, dass dieser Download noch in vollem Gange ist. Ich hatte das Gefühl, dass genau dieser Download die richtigen Anschlüsse suchte, an denen er seine Informationen einspielen kann. Und er suchte und suchte und suchte.

Wie gesagt, ich betrachtete diese abstruse Szenerie vollkommen entspannt und emotionslos. Ich dachte in diesem Moment:

»Sucht ihr mal. Wenn ihr fündig werdet, dann ist es gut. Wenn nicht, dann ist es genauso gut.«

An mehr kann ich mich nicht erinnern. Bis hin zu dem Moment, als ich aus diesem unbekannten Zustand wieder erwachte. Also war ich ganz offensichtlich nicht dahingeschieden. Vielleicht war ich auch auferstanden aus dem Totenreich, keine Ahnung. Aber die Geschehnisse waren mir vollkommen klar in Erinnerung. Und ich spürte, dass sich etwas verändert hatte. Mein Kopf war so erleichtert, als würde er gar nicht da sein. Als würde mein Körper am oberen Ende meines Halses einfach aufhören, was zugegebenermaßen eine sehr befremdliche Vorstellung ist.

Was ich jedoch sehr deutlich spürte, war das heftige Verlangen, kaltes Wasser zu trinken. Hierbei muss ich erwähnen, dass zu dieser Zeit mein Rücken heftige Probleme verursachte, nachdem ich einige Tage zuvor einen Unfall hatte, der mich in seiner Folge gerade im hinteren Bereich einschränkte. Seitdem trug ich Sandalen, denn das Barfußgehen, das ich eigentlich bevorzugte, verstärkte diese Leiden wesentlich. Ich stand auf und hatte das Gefühl, dass ich schweben würde. Oder fliegen, irgendetwas dazwischen. Ich ließ die Sandalen links liegen und ging in die Küche, um etwas zu trinken. Ich verspürte keinerlei Schmerzen, nichts. So leicht hatte ich mich noch nie gefühlt.

Ich trank ein Glas kaltes Leitungswasser. Und noch eins. Und ein drittes. Dann fiel mein Blick auf die Tür, die in den Garten führte. Sie stand offen. Ich konnte mich nicht erinnern, sie vor meinem außergewöhnlichen »Mittagsschlaf« geöffnet zu haben.

Keine Fragen. Nur Antworten.

Nach dieser, na ja, nennen wir sie mal Nahtod-Erfahrung ergab plötzlich alles einen Sinn. Dinge, über die ich mir lange Zeit Gedanken gemacht hatte und bei denen ich nie zu einem befriedigenden Ergebnis gekommen war, zeigten sich mir mit einem Mal vollkommen klar. War die neue Verschaltung dafür verantwortlich? Ich bin überzeugt, dass es so war.

Ich sah uns, die Menschen, und was aus uns geworden war. Ja, wir sind seit Langem die »Krone der Schöpfung«. Wir bewegen uns seit Millionen von Jahren aufrecht, unsere Gehirne sind hoch entwickelt, wir erfinden die kompliziertesten Dinge, wir sind fähig, Kunst zu erfassen und zu generieren. Aber was machen wir mit diesen genialen Gaben? Wir führen seit über 2.000 Jahren kontinuierlich Kriege.

Woran liegt das? Was müssen wir tun, um unsere Spezies auf einen vernünftigen Weg zu bringen? Ich war mir mit einem Mal sicher, dass wir lediglich die fehlgeschalteten Anschlüsse in unseren Gehirnen ändern müssen. Dann sehen wir klarer und werden den Wahnsinn unseres Tuns ohne Wenn und Aber einsehen. Wir würden verstehen, dass die Art, wie wir unsere Leben führen und welchen Idealen wir nachjagen, ein vollkommener Irrweg sind. Und uns würde wieder bewusst werden, dass wir unsere Kinder in den Lehranstalten dieser Welt nicht das beibringen, was wichtig ist. Es ist der Kontakt zur Natur, der uns lernen lässt. Wenn dieser fehlt, lernen wir nichts. Gar nichts.

Das sind doch absurde Theorien, höre ich die Skeptiker protestieren. Denen kann ich voller Überzeugung antworten, dass es bis heute Beispiele solcher Lehranstalten gibt. In indischen, hinduistischen Schulen ist es eine Regel, dass sich die Schüler vor dem Lernen mit dem Kosmos verbinden müssen. Natürlich hört sich das für manche Ohren viel zu spirituell an, aber in der Praxis sind es die Schüler dort gewohnt, den

Tag mit einem Lächeln auf dem Gesicht und einer immer gleichbleibenden Begrüßung zu beginnen.

»Schön, dass die Sonne da ist. Es ist schön, dass es Sauerstoff gibt. Kosmos, es ist so schön, dass auch du da bist.«

Das hört sich seltsam an, nicht wahr? Und doch steckt dahinter eine sehr gesunde Philosophie. Bis zum zwölften Lebensjahr sollen Kinder, die dieser Glaubensrichtung (es hat eigentlich nur sehr nebensächlich etwas mit Religion zu tun) gar nichts von dem lernen, was uns in unseren Schulen normal erscheint. Ihr vordringliches Ziel ist es, ihre kosmische Identität zu ergründen. Frei nach dem Motto:

»Ich bin Teil dieser Welt und ich bewundere den Kosmos, in dem ich *Ich* geworden bin.«

Fällt dir etwas auf? Es werden keine Götter angebetet, keine Vorschriften gemacht, wie man ein guter Mensch zu sein hat. Es wird nur anerkannt, was für ein großes Ganzes um uns herum existiert. Dafür braucht es keine Götzenfiguren, sondern nur einen gesunden Geist und das Verständnis dafür, dass *dein* Leben *dir* gehört. Niemandem anders. Lass dich nicht von anderen für ihre Zwecke missbrauchen, dich vor ihren Karren spannen. Erhalte deine Unerzogenheit, denn sie zeigt, dass du dem vertraust, was du selbst für richtig hältst. Du brauchst nicht die Vorgaben der anderen, denn wie in jedem steckt auch in dir ein Genie. Akzeptiere es einfach, anstatt dich dagegen zu wehren.

Und damit wären wir wieder an dem Punkt, an dem wir während dieser Lektüre schon öfter standen. Wir alle kommen als Genie auf die Welt und dieses Genie tragen wir in uns. Unsere DNS beinhaltet alle Informationen seit der Zeit, als wir noch als primitiver Einzeller unser Dasein fristeten. So viel Wissen, so viel Erfahrung, steckt in dir, mir und allen anderen Menschen. Ich erinnere daran, dass das, was wir daraus machen, eine permanente Fortführung von Kriegen ist. Man könnte über so viel Fehlentwicklung lachen, wenn es nicht so traurig wäre.

Erblickt ein Baby das Licht der Welt, wohnt ihm die angesprochene DNA bereits inne, was es bereits zu einem Genie macht, obwohl sein

Gehirn noch blank wie ein weißes Blatt Papier ist. Die Eltern sind froh und glücklich und stolz über ihren Nachwuchs und nehmen sich vor, ihr Kind vom ersten Tag an bestmöglich auf das Leben vorzubereiten. Immerhin steckt in ihm ja ein Genie, das sollte nie vergessen werden. Wird es aber. Genau, wie es bei den Eltern vergessen wurde. Und bei deren Eltern. Und damit beginnt das Dilemma von vorne, denn wir werden die gleichen Fehler machen, die auch bei uns begangen wurden.

Mit den besten Absichten führen wir unseren Nachwuchs auf den Weg, den wir selbst auch beschritten haben. Dass dieser ein kleiner Teil der ganzen Fehlentwicklung ist, die die Menschheit nahe an den Abgrund getrieben hat, lassen wir außer Acht. Es wird schon richtig sein, wenn wir unser Kind darauf vorbereiten, möglichst gute Schulzensuren nach Hause zu bringen, um später einmal einen vernünftigen Job zu bekommen, und die eigenen Kinder dementsprechend ebenfalls erziehen kann.

Stopp! Hier sind wir im gleichen Kreislauf gelandet, der über Jahrhunderte zu nichts außer Zerstörung, Trauer und Wut geführt hat. Und das sage ich als einer, der durch einen dummen Zufall eben genau diese Kindheit nicht erlebt hat. Einer, der den anderen egal war. Einer, der seinen eigenen Weg finden musste, um zu überleben. Und der nichts weiter besaß als die Wunder der Natur. Man presste mich in keine Schablone, weder in meiner Zeit in Pakistan noch im Marionetten-System von Karstadt.

Wie gesagt, ich bin nur ein zufälliges Beispiel dafür, wie eine Kindheit auch verlaufen kann. Dabei sage ich nicht, dass die Dinge, die mir passierten, irgendeinem anderen Kind auf der Welt passieren sollten. Aber es ermöglichte mir, die Welt von einer anderen Seite kennenzulernen. Und mein Lehrmeister war die Natur, die ich in all ihren Einzelheiten verstehen wollte. Dabei lernte ich mehr als in jeder hochdekorierten Schule – und zehre bis heute davon. Wem das zu wenig plastisch ist, der erinnere sich bitte daran, als ich zwischen den Tieren im Stall schlief und mich nur durch ihren Urin wärmen konnte. Heute wohne ich in einer Villa, die alles hat, was ich mir je hätte erträumen können. Ermöglicht hatte mir das ausschließlich das, was ich durch die Natur gelernt hatte. Und es wäre wunderbar, wenn jeder so glücklich leben könnte, wie es mir inzwischen vergönnt ist.

Für die nachfolgenden Generationen wünsche ich mir aus tiefstem Herzen, dass die Kinder selbst ihre Erfahrungen sammeln dürfen. Die Aufgabe der Eltern ist dabei denkbar einfach: Informiert Eure Kinder, aber manipuliert sie nicht. Freut euch stattdessen über ihre naturgegebene Offenheit und ihr Interesse, die Welt selbst für sich zu entdecken.

Wer seine Kinder im Vertrauen auf die Lehrkraft der Natur aufwachsen lässt, der vermeidet, dass sich Ängste und Mauern in ihnen aufbauen. Wer dagegen denkt, dass eine permanente Sicherheit für das Kind 24/7 gewährleistet sein muss, der erreicht das genaue Gegenteil.

»Pass auf, der Hund könnte beißen.«, »Spiel nicht mit dem Nachbarskind, denn seine Eltern sind irgendwie seltsam«, »Klettere nicht auf den Baum. Du könntest herunterfallen.«, »Beiß nicht von diesem Apfel ab. Er hat eine braune Stelle.«, »Fass das nicht an. Du machst Dich sonst noch dreckig.«, ...

Dies sind nur einige wenige Beispiele von unzählig vielen. Jedes einzelne wird dafür verantwortlich sein, dass sich ein Kind die Information einprägt und nach und nach sein Denken und Handeln danach ausrichtet. Im Umkehrschluss bedeutet dies, dass sich schon bald eine Angst vor der Berührung von Hunden einstellen wird, Obst nur dann als essbar erachtet wird, wenn es äußerlich ohne den kleinsten Makel ist, dein Kind nie mit dem Nachbarsjungen spielen wird, obwohl er der netteste Junge der Straße ist, das Klettern auf Bäume als hochgradig gefährlich eingestuft wird, obwohl das Kind sich und seine Kletterkünste so gerne ausprobiert hätte und dass es alles Interessante trotz größter Neugierde nicht in die Hände nehmen wird, weil sonst die Eltern schimpfen könnten, dass es ein wenig Dreck an den Fingern hat. Lassen wir unser Kind jedoch so aufwachsen, dass es selbst all seine Erfahrungen sammeln kann, dann ermöglichen wir ihm, eine Offenheit gegenüber allem und jedem zu entwickeln. Anders gesagt schaffen wir so die Möglichkeit, dass unser Kind einmal Berge versetzen können wird.

Um eine kleine Einschränkung in dieser Angelegenheit zu machen, will ich darauf hinweisen, dass trotz des uns innewohnenden Genies nicht jedes Kind alles werden kann. Dafür reicht bereits die Beobachtung von Kindern beim Sport. Nicht jeder trägt es in sich, ein Lionel Messi zu werden. Oder ein Einstein. Oder eine Kleopatra. Nicht alle Fähigkeiten sind vorhanden, dafür jedoch andere, die entdeckt werden wollen. Und diese zeigen sich, wenn man (s)ein Kind nur gut genug beobachtet. Dabei ist zumindest eine Tendenz zu erkennen, welche besonderen Ausprägungen das jeweilige Kind besitzt. Diese Fähigkeiten zeigen sich automatisch und wollen entdeckt werden.

Eben diese angesprochenen Fertigkeiten kann man durch Training, Übungen, Förderung, ... verstärken. Genau so entstehen übrigens die Menschen, die wir gerne als »Superstars« bezeichnen. Betrachtet man ihre Lebenswege, so findet sich keine Ausnahme. An dieser Stelle sei noch einmal auf die Beatles verwiesen, deren riesiges Potenzial aus einer verrohten Kindheit stammte und die nach ihrer Entdeckung die Musikwelt von Grund auf revolutionierten.

Was bedeutet dies für uns Erwachsene? Ganz einfach, wir als Eltern oder als Trainer sollten unsere Kinder einfach beobachten und uns lediglich fragen:

»Wie kann ich deren Fähigkeiten zusätzlich erweitern.«

Besorgte Eltern werden bei der Überlegung, ob ein Umdenken bei der Begleitung ihres Kindes nicht unweigerlich Schmerzen mit sich bringt. Immerhin verlangt dieser Autor, dass man sie nicht vor jeglicher Gefahr schützen sollte und sie, oh mein Gott, sogar alleine eine Treppe hinaufsteigen lassen sollte. Das kann zu einem Sturz führen und somit unweigerlich auch zu dem Moment, an welchem dem Kind das Bein, der Arm oder das Gesicht wehtun wird. Hierzu will ich kurz und deutlich antworten:

»Ja, liebe Eltern, ihr habt vollkommen recht. Na und? Etwas

Schmerz muss sein!«

Für viele ist dies nicht einfach zu akzeptieren. Das ist in Ordnung, denn schließlich lieben wir unsere Kinder und wollen nicht, dass sie sich wehtun. Wie aber ist es für das Kind selbst, wenn es eine Treppe hinaufsteigen will und diese mit einem ungeplanten Salto wieder verlässt? Das Kind wird sich sagen:

»Autsch, das hat wehgetan. Warum ist das gerade passiert?«

Und das ist einer der vielen Momente, in dem das Kind merkt, dass es etwas ändern muss. Zum Beispiel, sich beim nächsten Versuch besser am Geländer festzuhalten. Kinder haben nun einmal das Bedürfnis, beziehungsweise den natürlichen Drang, ihre Anschlüsse zu komplettieren. Achtet man darauf, sieht man es ihren Gesichtern immer und immer wieder an. Auch, dass das kindliche Gehirn nach jedem gescheiterten Versuch vollkommen von alleine den Befehl gibt:

»Lerne aus dieser Erfahrung. Vielleicht solltest du eine Kleinigkeit ändern, damit dein Vorhaben beim nächsten Mal funktioniert.«

Die Schmerzen, die ich mein Leben über (allen voran in meiner Kindheit) gespürt habe, wurden durch unendlich viele positive Erlebnisse aufgewogen. Und jedes Mal, wenn ich etwas änderte, spürte ich gleichzeitig, dass ich noch lebte.

Spätestens, als ich wieder aufwachte und feststellte, dass ich noch im Hier und Jetzt existierte, am Leben und auf eine mir nicht erklärliche Art »neu verschaltet« war, erkannte ich, wie meine Kindheit alles in meinem Leben beeinflusst hatte. Für mich war dies der eindeutigste Hinweis darauf, dass nur die Kindheit und unser Umgang damit der Schlüssel für unsere Zukunft sein können. Der Schlüssel für unser Überleben. Und damit die weitere Existenz dieses Planeten.

Wie gesagt, hierfür müssen wir alle zumindest einen Anschluss in unserem Gehirn umprogrammieren. Dies kann Tausende anderer Verschaltungen ändern, eine Art gesunder Kettenreaktion auslösen. Um es etwas weniger theoretisch auszudrücken, will ich es einfach so formulieren: Wenn wir es schaffen, in einem Punkt Klarheit zu erlangen und dementsprechend unsere Verhaltensweisen zu ändern, so zieht das normalerweise viele weitere Änderungen nach sich. Ein einziger Anschluss kann viele, viele weitere Anschlüsse erschaffen. Ein Beispiel: Entscheiden wir uns, kein Fleisch mehr zu essen, sensibilisiert sich automatisch der Blick auf die Fauna und unseren Umgang mit den Tieren. Ebenso hinterfragen wir unsere Ernährungsgewohnheiten. Eine einzige neue Verschaltung hat also bereits zu weiteren Veränderungen und einen Wandel in der eigenen Denkweise geführt.

Wahrheit bedeutet Gefahr für die Mächtigen

Egal, ob ich mich mit Freunden oder Personen, die ich gerade erst kennengelernt habe, unterhalte, und ihnen dabei meine Sicht zu den dringend notwendigen Veränderungen in Bezug auf die menschliche Zukunft erläutere, so wird mir häufig die Frage gestellt:

»Wie sollte man die Kinder denn erziehen, damit sich ihre Weltanschauung in eine positive Richtung ändert?«

Ich habe das Gefühl, dass nun eine exakte Anleitung von mir erwartet wird, bestenfalls noch mit einem detaillierten Stichwortverzeichnis und einer Zeichnung, um bei jeder auftretenden Situation schnell die passende Reaktion nachlesen zu können. Aber es ist noch viel einfacher.

»Stell dir dein Kind als jungen Baum vor, den du gerade mit viel Spaß gepflanzt hast.«, antworte ich. »Beobachte diesen Baum, wie er langsam aufwächst. Es gibt nichts Schöneres, als die kleinen Fortschritte zu begleiten.«

»Und dann?«

»Beobachte einfach nur. Und komm nicht auf die Idee, ihn so früh wie möglich zu beschneiden. Sei es, weil dir der neu herauswachsende Ast nicht gefällt, sei es, weil der Baum irgendwann zu groß wird und die Nachbarpflanze in ihrem Wuchs einschränkt. Lass ihn einfach wachsen und erfreue dich daran.«

»Das hört sich ja schön und gut an, Aziz, aber was soll ich tun, wenn dieser Baum plötzlich vom Borkenkäfer befallen wird? Er könnte daran kaputtgehen.«

»Könnte er. Und da ein Baum sich im Gegensatz zum Menschen nur eingeschränkt bewegen kann, ist es an dir, den Befall zu stoppen.«

»Also muss man doch eingreifen. Hab ich's doch geahnt.«, triumphiert mein Gesprächspartner.

»Ich habe nie etwas anderes gesagt. Natürlich muss man Kinder schützen, wenn sie hin und wieder in eine wirklich bedrohliche Situation geraten. Das bedeutet aber keineswegs, dass man sie vor noch der kleinsten potenziellen Gefährdung fernhält. Lass sie auf den Hosenboden fallen, denn sie werden sich wieder aufrichten und ihre Erfahrungen zu selbst gemachten Erkenntnissen umwandeln. Wenn sie diese verinnerlicht haben, dann ziehen sie ihre Schlüsse daraus und haben mehr gelernt, als wenn du ihnen im Voraus die eventuellen Konsequenzen ihres Handelns vor Augen führst. Das schafft nur Ängste, die sie lange in sich tragen werden.«

»Sollen sie denn wirklich unerzogen aufwachsen?«

»Oh ja, das wäre perfekt.«

Manche Menschen sehen mich ungläubig an und schütteln den Kopf. Andere fragen sich, warum ich eigentlich nicht auf irgendeinem Stein im indischen Hinterland sitze und 40 Tage ohne Nahrungsaufnahme meditiere. Nun, Letzteres ist leicht zu beantworten: Weil ich kein Yogi bin und auch niemals einer werde. Mir fehlt ihre Weisheit. Ich bin eben nur ein Mensch, der seine eigenen Erfahrungen analysiert hat. Und dem das Leben recht gegeben hat. Mehr nicht.

Ein klarer Blick auf die Menschheit, so, wie sie sich entwickelt hat und wie sie heute ist, zeigt uns, dass wir in einer Sackgasse gelandet sind. Und dass wir es nicht schaffen, uns aus diesem Irrweg wieder herauszubewegen. Das können nur unsere Kinder leisten, denn deren Denken kann sich noch in die richtige Richtung entwickeln. Dies zuzulassen, ist unsere Aufgabe.

Warum unternehmen wir selbst nicht die Schritte, um gleich heute einen besseren Weg einzuschlagen? Gute Frage. Wirklich! Aber leider ist es so, dass wir ja sehr gut wissen, was wir falsch machen. Wir ändern nur nichts daran. Warum? Weil wir oder mächtige Menschen oder Unternehmen Profit machen wollen. Das hat zum Beispiel zur Folge, dass wir chemisch düngen, damit die Pflanzen schneller wachsen. Dabei ist uns auch bewusst, dass wir den Mutterboden zerstören. Trotzdem machen wir weiter, damit zumindest eine gewisse Zeit lang ein schnellerer Wuchs der Pflanzen gewährleistet ist. Oder eben ein höherer Profit, was aufs Gleiche herauskommt. Dass das nicht gut für die Umwelt und ebenso nicht für uns ist, wird wohl niemand bestreiten. Warum also akzeptieren wir diesen Fakt einfach, anstatt ihn zu ändern? Bequemlichkeit? Angst? Das Denken, dass uns so etwas nicht gleich umbringt? Ein günstiger Preis, der doch glatt 12 Cent unter einem vollkommen natürlich angebauten Produkt liegt?

Gut, hin und wieder landet eine Klage gegen Insektizide auch beim Gericht, aber das geschieht eigentlich nur dann, wenn ein großer Kreis Geschädigter sich zusammentut. Dann zahlen die verantwortlichen Firmen schon einmal Schadensersatz. Aber die paar Millionen tun ihnen nicht weh, denn die Verkäufe haben inzwischen ohnehin schon ein Vielfaches in die Kassen gespült. Außerdem war den Großkonzernen von Anfang an bewusst, dass so etwas passieren kann, weswegen diese Eventualität gleich auf den Verkaufspreis aufgerechnet und von uns bezahlt wurde. So funktioniert Wirtschaft heutzutage nun einmal.

Und wo wir gerade beim Thema »Mutterboden« sind, sollten wir noch kurz bei diesem überaus wichtigen Punkt verweilen, da er in nicht allzu ferner Zukunft eine fundamentale Rolle bei dem Überleben des Planeten spielen wird. Ist geplant, angepflanztes Obst über eine längere Strecke zu transportieren, so kann man mit an Sicherheit grenzender Wahrscheinlichkeit davon ausgehen, dass es entsprechend gespritzt wird. Es bleibt nicht aus, dass all die Chemikalien dabei auch in den Mutterboden eindringen und ihn nach und nach vergiften. Das hat zur Folge, dass innerhalb von zehn Jahren das Obst nur noch 40% seiner einstigen Proteine beinhaltet. Klar, das könnte man ändern, indem man einfach weite Transportwege vermeidet und das Spritzen der Früchte einstellt. Damit würde aber auch der Profit rapide sinken, weshalb schlussendlich gar nichts unternommen wird.

Meines Wissens nach muss man heutzutage acht Orangen essen, um die gleichen Proteine zu erhalten, die noch vor zehn Jahren in einer einzelnen Orange steckten. Das ist die Folge der Behandlung mit diversen Spritzmitteln. Diese töten nicht nur die Bakterien und Insekten, sondern eben auch den Mutterboden. Noch einmal: Wir wissen, was wir falsch machen. Aber wir wollen es nicht ändern, denn wir wollen Profit machen.

Der Mensch hat längst die Kontrolle über das Wachstum der Pflanzen übernommen. Mir wurde dies erst wirklich bewusst, nachdem ich meinen »Download« (oder was auch immer es war) empfangen hatte. Und sofort war mir klar, dass dies einen zu großen Eingriff in die Natur bedeutet, der kurzfristig nicht wieder rückgängig zu machen sein wird. Wir sollten verstehen, dass unser Planet unsere Mutter ist. Und die Kinder müssen in der Überzeugung aufwachsen, dass man diese Mutter schützen muss – und sie nicht behandeln wie einen Feind, so wie wir es heute tun. Und es ist kein Zufall, dass das Wort »Mutter« auch in »Mutterboden« vorkommt. Machen wir uns heutzutage wirklich ernsthaft Gedanken darüber, wie unsere Kinder und Enkel noch sauberes Trinkwasser bekommen sollen, wenn wir weiterhin hinnehmen, dass der Boden immer noch mit Chemikalien verseucht wird?

Denk ich zurück an die Zeit, als ich an der Wasserstelle saß und einfach all die wunderbaren Geschehnisse rund um mich beobachtete, stelle ich traurig fest, wie wenig Kindern ein solches Glück heutzutage vergönnt ist. Gerade in den hochindustrialisierten Teilen der Welt hat das Handy den Blick für die Natur längst abgelöst. Jeder sollte sich die Frage stellen, wie sehr er oder sie dazu beigetragen hat, dass es so gekommen ist.

Wenn wir über die Profitgier der Menschen sprechen, dann kommen wir nicht umhin, auch einen Blick auf die Medizin zu werfen. Natürlich ist sie an und für sich etwas Gutes, aber wir haben verlernt, sie rein ihrer Heilkraft wegen zu nutzen. In diesem Zusammenhang muss ich erwähnen, dass ich Arztbesuche rundweg ablehne. Wieder so eine eigenwillige These, aber es ist meine tiefste Überzeugung. Nach meiner

Meinung sollten Menschen nicht zum Arzt gehen, um sich beispielsweise eine Massage verschreiben zu lassen. Warum tun wir nicht von vornherein selbst etwas für uns, sondern rufen erst nach Unterstützung, wenn bereits die ersten Leiden erkennbar sind?

Noch einmal sei daran erinnert, dass es dem Geist gut geht, wenn auch der Körper sich wohlfühlt. Und umgekehrt. Leider bevorzugt eine Vielzahl der Menschen noch immer der Fremdwirkung von Tabletten, anstatt sich mit Sport gesund zu halten. Es ist traurig, dass die Menschen verlernt haben, sich selbst zu helfen. Dabei sagt uns unser Körper doch alles, was wir benötigen und was wir wissen müssen. Und das bereits, wenn wir erst vor Kurzem das Licht der Welt erblickt haben.

Vor einigen Jahren beobachtete ich eine junge Mutter, die sich nachmittags auf die Terrasse eines Restaurants gesetzt und sich etwas zu essen bestellt hatte. Man hatte ihr einen Hochstuhl für ihr Kind gebracht, einen Jungen, der sich darin auch offensichtlich pudelwohl fühlte. Er war vielleicht sieben oder acht Monate alt. Als die junge Frau dann ihr Essen bekam, es war ein Wiener Schnitzel mit Bratkartoffeln, geriet der Kleine außer sich. Immer wieder zeigte er aufgeregt auf den Teller, womit er augenscheinlich sagen wollte, dass er das auch unbedingt einmal probieren müsse. Die Mutter betrachtete ihn, lächelte, und griff zielgerichtet nach der Zitrone, die dekorativ am Tellerrand platziert worden war. Der Kleine wippte freudig auf und ab. Scheinbar war dieses auffallend gelbe Ding genau das, was es ihm angetan hatte.

Die Mutter legte die Zitronenhälfte vorsichtig auf die Lippen des Kindes, wahrscheinlich aus der Sorge heraus, dass der Kleine sich das ganze Stück sonst einfach in den Mund geschoben hätte. Ab diesem Moment geschah alles nur noch in Zeitlupe. Die Lippen und die Zungenspitze gaben ganz offensichtlich ein Signal an das Gehirn des Jungen. Sein Gesicht sah für einige Sekunden aus, als stünde er unter Schock. Ich konnte nur vermuten, was der Kleine dachte, aber es muss etwas gewesen sein wie:

»Was ist passiert? Will meine Mama mich umbringen?«

Dann folgte die verspätete Reaktion. Der Kleine öffnete den Mund so weit er konnte. Sein Gesicht verkrampfte sich, sodass niemand anders konnte, als seine abgrundtiefe Abneigung zu erkennen.

»Aaaaaaah«, stieß er aus und sah noch ein wenig angeekelter aus als zuvor. Und noch einmal:

»Aaaaah! Aaaaah!«

Dann stieß er das Stück Zitrone mit der Zunge von seinen Lippen fort, sodass es in hohem Bogen auf den Boden flog. Ich freute mich, dass ich Zeuge dieser kleinen Vorführung werden durfte. Immerhin hatte gerade ein kleines Kind eine neue Erfahrung gemacht. Unbewusst hatte es alle seine Sinne befragt:

»Was ist denn das? Kenne ich das? Nein, nein, nein.«

Und er hatte gelernt, wie Saures schmeckt. Wie hätte man es ihm auch sonst erklären sollen?

Natürlich war dies nur ein kurzes Beispiel, wie die praktischen Erfahrungen von Kindern sich weit mehr einprägen als die theoretischen Warnungen der Eltern. In diesem Wissen forschten bereits in der Antike die Chinesen und alle Völker von Indien bis Indonesien, welchen Geschmack Kräuter, Gewürze, Blätter, ... haben, wie viel man von ihnen vertragen konnte und in welche Speisen sie als Zutat passten.

Mein Onkel war ein Spezialist auf diesem Gebiet. Er kannte nicht nur die jeweiligen Gewürze, er wusste auch, zu welchen Jahreszeiten man sie essen konnte. Nahm man sie zu früh oder zu spät zu sich, so hatten sich die Wirkungen der Kräuter verändert oder sie schmeckten auffallend anders. Er hatte es von seinen Eltern gelernt, die es ebenfalls von ihren Eltern eingeprägt bekommen hatten. Damit der kleine Aziz bei seinen Besuchen auch etwas lernte, »zwang« er mich, Dinge zu essen, die ich nicht wollte. Ich glaube, er hat es gut gemeint, denn er sagte in solchen Momenten immer:

»Iss! Es ist gesund.«

Keine Ahnung, ob er recht hatte. Zumindest wurde er 104 Jahre alt.

Mit diesem Wissen, dass von Generation zu Generation weitergegeben wurde, beugte man auch Krankheiten vor, ohne dass die Menschen einen Arzt (oder Friseur) aufsuchen mussten. Leider verschwand dieses Wissen nach und nach, denn die Menschen sahen das Potenzial, mit der Gesundheit viel Geld zu verdienen. Und wie ging das einfacher als mit Chemie? Die konnte man nicht so leicht reproduzieren. Wenn jemand sich mit Pflanzenheilkunde auskannte, so musste er nur in den Wald gehen und die entsprechenden Kräuter ernten, um sie dann verabreichen zu können. Aber Chemie? Das war und ist etwas für Spezialisten.

Kommen wir zurück zur modernen Medizin, neben der Rüstungsindustrie das Riesengeschäft des 21. Jahrhunderts. Angeführt wird dieser unübersichtliche Bereich von den pharmazeutischen Großunternehmen. Dahinter folgen die Ärzte, deren Diagnosen und Verschreibungen wir inzwischen auf Gedeih und Verderb ausgeliefert sind. Das beste Beispiel bilden aus meiner Sicht wieder einmal die Orthopäden. Sie können sich darauf verlassen, dass viele Menschen zu viel essen und zu wenig Sport treiben. Das führt dann unweigerlich dazu, dass sie sich irgendwann einen Termin beim Orthopäden besorgen, weil ihr Körper nicht zufrieden damit ist, wie sein Eigner ihn behandelt. Etwas ist gebrochen, verstaucht, zwickt oder die Rückenschmerzen werden immer schlimmer.

»Sie müssen dringend Sport treiben«, empfiehlt der Mediziner. »In ihrem Fall wäre ein Fitnessstudio genau das Richtige. Aber Vorsicht! Ihre Übungen müssen speziell gewählt sein und sollten bestenfalls unter fachmännischer Aufsicht durchgeführt werden.«

Der wohlgenährte Patient nimmt den Rat dankend an, kommt er doch immerhin von einem Spezialisten. Aber wie soll er wissen, welches Fitnessstudio das erfüllt, was der Mediziner anrät? Auch hier weiß der Orthopäde Rat. Wie durch einen wundersamen Zufall entnimmt er einer Schublade seines Schreibtisches ein Prospekt von einem Studio, das genau das leistet, was er zuvor angesprochen hatte. Gut, es ist ein wenig teurer, aber dafür von einem Mediziner persönlich empfohlen. Und es ist auch gar nicht so weit von der Praxis entfernt.

Zufrieden und mit der Hoffnung auf eine nachhaltige Verbesserung verlässt der Patient die Praxis, in der Hand neben dem Prospekt noch ein Rezept über einige verschreibungspflichtige Salben und Tabletten, die er gleich an der nächsten Apotheke besorgen soll. Das ist wichtig, denn sonst verdienen weder die Pharmareferenten, die Apotheker noch die Großkonzerne mit. Und auch der Orthopäde wird gleich noch einmal beteiligt, wenn der Patient brav und folgsam die vom Arzt verschriebenen Medikamente besorgt. Eine Win-Win-Win-Loose-Situation.

Eigentlich sollte an dieser Stelle genug über den Orthopäden und seine geschäftstüchtige Umsetzung seines Berufes gesagt sein. Fehlt aber noch die Pointe: Nach drei Tagen, die der Patient bereits im Fitnessstudio schwitzend zugebracht hat, sucht er im Internet nach der Telefonnummer des Studios. Im Impressum ist unter anderem der Geschäftsinhaber aufgeführt. Es ist – welch Überraschung – sein Orthopäde.

Wir müssen wieder lernen, selbst die Kontrolle über unsere Körper und unser Wohlbefinden zu erlangen. Stell dir vor, dein Cholesterinspiegel ist zu hoch (vielleicht ist er das ja sogar). Trotzdem hast du gerade eine Schweinshaxe gegessen. Du hattest einfach ein riesiges Bedürfnis danach verspürt. Jetzt, wo du gesättigt bist, plagen dich plötzlich heftige Gewissensbisse.

»Das war jetzt gar nicht gut. Ich bin sicher, ich habe einen Fehler gemacht.«

Und schon gehts los. Du machst dich fertig, hast Schuldgefühle und beschwörst so selbst wieder die Krankheit herauf. Und was noch schlimmer ist, du machst den schönen Abend, an dem du voller Genuss die Schweinshaxe gegessen hast, einfach wieder kaputt. Wie wäre es gewesen, wenn du die Haxe in vollem Bewusstsein genossen hast und die Überzeugung vertrittst, dass du voll und ganz dazu stehst. Wenn du dir selbst sagst:

»Keine Gewissensbisse, denn ich habe es in vollem Bewusstsein getan. Und ich habe es so sehr genossen.«,

Dann sieht die Welt ganz anders aus. Die Freude an deinem Essen hat dich befreit. Genau deshalb hatte mir mein deutscher Freund Helmut so sehr imponiert, denn er hatte mit Freude und vollem Bewusstsein das gegessen, wonach ihm war. Auch, wenn ihn das sein Leben gekostet hat. Er starb glücklich.

Wenn du den Wunsch hast, glücklich und mit einer weltbejahenden Überzeugung zu leben, dann lass dich nicht weiter für dumm verkaufen. Nimm nicht einfach alle Informationen ungefiltert an, die dir von angeblichen Fachleuten aufgetischt werden. Immerhin hat es seine Gründe, dass auch diese Fachleute sich meist untereinander nicht einig sind. Frag dich selbst:

»Warum höre ich diesen Menschen trotzdem zu?«

»Warum lasse ich mir diktieren, was ich zu denken habe und an was ich glauben soll?«

»Warum vertraue ich nicht darauf, was ich mit meinen eigenen Augen sehe?«

»Bin ich denn inzwischen wirklich zu einem Believer geworden, der sich sein Leben vorgeben lässt?«

Raus aus der Sackgasse

Wir Menschen haben unendliches Glück. Denn wir dürfen in einer Welt leben, die unbeschreiblich schön ist. Und das jeden Tag. Schieben wir einmal die Mensch-gemachten Alltagsproblemchen beiseite, so haben wir das Paradies bereits erreicht. Wir können unsere Nahrung selbst anpflanzen und ernten. Wir können offen auf andere Menschen zugehen und ihnen Liebe schenken. Und das kann uns niemand wegnehmen, selbst wenn es Menschen gibt, die anderen ihr Hab und Gut nehmen wollen. Sollen sie doch, sie können nicht verhindern, dass die Plattform, auf der ich stehe, mich glücklich macht. Diese Plattform ist mein Leben, das so schön geworden ist, nachdem ich einfach nur so gehandelt habe, wie ich es für richtig erachtet habe.

Wenn du keine Angst vor dem Leben hast, dann steigert sich dein Glück kontinuierlich weiter. Und selbst, wenn die Erde versinkt, dann geht dein Leben noch immer nicht unter. Dieses Glück ist nun einmal in dir, es ist die Gesamtheit deines Ichs. Vielleicht liegt es in meinem Fall auch daran, dass ich ausgesprochen viel Unschönes erleben musste, dass mich anschließend nichts mehr, gar nichts mehr, unterkriegen kann. Und so sollte es bei jedem Menschen sein, denn diese Stärke liegt in uns allen.

Selbst das Ende einer Beziehung, das mit Abstand am häufigsten beanspruchte Thema in der Musik, sollte niemanden aus der Bahn werfen. Vielmehr sollte man eine innige Verbindung mit einem anderen Menschen als eine wunderschöne Ergänzung für das eigene Leben sehen. Dass diese auch einmal zu Ende gehen kann (Gründe dafür gibt es wie Sand am Meer), liegt in der Natur von menschlichen Beziehungen. Ich selbst, und ich behaupte, dass ich in diesem Zusammenhang aus der Erfahrung dreier Ehen sprechen kann, habe immer nach vorne gesehen und das Alte mit allem dazugehörigen Respekt mit dem

Gedanken verlassen:

»Alles Gute für deine Zukunft! Ich wünsche dir von Herzen, dass du viel Freude haben wirst.«

Nicht, dass ich ein gefühlskalter Mensch wäre. Aber ich habe bei diesen Trennungen nie einen Schmerz gespürt. Und was ich sagte, das meinte ich. Ich wünschte meiner gerade beendeten Beziehung aus meinem tiefsten Inneren, dass sie ein schönes Leben haben möge. Würde ich mein eigenes Leben nicht lieben, so hätte es passieren können, dass ich in einem solchen Moment versuchen müsste, nun auch dem anderen dessen Leben zu vermiesen, um mich besser zu fühlen. Aber das würde nicht helfen. Das wäre einfach nur ein fataler Irrglaube. Und ein Zeichen dafür, dass Liebe und Hass für viele Menschen noch immer sehr nah beieinanderliegen.

Noch einmal, die Stärke, dein eigenes und selbstbestimmtes Leben nach deinen Vorstellungen zu leben, liegt in dir. Mache dir bewusst, dass du an einer unsichtbaren Krücke durch dein Leben gehst, wenn du es zulässt, dich mit dir selbst einsam zu fühlen. Wenn du es dagegen schaffst, mit dir alleine glücklich zu sein, dann hast du es geschafft. Immerhin darfst du ungestörte Zeit mit derjenigen Person verbringen, die deinen Überzeugungen und Einstellungen am meisten von allen Menschen entspricht.

Ein wenig komplizierter verhält es sich bei Paaren, die offiziell zwar zu zweit, jeder für sich aber einsam ist. Ein übler Zustand, denn durch diese Art von Einsamkeit sind Depressionen fast schon vorprogrammiert. Dein Körper reagiert, wenn du dich einsam fühlst. Er stellt das Immunsystem auf unterste Stufe. Einsamkeit kann einen Menschen erdrücken und dieser Druck ist so stark, dass man sich kaum wieder aufrichten kann.

Gerade, wer gemeinsam einsam ist, hat oft Angst, mit anderen Menschen zusammen zu sein. Oftmals auch deshalb, weil man Angst davor hat, sie wieder zu verlieren. Und genau deshalb öffnet man sich nicht und bleibt verschlossen. Auch in Beziehungen tritt dieser Effekt ein. Man verschließt sein Herz und jeder agiert nach dem Motto:

»Ich lasse mich nicht verletzen.«

Allerdings sagt ein Mensch, der sein Herz verschließt, auch »Nein« zum Leben. Was hierbei hilft, ist vor allem die Erkenntnis, in welchen Teufelskreis man sich damit begeben hat. Es hilft, sich bewusst zu machen, dass man so niemals glücklich werden kann. Denn wer sich gegen Traurigkeit schützt, der schützt sich automatisch auch gegen schöne Gefühle. Und genau das ist kontraproduktiv auf unserem Weg zu einem wundervollen Leben. Wer sich dem Leben und anderen Menschen gegenüber öffnet, wer sich zeigt und sich selbst liebt, dem werden die wunderbarsten Dinge widerfahren. Versprochen!

Genug von gescheiterten Beziehungen, Einsamkeit und Depressionen. Zumindest die letzten beiden Punkte sollten ohnehin schnellstmöglich aus unserem Leben verschwinden. Hilfreich dabei, und hier kann ich mich nur immer wiederholen, ist es, wenn wir immer weitersuchen. Wenn wir ein Seeker sind, der ohne Druck und Hast, sondern nur aus Interesse und Begeisterung immer Neues entdecken will. Dann können wir die Wunder dieser Welt finden und einsammeln. Versprochen, es gibt genug für uns alle.

Sollten wir in unserem mittlerweile festgefahrenen Denken es jedoch nicht schaffen, uns auf die Suche nach den vielen Wundern zu begeben, so wird es doch unseren Kindern möglich sein, wenn wir sie dahingehend aufwachsen lassen. Und wenn ich immer wieder darauf verweise, dass es an unseren Kindern sein wird, die wirklich große Veränderung für diese Welt zu schaffen, dann aus einem sehr einfachen Grund. Wir, das heißt die herangewachsene Generation, wurde bereits sehr früh in ein festes Schema geplant. Religionszugehörigkeit – erfolgreicher Schulbesuch – »guter« Job – Karriere – eigene Kinder – Weitergabe dieses Musters an die darauffolgende Generation.

Wir sind an dem Punkt angelangt, dass dieses Schema ein- für allemal beendet werden muss. Und der erste Schritt dabei muss sein, dass der Punkt »Weitergabe dieses Lebensweges an die nächste Generation« ab sofort durch »Umdenken der darauffolgenden Generationen«

abgelöst werden muss. Oder einfach durch das Wort »Revolution«, denn diese brauchen wir. Unsere Evolution ist seit langer Zeit unterbrochen, so lange, bis wir unsere Denk- und Lebensweise radikal verändern. Und nur dieser Weg kann die Menschheit aus ihrer Sackgasse führen.

So radikal sich das alles anhört, so sanft kann eine solche Revolution in ihrer Umsetzung sein. Immerhin sollen erst einmal mit viel Liebe die Samen gepflanzt werden, aus denen kleine, wunderbare Bäume entstehen, die nicht von uns gestutzt werden dürfen. Lasst sie ihre Äste und Blätter entfalten und vertraut darauf, dass ihr Wuchs genauso richtig sein wird, wie er stattfindet. Gebt unseren Kindern die Möglichkeit, die Welt anders zu sehen, als wir es tun! Lasst sie ihren eigenen Weg finden! Presst sie in keine Schablone! Wenn sie Neues in der Natur entdecken und Fragen dazu stellen, dann gebt ihnen einfach einen Denkanstoß:

»Nimm diese Sache einfach als Geschenk auf und denke darüber nach.«

Diktiert den Kindern nicht bereits in jungen Jahren einen Glauben auf! Sagt ihnen nicht:

»Das steht so geschrieben, also musst du (es) glauben.«

Kinder müssen ihren Weg selbst finden, können sich über alle Religionen der Welt informieren, wenn es sie interessiert. Aber die Entscheidung müssen sie selbst treffen, wenn sie von ihrer geistigen Entwicklung dazu in der Lage sind. Also frühestens im Alter von zehn bis zwölf Jahren. Deshalb an dieser Stelle eine kleine Bitte:

»Liebe Religionen, warum immer diese Eile? Die Kinder laufen euch schon nicht weg, wenn ihr später vernünftig mit ihnen redet.«

Eltern sollten die Offenheit ihrer Kinder als höchstes Gut schützen. So kann unser Nachwuchs lernen, dass wir Menschen die Verantwortung für diese Welt nicht aus den Händen geben dürfen. Wir dürfen sie auch nicht irgendeinem Gott aufbürden, sondern müssen uns selbst darum kümmern. In der heutigen Generation gibt es viel zu viele, die Angst davor haben, ihren eigenen Weg zu gehen. Das ist ebenso traurig wie erschreckend. Besonders offensichtlich wird dies übrigens bei radikalen, rechten Gruppen. Sie sind das Paradebeispiel für eine Ansammlung von Menschen, die immer jemanden brauchen, dem sie folgen können. Erbärmlich!

Wollen wir die Sackgasse, in die wir uns alle verlaufen haben, wirklich verlassen, dann müssen wir uns immer wieder bewusst machen, dass das Paradies nicht versteckt ist. Es liegt hier, denn es ist ausschließlich in unserem Kopf. Und dieser (unser) Kopf kann die Hölle heraufbeschwören, oder aber das Paradies erschaffen. Nein, es sitzt niemand im Himmel oder sonst irgendwo, der das steuert. Das tun ausschließlich wir selbst!

Wie schön wäre unser Dasein, wenn wir nicht mehr aus dem Survival-Gedanken »Ich will nur ein bisschen überleben« heraus existieren. Vielleicht hilft es hierbei, wenn man sich klarmacht, dass unsere fünf Sinne gepaart mit ein wenig Intelligenz allemal dafür Sorge tragen, dass wir überleben werden. Deshalb brauchen wir uns gar keine Gedanken zu machen, ob unsere Existenz womöglich innerhalb der nächsten Stunden enden wird. Eine Angst weniger.

Bei der Überlegung, wie wir mithilfe unserer Kinder den Weg aus der Sackgasse, in die wir Menschen uns manövriert haben, finden können, bietet ein kurzer Blick auf den Buddhismus und den Hinduismus Abhilfe. Keine Sorge, es folgt kein Bekehrungsversuch, zumal diese beiden Lehren im eigentlichen Sinne keine Religion, sondern Aufklärungen sind, wie Menschen glücklich zusammenleben können. Es wird also kein Gott kommen, der dich ins Paradies bringt, wenn du artig und folgsam gewesen bist. Aber es wird auch niemand kommen, der dich bestraft, wenn du dich nicht gebotsgetreu verhalten hast.

In indischen Religionen existieren keine Götter. Es geht ausschließlich um Menschen, die etwas Außerordentliches erreicht haben, und das auch nur deshalb, weil sie alles, was sie vollbrachten, aus vollster Überzeugung getan haben. Gerade beim Buddhismus lohnt sich ein Blick auf die Entstehungsgeschichte. Auch hier taucht kein überirdisches Wesen auf, das allwissend ist und den Schafen, Entschuldigung, den Menschen den Weg weisen will.

Buddha, ein Königssohn, heiratete sehr früh. Er lebte eingesperrt in einem Schloss, trotzdem er den Wunsch hegte, die Mauern einmal zu verlassen und in die Stadt zu gehen. Da ihm dies verwehrt wurde, schlich er sich nachts aus dem Palast, wo er vollkommen unvorbereitet mit der Realität konfrontiert wurde. Er sah Elend, Armut, Krankheit und Tod.

»Was passiert hier gerade«, fragte er einen der Bürger, als gerade ein Leichnam vorbeigetragen wurde.

»Hier ist jemand gestorben«, antwortete der. »Wir werden ihn jetzt verbrennen.«

Buddha sah ihm hinterher und fragte sich zum ersten Mal in seinem Leben, ob er selbst denn auch sterben würde. Immerhin hatte man ihn bisher von allem Übel dieser Welt ferngehalten und er hatte alles bekommen, was er benötigte. Aber jetzt sah er das Leben, wie es wirklich war. Er sah, was Menschen bewegte und er wunderte sich darüber, was sich für verschiedene Religionen entwickelt hatten. Dieser Lernprozess sollte ganze zehn Jahre andauern. Später sollte Buddha dem Hinduismus eine neue, eine moderne Richtung geben, worauf er sich rasch in Indien verbreitete. Der Buddhismus selbst setzte sich dagegen in Japan, Indonesien, China und anderen Ländern durch.

So viel zur Geschichte. Für mich persönlich ist der Hinduismus eine ganz tolle Sache, denn in meinem Verständnis könnte er auch den Titel tragen: Einfach nur leben! Er geht davon aus, dass dein Leben vollständig in deinen eigenen Händen liegt. Wenn du also bewusste Entscheidungen triffst, so kann dir niemand einen Vorwurf machen. Du bist alleine für dein Karma zuständig. Und wenn du viele gute Dinge getan hast, dann hast du eben auch ein gutes Karma. Willst du dich jedoch an anderen Menschen bereichern, willst du ihnen Leid zufügen oder gibst alles daran, dass es den anderen schlecht geht, so wird sich das rächen. Dein schlechtes Karma wird dafür sorgen, dass du jahrelang leiden wirst.

In meiner Interpretation bedeutet das nichts anderes als das Wissen, dass niemand anderes mir etwas antun kann. Nur ich mir selbst. Denke ich zurück an die Zeit, als ich als heranwachsender Junge an die Häuser der Nachbarn geklopft und um etwas zu essen gebettelt hatte, kommen mir auch die in den Sinn, die mir nicht einmal einen Brotkrümel geben wollten. Ich hätte sie in diesen Momenten hassen können. Oder ihnen etwas antun. Aber so dachte ich nicht. Ich kannte keinen Hass und war überzeugt, dass sie mir die Wahrheit sagten und wirklich nichts zu essen hatten. Nie kam ich auf die Idee, dass sie lügen könnten. Schließlich hatten sie eigene Kinder und somit jedes Recht, ihr Essen erst einmal ihren Kindern zu geben. Stattdessen ging ich hungrig weiter und sagte mir selbst immer wieder:

»Bitte, Aziz, es liegt in deiner Hand. Gib nicht auf und such weiter.«

Diese Kraft hat mich bis heute begleitet und wird mich bis zu meinem Tod nicht verlassen. Mein Leben lang wollte ich anderen Menschen mehr geben, als ich selbst besaß. Selbst, als mein Bruder Arzt geworden war, dachte ich mir:

»Schick ihm weiterhin Geld. Er ist ein junger Arzt, vielleicht will er sich ein Motorrad kaufen.«

Und ich zahlte weiter.

Und damit meine Geschwister am Geburtstag ihrer Kinder nicht ohne etwas dastanden, habe ich ihnen Geld geschickt. All das waren bewusste Entscheidungen und ich bin froh, sie genauso getroffen zu haben.

Wenn unsere Kinder in einem solchen Verständnis aufwachsen, wenn sie alles, was sie machen, aus ihrer vollsten Überzeugung heraus tun, dann wird alles gut werden. Denn diese innere Überzeugung erhält man nur dann, wenn man Dinge für sich beobachtet und analysiert hat und schließlich zu einer Entscheidung gekommen ist, was das Beste für diese Welt ist.

Adieu Hass! Willkommen Liebe, Glück und kleine Wunder

Seit dem Tag meiner Geburt habe ich viel erlebt und noch mehr gesehen. Inzwischen habe ich mein 80. Lebensjahr überschritten und somit das Alter erreicht, in dem ein Körper gemeinhin als verschlissen gilt. Wie ein altes Auto. Interessanter jedoch ist, dass man bereits ab dem 25. Lebensjahr anfängt zu sterben, denn unsere Zellen sterben nach und nach ab. Da diese zum Teil jedoch ersetzt werden, bieten sich hier großartige Möglichkeiten.

Da wir in unserem Leben bis zu diesem Zeitpunkt hoffentlich einige (sinnvolle) Dinge gelernt haben, kann man die neuen Zellen von Beginn an mit richtigen und wichtigen Informationen prägen. Dies funktioniert zum Beispiel über die Aufnahme gesunder Nahrung, den Lebensstil, dem Ausüben sozialer Tätigkeiten ... Die neuen Informationen, die du deinen Zellen mit auf den Weg gibst, sollten genau das beinhalten, was du aus innerster Überzeugung tust. Und da nur ein geringer Teil der abgestorbenen Zellen ersetzt wird, überträgt man den neuen auch gleich wesentlich mehr Verantwortung. Richtig umgesetzt, ist das eine fantastische Sache, wenn man sich zuvor eingehend mit seinem Körper und seiner Seele befasst hat. Ignoriert man diese natürliche »Neuprogrammierung« so verändert man nichts. Man bleibt ein Kind und ein persönlicher Fortschritt bleibt außen vor.

Noch einmal als Erinnerung: Wenn du überzeugt bist, dass das, was du tust, gut ist und dich vor allem auch glücklich macht, dann machst du alles richtig. Deshalb gebe der Meinung anderer kein Gewicht, denn sie leben nicht dein Leben. Höre auf das, was dir dein Innerstes sagt, dann liegst du immer richtig. Wenn du das schaffst, und wenn du dabei auch kein Bedürfnis verspürst, dich im täglichen Leben mit anderen Menschen zu messen, dann bist du gerettet. Vergiss dabei auch nicht, dass 20-30% unseres Körpers direkt oder indirekt aus reiner Genetik bestehen. Der Rest ist jedoch frei dafür verwendbar, einfach ein schönes Leben zu führen.

Werden diese kleinen Denk- und Verhaltenstipps beherzigt, wird es dir gelingen, innere Ruhe zu finden. Diese Ruhe ist ein tiefgehender Gemütszustand. Und dafür musst du dir einen Raum schaffen, in dem sich deine Gedanken beruhigen können. Einen Raum, an dem sich Körper und Geist zusammenfinden. Allerdings kann man nicht selbst bestimmen, wann dieser Punkt erreicht ist (Yogis wahrscheinlich schon, aber die spielen nun einmal in einer anderen Liga). Erreichst du diesen Zustand, so ändert sich unter anderem auch deine Atmung. Bei mir geschah dies zum ersten Mal, als ich mich als Kind an die Wasserstelle gesetzt hatte. Plötzlich herrschte um mich herum Stillstand. Auch ich bewegte mich nicht mehr in diesem Zustand vollkommener Entspanntheit und Ruhe. Das Einzige, was ich noch wahrnahm, war weit entfernt das wunderschöne Piep-Piep eines Vogels. Dann sah ich auf und sah langsam wieder die anmutigen Bewegungen der Tiere. Ihre routinierten Abläufe, wenn sie an der Wasserstelle auftauchten. Für mich war es der schönste Film in meinem ganz persönlichen Kino.

Dass der Wunsch nach tiefgreifenden Veränderungen und nach eben dieser inneren Ruhe in uns Menschen wohnt, ist nicht neu. Denken wir nur zurück an die bewegten 60er-Jahre. Viele Hippies, die Love & Peace-Generation, war auf der Suche nach Erleuchtung. Okay, ich glaube, die meisten wussten gar nicht, welche Erleuchtung sie eigentlich suchten, aber das ist nur eine persönliche Meinung. So reisten sie also nach Indien, Pakistan und Nepal. Ich traf viele von ihnen, war ich doch in dieser Zeit zurück von meinem Studium und noch nicht wieder in Deutschland.

Auf ihrer Indien – Pakistan – Nepal-Route trafen die westlichen Hippies auf östliche Kulturen, was dazu führte, dass man Wege finden musste, wie man miteinander auskommen konnte. Vielmehr noch, die

Hippies trugen den Wunsch in sich, eine ganz neue Welt zu schaffen. Ohne Korruption, ohne Kalten Krieg, ohne Vietnam. Leider ging dieser Grundgedanke verloren und viele kehrten als menschliche Wracks zurück. Schade, denn sie waren so hoffnungsvoll als moderne Entdecker gestartet. Doch die meisten von ihnen beschlossen, nach diesem Trip doch den Weg einzuschlagen, den sie von ihren Eltern kannten. Sie wollten hart arbeiten und viel Geld verdienen. Die anderen, die den Weg nach Hause fanden, haben ihre Horizonterweiterung mit einer Drogenabhängigkeit bezahlt. Sehr bitter!

Rückblickend muss man sagen, dass dieses 60er-Jahre-Hippie-Experiment leider als gescheitert angesehen werden muss. Sie waren nicht reif für den Aufbruch in die fremde Kultur. In meine Kultur. Sie haben so vieles einfach nicht verstanden. Wenn ein Yogi ihnen sagte: »Du bist frei«, so interpretierten sie das als Freifahrtschein, sich selbst alle nur möglichen Drogen zu verabreichen. Immerhin hatte der Yogi ja nichts dagegen gesagt. Dass dieser weise Mann eigentlich nur gemeint hatte, dass man als Seeker weitersuchen und noch viel mehr Erfahrungen sammeln sollte, hatten sie nicht verstanden. So verloren viele ihre bisherige Persönlichkeit, verstanden aber die Quintessenz des indischen Denkens nicht. Was blieb, waren viele leere menschliche Hüllen. Freiheit und Liebe braucht eben doch länger, um verstanden zu werden. Und Revolutionen dürfen ja schließlich auch mal scheitern. Oder einfach in einer großen, nach Gras riechenden Qualmwolke verdampfen ...

Gut, nach dieser kleinen Rückblende wissen wir zumindest, dass der Wunsch nach einer Veränderung nicht neu ist. Und die Hoffnung bleibt, dass wir es beim nächsten Mal besser machen. Was aber schon damals jeder kleinen Revolution zur Veränderung des menschlichen Miteinanders zugrunde lag, war die Überzeugung, dass Hass niemandem hilft. Im Gegenteil, Hass und Profitgier haben uns erst in die Sackgasse gesteuert, in der wir uns gerade befinden.

Ich habe viel über mein eigenes Leben preisgegeben. Einblicke, die ich lange Zeit nicht zu teilen bereit war. Dabei wurde mir bewusst, wie sehr mein gesamtes Leben durch den Fakt beeinflusst wurde, dass ich nie gelernt hatte, was Hass ist. Bis heute ist mir dieses Gefühl fremd. Und ich bin überzeugt, dass sich das nicht mehr ändern wird.

Hass hat verhindert, dass wir alle frei und mit offenem Herzen gegenüber unseren Mitmenschen leben. Dass wir jeden so akzeptieren, wie er/sie/es ist. Dass wir uns selbst so zeigen, wie wir sind. Und welches Genie in uns steckt. Nicht zu hassen ist ein Geschenk. Und wir sollten es dankbar aufnehmen, anstatt uns davor zu fürchten. Dieses komplett nutzlose Gefühl haben wir nie gebraucht und es hat noch niemandem jemals einen Vorteil verschafft.

Ich weiß nicht, ob ich einen anderen verletze, wenn ich ihn hasse. Ich weiß aber, dass ich mich selbst verletze. Andere Menschen so zu akzeptieren, wie sie sind, hilft dabei, keine negativen Emotionen gegen sie aufzubauen. Damit helfen wir ihnen ein wenig, uns allerdings haben wir einen viel größeren Gefallen damit getan. Allein das sollte Grund genug sein, das Wort und das Gefühl »Hass« ab sofort aus unserem Denken zu verbannen. Versprochen, danach wird die Welt noch ein Stück schöner sein.

Heute schreibe ich rückblickend über meine Erfahrungen und stelle mir immer wieder die Frage, warum mir das große Glück einer vernachlässigten Kindheit zuteilwurde. Natürlich steht allein schon dieser Satz in einem absoluten Widerspruch mit sich selbst, aber trotzdem habe ich von allen scheinbar negativen Erfahrungen enorm profitiert. Und ich habe vieles gelernt, denn die einzige Freundin, die ich lange Zeit hatte, war die Natur. Sie hat mir Dinge gezeigt, die ich stundenlang beobachten durfte. Antworten gab sie mir nur selten, die musste ich schon selbst herausfinden. So beobachtete ich, analysierte und zog meine Schlussfolgerungen, von denen ich überzeugt war, dass sie genau so und nicht anders richtig sein mussten. Nach und nach fand ich meine Persönlichkeit, stand zu meinen Überzeugungen und ließ mir diese auch nicht nehmen. Immerhin hatte ich von Mutter Natur gelernt, der stärksten und weisesten Lehrerin auf diesem Planeten.

Deshalb ignorierte ich die Lehren in der Schule, denn dort wollte man mich verändern. Ebenso habe ich in späteren Jahren auch niemals einen Tennislehrer aufgesucht. Der hätte meine persönliche Art zu spielen ändern wollen, denn ich hatte mir alles selbst beigebracht. Das hatte mich zu einem (in aller Bescheidenheit) guten Tennisspieler gemacht, weshalb ich nicht wollte, dass jemand mein Spiel veränderte – nur weil einige Details im Lehrbuch anders beschrieben wurden.

Meine Lebensumstände waren unglücklich, aber glücklich. Es gab niemanden, der mich beeinflusst hat. Nicht Gott, nicht der Prophet, nicht Vater, nicht Mutter. Wie das schon öfter von mir angesprochene Löwenbaby. Es darf stundenlang spielen, ohne dass die Löwenmutter ein einziges Mal signalisieren wird:

»Tu das nicht!«

Und später, wenn die Jungen durch ihr spielerisches Lernen zu großen Raubtieren herangewachsen sind, werden sie anderen immer überlegen sein. Ihr Genie ist die Kraft, die Geschicklichkeit. Die wird ihnen von keinem Lehrmeister antrainiert, im Gegenteil, sie durften sie eigenständig selbst entdecken und entwickeln. Mit aller gebotenen Demut war es bei mir in gewisser Weise ähnlich. Ich hatte nun einmal das große Glück, vollkommen unerzogen zu sein. Und das wollte ich auch immer bleiben.

Gerade beim eben angesprochenen Tennisspiel machte ich hier ausgesprochen nützliche Erfahrungen. Ich lernte bei diesem Sport über die Australier, dass sie wirklich freie Menschen sind. Sie spielen im Normalfall nicht, um zu gewinnen. Sie wollen einfach Tennis spielen. Mein Wunsch, unter ihnen zu leben, wurde dadurch erst richtig befeuert, denn man sollte niemals etwas tun, um bewundert zu werden. Wenn man damit glücklich ist, wie man lebt, dann hat man das Beste erreicht, was man für sein Leben anstreben kann. Es ist nicht wichtig, anderen Menschen sagen zu können:

»Ich bin dies, ich bin das, ich habe das erreicht und du wirst gar nicht glauben, was mir alles gehört.«

Wenn du merkst, dass du wirklich glücklich bist, dann brauchst du nicht mehr zu kämpfen. Es ist Nebensache, wie schnell dein Auto und wie groß dein Haus ist. Wenn sich der Moment deines Ablebens nähert, solltest du auf ein glückliches Leben zurückschauen können. Dann ist selbst das Sterben eine wunderbare Sache.

Die Kinder von Bali

Ebenso wie dieses Buch auf Bali begonnen hat, endet meine Geschichte auch auf dieser unglaublich schönen und friedfertigen Insel. Um genau zu sein keine 500 Meter entfernt von dem Ort, an dem das kleine Mädchen, mein selbstbewusster blonder Engel, alleine die Treppe hinaufgestiegen war. Seit Jahren kehre ich hierher zurück, genieße das Klima, die Natur und vor allem die Menschen. Ihr Lachen, das aus dem Innersten ihrer Seele zu kommen scheint, verleiht ihnen ihre einzigartige Herzlichkeit. Ich bin überzeugt, dass Balinesen einen festen Platz in der Top 3 der glücklichsten Menschen der Erde einnehmen. Doch dazu etwas später.

Die Ausgeglichenheit und die Ruhe, die hier im Schatten tropischer Pflanzen herrscht, lädt dazu ein, Körper und Geist zu entspannen und die Gedanken fließen zu lassen. Mir kommen die Bilder in den Kopf, als ich noch ein kleiner Junge war und versuchte, nur mit der Kraft meines Auges eine Eisenstange zu verbiegen. Ich sehe mich selbst, wie ich im Gefängnis von dem bärtigen Mann traktiert wurde. Wie ich mit sechs Pfund in der Tasche am Kölner Hauptbahnhof stand und eine neue Welt betreten hatte. Und ich sehe mich auf der Veranda in Australien sitzen, mit einem Glas Wein, und wie ich Motten, Frösche und Schlangen beobachte. Ein Lächeln macht sich unwillkürlich auf meinem Gesicht breit. Ja, mein Leben war wunderschön und ist es heute noch.

Nach meiner Erfahrung, als ich auf meinem Sofa lag und mich irgendwo zwischen Leben und Tod befand, hatte ich den unerklärlichen Drang, meine Überzeugungen in einem Buch niederzuschreiben. Komisch, darüber hatte ich bis zu diesem Zeitpunkt nie ernsthaft nachgedacht. Zwar wurde diese Idee öfter von anderen Personen an mich herangetragen, aber ich hatte immer nur den Kopf geschüttelt und mir gedacht:

»Was kann ich anderen Menschen schon erzählen?«

Damit war der Zeitpunkt gekommen, an dem ich mich an den Schreibtisch gesetzt und alles aufgeschrieben habe, was vielleicht erzählenswert sein könnte. Alles, was ich schrieb, entsprang meinem Herzen. Und deshalb war jedes Wort ehrlich. Dabei fiel mir selbst auf, dass ich sehr häufig Missstände anprangerte, die ich zu sehen glaubte. Mir ist wichtig darauf hinzuweisen, dass ich diese, unsere, Welt nicht schlecht reden wollte. Im Gegenteil, ich liebe unsere Erde und die Menschen, die sie bewohnen, mehr als alles andere. Und genau deshalb halte ich es für meine Pflicht, meinen kleinen Teil dazu beizutragen, dass noch viele, viele Generationen diese Wunder genießen und auf diesem schönen Planeten glücklich leben können.

Um das sicherzustellen, müssen wir Menschen zuallererst an uns arbeiten. Nur eine glückliche und zufriedene Gesellschaft kann diesen Planeten ändern. Und das können wir, denn unser tiefstes Innerstes ist noch immer darauf ausgerichtet, dass wir selbst entdecken und erforschen wollen, anstatt uns weiterhin alles diktieren zu lassen. Wir wollen nicht glauben, wir wollen wissen! Und wir wollen uns nicht von Ängsten beherrschen lassen, die andere uns ins Gehirn pflanzen. Wir alle haben ein Genie, das in uns steckt. Warum machen wir uns nur selbst unentwegt so klein?

Während ich über all diesen kleinen und großen Gedanken barfuß über den Strand spaziere, begegnet mir das nächste Wunder. Was rede ich, nicht eins, sondern ein ganzer Haufen davon. Und diese Wunder machen ziemlich lautstark auf sich aufmerksam. Es sind die Kinder der Einheimischen, die überall herumtollen, wie es ihnen gerade in den Sinn kommt. Einige planschen ausgelassen im Wasser, andere jagen einander lachend über den Strand, einige hocken vertieft auf ihren Knien und beobachten eines der kleinen Lebewesen, dass sich vollkommen unbeeindruckt durch den weißen Sand wühlt, während wiederum andere sich vor irgendeinem Erwachsenen aufgebaut haben, dem sie selbstbewusst erzählen, was die Älteren doch bitte besser machen sollen.

Ich setze mich in den Sand und beobachte die Szenerie. Ist das, was ich gerade sehe, die Antwort auf die Frage, ob ich mit meiner Überzeugung, dass nur unsere Kinder unseren Planeten ändern können, vollkommen richtig liege? Beinahe scheint es so. Aber warum bewegen und verhalten sich die Kinder hier so auffallend selbstbewusst und frei von jeder Angst? Das hängt zum großen Teil mit ihrer Interpretation des Hinduismus zusammen, dem über 90% der hiesigen Bevölkerung angehören.

Moment mal, haben wir nicht gelernt, dass man nicht blind einem Glauben in der Hoffnung folgen sollte, dass dann schon alles gut werden wird? Richtig, daran hat sich noch immer nichts geändert. Allerdings haben sich die Balinesen über Jahrhunderte ihre ganz eigene Version dieser Lehre geschaffen, was nicht zuletzt mit der Insellage und verschiedenen Einflüssen anderer Kulturen in Zusammenhang steht. Nicht umsonst spricht man bei dieser Form über den Bali-Hinduismus (offiziell »Agama Hindu Dharma«).

Das Wichtigste, so denke ich mir gerade bei der Beobachtung der balinesischen Kinder, scheint in diesem Zusammenhang der feste Glaube daran zu sein, dass es die Wiedergeburt gibt. Vereinfacht gesagt läuft das so ab, dass jeder Mensch wiedergeboren wird, bis er es geschafft hat, durch Menschlichkeit, Güte und Frieden im Herzen endlich im Nirwana verbleiben zu können. Folglich, und das ist im balinesischen Denken fest verankert, hat jedes Neugeborene bereits vorher gelebt. Dabei ist die Möglichkeit durchaus gegeben, dass da gerade wieder Großmutter oder Großvater in der Wiege vor einem liegt.

Für westeuropäische Zivilisationen mag dieses Denken schwer nachzuvollziehen sein, für die Balinesen ist es gelebte Realität. Und da sie ohnehin ausnehmend viel Respekt vor anderen Menschen zeigen, so ist dieser noch größer, wenn es die reinkarnierten Großeltern oder andere Personen sind, die bereits zuvor des Öfteren das Licht der Welt erblickt hatten. Und es ist eine Frage des Anstands, dass man seine wiedergeborenen Verwandten nicht belehrt, zurechtweist oder sogar schlecht behandelt. Das wiederum hat zur Folge, dass die balinesischen Kinder frei von Zwängen, Vorgaben und Ängsten aufwachsen – ähnlich wie es bei mir der Fall war.

Sie entwickeln ein auffallend gesundes Selbstbewusstsein, sprechen jeden Erwachsenen ohne Scheu an (eigentlich sprechen sie wirklich jeden an, wenn ihnen gerade danach ist), tun genau das, wozu sie Lust haben, und entdecken die Welt in beeindruckend spielerischer Weise. Sie zu beobachten erklärt mehr, als es Hunderte von Büchern jemals vermögen würden.

Auch der kleine australische Engel kommt mir wieder in den Kopf. Hatte sie während des Urlaubs mit ihren Eltern die gleichaltrigen Einheimischen hier am Strand beobachtet und dann beschlossen, dass sie sich auch diese Freiheiten nehmen will? Schon möglich, aber eigentlich ist es auch egal. Sie hat eine Krücke von sich geworfen und heute, wo sie drei Jahre älter sein wird, lebt sie in dem Wissen, dass sie jede Treppe problemlos und ohne Hilfe bewältigen wird.

Das Interessante am Verhalten der balinesischen Kinder ist, dass man sehen kann, wie sich das einmal auswirken wird. Man muss nur die erwachsenen Balinesen beobachten. Für mich zeichnen sie sich vor allem dadurch aus, dass sie jeder nur erdenklichen Situation mit einem Lachen begegnen, das aus der Tiefe ihres Herzens kommt. Kein Problem kann so groß sein, dass es durch dieses Lachen nicht bereits die Hälfte seiner Bedrohlichkeit verloren hat. Für mich sind sie das Musterbeispiel eines Lebenskünstlers. Und dabei ist es egal, wie arm oder reich sie sind – ihr Lachen vereint sie. Und ihr Selbstbewusstsein, denn auch ihre Eltern haben sie frei und ungezwungen aufwachsen lassen, so, dass sie ihr eigenes Genie finden und ausprägen konnten. Wer jemals ein Beispiel für diese innere Talentexplosion erleben möchte, der beobachte, was bereits die jüngsten balinesischen Kinder mit ihren Händen formen, schnitzen und bauen können. Kein Wunder, es ist ja auch niemand da, der ihnen das untersagen würde.

Spätestens die Beobachtung dieser Kinder, die inmitten des (balinesischen) Paradieses frei und ungezwungen aufwachsen, überzeugte mich, dass sie der Schlüssel für eine glückliche Zukunft für uns alle und das Vorbild für andere sind, wie Kinder selbst die Welt entdecken können. Was wir dafür tun sollten, ist uns ein Beispiel an ihnen zu nehmen und unseren Kindern ebenso zu ermöglichen, frei und nach ihren persönlichen Bedürfnissen aufzuwachsen, ohne dass wir sie schon von Beginn an in eine unserer Schablonen pressen wollen. Unsere Kinder wollen wachsen, ohne dass wir ihre Äste beschneiden. Dabei hilft das Vertrauen darauf, dass wir ihnen, uns und den übrigen Menschen durch unsere Kinder ein wunderbares Geschenk machen, dass seinen Teil dazu beitragen wird, die Erde als das wahre Paradies zu erkennen.

In der Überzeugung, dass unsere Kinder diese friedliche und dringend notwendige Revolution mit ihren großen Herzen meistern werden

verbleibe ich

als Dein guter Freund Aziz

Zu guter Letzt: Wenn jemand in den Restbeständen seines (Groß-)Vaters zufälligerweise eine Pilotenjacke der indischen Luftwaffe entdecken sollte, so wäre ich sehr interessiert daran ...